新 社会福祉士養成課程対応

就労支援サービス

小川 浩 編

● 編者

小川　浩　大妻女子大学

● 執筆者一覧（五十音順）

氏名	所属	担当
朝比奈朋子	東京成徳大学	第7章第2節第1項
荒巻　美穂	福岡市立福岡中央特別支援学校	第3章第6節事例
市川美也子	国立吉備高原職業リハビリテーションセンター	第3章第3節事例
井上　正治	すいた障がい者就業・生活支援センターSuitable	第3章第4節事例
今井　伸	十文字学園女子大学	第7章第1節
上原紀美子	久留米大学	第6章第1節・第2節、第6章コラム
大橋　徹也	同朋大学	第2章第3節
小川　浩	前出	序章、第3章第7節、第4章第1節
沖山　稚子	越谷市障害者就労支援センター	第3章第3節
小澤　昭彦	岩手県立大学	第3章第5節
片山優美子	長野大学	第3章第2節
加藤　尚	ジョブカフェぐんま	第6章第5節事例、第7章第2節第2項
金武　和弘	岐阜県若者サポートステーション	第6章第4節事例
小林　哲也	静岡福祉大学	第1章第3節
小松　邦明	たかはま障がい者支援センター	第4章第2節第2項
近藤　益代	聖カタリナ大学	第3章第4節
近藤　吉徳	元大阪人間科学大学	第2章第2節
酒井　大介	社会福祉法人加島友愛会	第3章第2節事例、第4章第2節第1項
柴田　珠里	横浜日吉就労支援センター	第2章コラム
嶋貫　真人	大妻女子大学	第5章第1節
眞保　智子	法政大学	第1章第1節、第6章第4節・第5節
須沢　教雄	新潟職業能力開発短期大学校	第6章第3節
高島　恭子	長崎国際大学	第5章第2節、第5章コラム
千田　若菜	医療法人社団ながやまメンタルクリニック	第3章第8節
寺山　昇	コンサルティングオフィス寺山	第3章第1節
中川　昭一	特定非営利活動法人東京自立支援センター	第3章第8節事例
引馬　知子	田園調布学園大学	第1章第2節
平田　英毅	特定非営利活動法人バーチャルメディア工房ぎふ	第1章コラム
福地　潮人	中部学院大学	第2章第1節
松尾　江奈	社会福祉法人やまびこの里	第3章第7節事例
森屋　直樹	すみよし生活支援センター	第4章第2節第3項
湯田　正樹	特定非営利活動法人クロスジョブ東京	第3章コラム
吉川　雅博	愛知県立大学	第3章第6節
若林　功	常磐大学	第3章第1節、第3章第1節事例

はじめに

　わが国においては、障害者をはじめ、低所得者、母子家庭、ニート等、さまざまな分野において就労支援の重要性が指摘されています。一般的には、大人になったら働いて生計を立てることが期待されており、経済的な面だけでなく、働くことで社会的承認を得ることは、成人期の自己実現において重要な要素です。しかし、実際には障害があることによって働くことができていなかったり、また近年では、さまざまな理由から働く環境に身を置けない生活保護受給者や若年無業者も増加しています。社会全体の視点から考えると、このように働く意欲と能力のある人がその人に合った仕事に就き、いきいきと働き続けられるような支援を行うことが重要です。

　就労支援を実践するには、福祉、医療、保健等の専門性だけでなく、労働を取り巻く状況や企業に関する知識も必要となります。また就労支援の実践は、教育、福祉、医療、労働など多様な分野にまたがり、多くの機関の連携が必要となります。そのため、法制度、関係機関の特徴、サービスの種類や内容等について、多彩な分野からなる基礎知識を体系的に学ぶことが必要です。

　このように、複雑な専門性が求められる就労支援の分野ですが、本書では、就労支援サービスを学ぶ読者が、就労支援に係る基礎的な知識や制度について流れをもって学ぶことができるよう構成しています。また、就労支援に係る支援機関・専門職、支援の実際について多くの事例を用いることで、イメージをもちながら学びを深められるよう工夫しています。

　本書を通して、就労支援に関する基礎的な知識を習得し、また、一人の対象者に関係機関がどのように連係し、どのように就労支援のプロセスが進められていくのかについて、体系的に学んでいただければ幸いです。そして、多くの読者が就労支援の分野に関心をもち、将来、就労支援の現場で活躍されることを願っています。

　最後に、本書の刊行にあたってご尽力いただきました執筆者の方々、また、写真提供等でご協力いただいた関係者の皆さまに心から御礼を申し上げます。

2015年2月

編者　小川　浩

目　次

はじめに　/3

序章　就労支援サービスを学ぶ前に

 (1)　人が働くことの意味　/9
 (2)　就労支援の対象と担い手の広がり　/10
 (3)　就労支援とケースマネジメント　/10
 (4)　企業は重要なパートナー　/11
 (5)　環境の調整　/12
 (6)　社会や経済に興味をもつ　/12

第1章　労働を取り巻く状況と労働に関する法制度

1．雇用・就労の動向　…………………………………………………………13
 (1)　人口減少社会の到来と雇用動向　/13
 (2)　ワーク・ライフ・バランス　/17
 (3)　最低賃金と雇用　/19
 (4)　ディーセントワークと「比較優位」による仕事創出　/20

2．労働に関する法制度　………………………………………………………23
 (1)　人が働くことと労働法　/23
 (2)　労働法の形成と内容　/24
 (3)　労働法の体系と各法規　/26

3．障害者雇用に関する法制度　………………………………………………31
 (1)　障害者雇用促進法　/31
 (2)　障害者権利条約　/34
 (3)　障害者差別解消法　/35
 (4)　障害者虐待防止法　/35
 (5)　障害者優先調達推進法　/36

COLUMN　働く障害者の声　/38

第2章　障害者への就労支援

1．障害者の就労状況　…………………………………………………………41
 (1)　障害者雇用に関する統計　/41
 (2)　各調査にみる働く障害者の現状　/42

2．障害者福祉施策における就労支援　………………………………………47
 (1)　障害者自立支援法の制定と就労系事業の創設　/47

    (2) 就労系事業の現状 /48
    (3) 福祉施策と雇用支援との連携 /49
    (4) 相談支援事業と就労支援 /50

  3．障害者雇用施策における就労支援 ……………………………………………51
    (1) 障害者雇用促進法 /51
    (2) 障害者雇用率制度 /53
    (3) 障害者雇用納付金制度および障害者雇用調整金・報奨金 /55
    (4) 障害者雇用に関する援助制度 /56
  COLUMN　現場の職員から専門職をめざす人へのメッセージ　/60

第3章　障害者への就労支援に係る支援機関と専門職の役割

  1．ハローワーク ……………………………………………………………………63
    (1) ハローワークの概要 /63
    (2) ハローワークにおける業務内容と配置される主な専門職 /63
    (3) ハローワークで提供されるサービス /65
    事例：ハローワークにおける実際の業務　/67
  2．障害者支援施設 …………………………………………………………………69
    (1) 就労移行支援事業所 /69
    (2) 就労継続支援A型事業所 /70
    (3) 就労継続支援B型事業所 /71
    事例：障害者支援施設における実際の業務　/72
  3．障害者職業センター ……………………………………………………………74
    (1) 地域障害者職業センター /74
    (2) 広域障害者職業センター /75
    (3) 障害者職業総合センター /76
    事例：地域障害者職業センターにおける実際の業務　/78
  4．障害者就業・生活支援センター ………………………………………………79
    (1) 障害者就業・生活支援センターの概要 /79
    (2) 障害者就業・生活支援センターにおける業務内容と配置される主な専門職 /80
    事例：障害者就業・生活支援センターにおける実際の業務　/83
  5．職業能力開発校 …………………………………………………………………84
    (1) 職業能力開発の基本理念 /84
    (2) 障害者の職業訓練を実施する施設と配置される主な専門職 /85
    事例：障害者職業能力開発校における実際の業務　/88
  6．特別支援学校 ……………………………………………………………………89
    (1) 特別支援学校の対象 /89
    (2) 特殊教育から特別支援教育への転換 /89
    (3) 特別支援学校高等部での職業教育 /90

(4) 連携体制の構築・強化　／90
　　事例：特別支援学校における実際の業務　／92

7．ジョブコーチ　……93
　　　(1) ジョブコーチとは　／93
　　　(2) 日本のジョブコーチ制度　／94
　　　(3) ジョブコーチ支援の対象　／94
　　　(4) ジョブコーチ支援のプロセスと内容　／95
　　事例：ジョブコーチの実際の業務　／96

8．企業　……98
　　　(1) 民間企業における障害者雇用　／98
　　　(2) 民間企業における障害者雇用の形態　／99
　　　(3) 企業が担う就労支援と障害者雇用にかかわる主な専門職　／100
　　事例：企業での就労支援にかかわる実際の業務　／102
　COLUMN　企業が支援者に求める役割　／105

第4章　障害者への就労支援における連携と実際

1．障害者への就労支援のプロセス　……109
　　　(1) 就労支援の起点　／109
　　　(2) インテーク　／109
　　　(3) アセスメント　／110
　　　(4) プランニング　／111
　　　(5) 職業準備性の支援　／111
　　　(6) 職業紹介とマッチング　／112
　　　(7) 定着支援（フォローアップ）　／112

2．事例で学ぶ障害者への就労支援の実際　……113
　　　(1) 就労移行支援事業所における就労支援の実際　／113
　　　(2) 相談支援事業所における就労支援の実際　／119
　　　(3) 障害者就業・生活支援センターにおける就労支援の実際　／123

第5章　低所得者等への就労支援

1．生活保護制度における就労支援　……129
　　　(1) 働く能力をもつ低所得者に対する援護のあり方　／129
　　　(2) 「稼働能力を有する者」に対する生活保護制度上の仕組み　／131
　　　(3) 生活保護受給者に対する具体的な就労支援の方法　／133
　　　(4) 近年の就労支援をめぐる生活保護制度の動き　／137

2．若年就職困難者への就労支援　……140
　　　(1) 若年者を取り巻く雇用の状況　／140
　　　(2) 就職に困難を抱える若者たちと支援機関　／142

COLUMN 大きくなったら何になる？ /145

第6章 低所得者等への就労支援に係る支援機関と専門職の役割

1．ハローワーク ……………………………………………………………147
(1) ハローワークの役割と配置される主な専門職 /147
(2) ハローワークが窓口となっている就労支援策 /149
事例：ハローワークにおける実際の業務 /149

2．福祉事務所 ………………………………………………………………151
(1) 福祉事務所の役割と配置される主な専門職 /151
(2) 生活保護制度における就労支援 /152
事例：福祉事務所における実際の業務 /153

3．公共職業能力開発施設（職業能力開発校等） …………………………155
(1) 公共職業能力開発施設の概要 /155
(2) 公共職業能力開発施設における職業訓練の概要と配置される主な専門職 /156
事例：公共職業能力開発施設（職業能力開発校等）における実際の業務 /159

4．地域若者サポートステーション …………………………………………161
(1) 制度発足の背景 /161
(2) 地域若者サポートステーションで行われている支援サービス /161
事例：地域若者サポートステーションにおける実際の業務 /162

5．ジョブカフェ ……………………………………………………………164
(1) 制度発足の背景 /164
(2) ジョブカフェで行われている支援サービス /164
事例：ジョブカフェにおける実際の業務 /165

COLUMN 就労支援に必要なケースワークの視点 /167

第7章 低所得者等への就労支援における連携と実際

1．低所得者等への就労支援のプロセス ……………………………………171
(1) 自立支援プログラムと就労支援 /171
(2) 就労支援におけるケースワーカーの基本的視点と役割 /172
(3) 就労支援のプロセス /173

2．事例で学ぶ低所得者等への就労支援の実際 ……………………………178
(1) 低所得者への就労支援の実際 /178
(2) 若年者への就労支援の実際 /182

索引 /189

序章 就労支援サービスを学ぶ前に

(1) 人が働くことの意味

　就労支援サービスを学ぶ前に、「なぜ人は働くのか」という根本的な問題を考えてみよう。なぜなら、就労支援を実践していると、しばしば「無理して働かなくてもよいのではないか」「なぜ大変な就労に向けて支援するのか」などの疑問が浮かび、自問自答することがあるからである。働く動機は人それぞれ異なるにしても、いくつかの基本的な理由について考えておきたい。

　第一は、収入を得るためである。自らの労働によって生計を立て、生活を豊かにすることができれば、次なる働く意欲にもつながる。また、収入を得られれば、自分の生活だけでなく家族の生活も支えることができ、家族の一員としての役割も大きくなる。

　第二は、所属意識をもち、仲間として承認されるためである。働くことを通して組織に所属し、その組織の規範を守り、組織に貢献することで、仲間として認められる。職場の上司、先輩、同僚に「仲間」として認められ、社会的組織の一員となることで、大人として、社会人としての自覚が生まれる。

　第三は、自信や自尊心を得るためである。働きを認められることは、金銭的報酬だけでなく、「自信」を得ることにもつながる。仕事が大変であっても、それを克服して認められれば自信が生まれ、次なる困難に向かうことができる。自信をもつことで、さらにやりがいのある仕事をしたくなるなど、次のステップへの向上心が生まれる。

　「目がいきいきとする」。これは就労支援の現場で、就労が成功したときによく耳にする言葉である。働くことを通してこれらの要素が複合的に作用し、その人の表情、身だしなみ、態度などが変化していく。そのような結果が得られたとき、就労支援はやりがいの大きな仕事となる。一方、たとえ就労できたとしても、経済的にも心理的にも適切に評価されず、尊厳が守られず、生活が豊かにならず、仲間が増えなければ、その人の目はいきいきとはしない。暗い表情の就労を支えるのは、支援者にとっても辛い仕事である。「なぜ人は働くのか」について考えることは、すなわち、「どのような就労を目指すべきか」の答えにつながっている。

(2) 就労支援の対象と担い手の広がり

次に就労支援の対象について考えてみよう。本書は、障害者と低所得者を主たる対象に構成しているが、障害者だけを取り上げても、第2章で詳しく学ぶように、法定雇用率の対象は身体障害から知的障害そして精神障害（発達障害を含む）へと広がり、対象範囲は急速に拡大している。特に、発達障害者の増加は、障害と障害でない境界線、いわゆるグレーゾーンの支援の増加をもたらし、周囲から障害者とわかりづらく、本人も障害を受け入れていない人をどのように支援するかが課題となっている。また、第5章で学ぶ低所得者への支援に関しても、生活保護受給者に加えて、生活保護に至る前段階への支援へと広がりをみせている。そのほかにも、高齢者、母子家庭、ニート、児童養護施設退所者、更生保護対象者など、就労支援を必要とする人々は多様である。就労支援はさまざまな対象者にかかわる横断的分野であることから、本書を中心として、高齢者福祉、児童福祉、更生保護など、さまざまな専門分野と関連させて学ぶ必要がある。

このような対象者の拡大に対応し、就労支援に携わる組織、機関、専門職員も裾野が広がっている。以前は、就労支援といえばハローワークや障害者職業センターなどの労働関係機関が中心であったが、最近では、就労移行支援事業をはじめとして、障害者総合支援法[*1]に基づく関係機関も重要な役割を担っている。障害者雇用促進法[*2]に基づくもの、障害者総合支援法に基づくものを整理し、さらに両者の連携について学んでほしい。

そのほか、就労移行支援事業、障害者就業・生活支援センター、職業能力開発校、特別支援学校、ジョブコーチ、福祉事務所、若者サポートステーション、ジョブカフェ、相談支援事業など、就労支援にかかわる機関やサービスは多種多様になっている。本書ではこれらの関係機関やサービスについて、できるだけ現場の様子がわかるように、第3章・第6章で事例を含めて説明している。就労支援の基本プロセス（第4章第1節・第7章第1節で学ぶ）を理解するとともに、各プロセスにおける関係機関の役割についてイメージをもってほしい。

(3) 就労支援とケースマネジメント

就労支援の基本プロセスを知り、関係機関の概要を学んだら、異なる関係機関が連携して支援を進めるイメージをもつことが次のステップとなる。今日の就労支援は、労働施策と福祉施策の連携が重視されているため、障害者への支援に関しては、相談支援事業から就労移行支援事業、就労移行支援事

---

*1 障害者総合支援法
正式名称は「障害者の日常生活及び社会生活を総合的に支援するための法律」

*2 障害者雇用促進法
正式名称は「障害者の雇用の促進等に関する法律」

業から障害者就業・生活支援センターやハローワーク、そしてジョブコーチから再び障害者就業・生活支援センターなど、複数の関係機関が協力・連携して支援を進めることが多い。また、低所得者への支援に関しては、ハローワークと福祉事務所、医療機関などが協力・連携して支援を進めている。その際には、いずれかの機関がケースマネジメントの機能を担い、関係機関同士が対象者のニーズを共有し、連携がばらばらにならないよう、サービス等利用計画や個別支援計画等を作成し、ケース会議を開催して連絡・調整を行っていく。このような関係機関の連携のあり方は、対象者や地域の特性によってさまざまであるため、事例を通して学習していくことが必要である。本書では、第4章第2節、第7章第2節に豊富に事例を載せているので、実際のケースマネジメントの様子を学んでほしい。

(4) 企業は重要なパートナー

障害者への就労支援においては、労働や福祉の関係機関のほかに、さらに密接な連携が必要な相手がある。それは障害者を雇用する企業である。障害者への就労支援の成否は、障害のある人の能力や特性のほか、就労支援機関の力と、雇用する企業の力の3つの要素で決まる。いくら障害者の意欲や職業能力が高くても、職場環境の理解がなければ、安定した就労の継続は難しい。逆に、雇用する企業側の理解と体制が整っていれば、障害者が安定して働ける可能性は大きく広がる。したがって障害者への就労支援は、障害のある人だけを対象とするものではなく、障害者を雇用する企業も重要なパートナーとして、支援の対象に含める必要がある。

就労支援機関が実際に企業とかかわりながら、障害者雇用に必要な理解や体制を整えていくためには、その企業が抱える問題や困難について、企業の立場に立って理解することが重要である。企業を対象とした支援は、企業が障害者雇用に取り組むときに、どのような不安や困難を抱え、どのような問題解決を必要とするのかについて、企業と同じ視点に立って考えることから始まる。就労支援を学ぶ人の多くは、福祉、保健、医療などの立場であることが多く、利用者や患者の立場は理解できても、企業側の問題や困難を想像することは容易ではない。このようなことから、本書では、第3章第8節に「企業」という節を設け、障害者を雇用する企業の実態、企業がどのような努力をしているのか、企業は就労支援を行う機関や専門職に何を求めるのか、などについて述べている。障害者への就労支援においては、障害者の支援と企業の支援が両輪であることを学んでほしい。

(5) 環境の調整

　障害者の場合でも低所得者の場合でも、就労支援プロセスの終盤において、対象者のもつストレングス、特性、問題等と、その対象者が働く職場環境の双方に対してアセスメントを行い、両者の適切なマッチングを図ることが重要である。特に障害者の場合には、就労支援の専門職員が障害者と職場の間に入り、働きやすい職場環境を調整することが重要となる。たとえば、ジョブコーチ等が職場で支援を行うことを通して、障害者に適した仕事を見出したり、周囲の従業員の理解と支援を引き出すなど、就労支援の専門職員が従業員と協働して職場環境を調整していくことは、今日の就労支援の重要なポイントとなっている。

　国際生活機能分類（ICF）では、障害を個人因子と環境因子の2つの側面からとらえ、個人と環境との相互作用で、障害者の活動や社会参加の状態は決まるとしている。障害者への就労支援はまさしく個人因子と環境因子の2つの要素に対して働きかけ、障害者の活動や社会参加をよりよくする試みと言える。就労支援全般を学ぶ際に、国際生活機能分類が示す社会モデルの考え方を復習し、関連させて学んでほしい。

(6) 社会や経済に興味をもつ

　就労支援は、一般社会の情勢、経済の情勢などと密接にかかわる領域である。たとえば、景気がよくなって企業の経営状態に余裕が生まれれば、障害者等を含む雇用環境全体にプラスの影響が出ることになるが、不景気なればその逆もあり得る。どの産業分野に雇用需要があるかを知ることは、効率的な職場開拓にもつながる。このように、就労支援を行う専門職は福祉分野だけでなく一般の労働市場の状況や労働を取り巻く状況も知っておく必要がある。また、最低賃金が上がれば障害者等の賃金にも影響が及ぶし、正規と非正規職員の格差是正施策が強まれば障害者等の雇用形態にも影響するなど、労働法をはじめとし、広範囲な労働・雇用に関する法制度や施策の動きが障害者や低所得者等の就労支援に影響を与える。このような雇用全体の動向、労働を取り巻く状況、労働法規の基礎知識、経済と雇用の関連性などについては、第1章で学んでほしい。

　以上のように、就労支援が他の福祉サービスと異なる点は、障害者等が活動する場面が一般社会、通常の職場であることである。そのため、常に一般社会や経済の仕組みとの関連で支援を考えなければならない。就労支援の専門性を深めることと同時に、社会人としての興味、知識、活動の範囲を広げることが重要である。

第1章 労働を取り巻く状況と労働に関する法制度

1．雇用・就労の動向

● 学びのねらい

> 国が実施する基本的な統計調査に親しみ、「人口減少社会」や「ワーク・ライフ・バランス」「最低賃金」「ディーセントワーク」「比較優位」といったキーワードを軸に、労働を取り巻く環境への理解を深めてほしい。

(1) 人口減少社会の到来と雇用動向

1) 生産年齢人口の減少

　日本の総人口の減少は加速している。総務省統計局が2014（平成26）年4月に公表した「人口推計（平成25年10月1日現在）」によれば、総人口は1億2,729万人（日本人人口は1億2,570万人）で、3年連続して減少した。また、生産年齢人口（15～64歳）は7,901万人となり、32年ぶりに8,000万人を下回った（表1-1）。この人口推計は1920（大正9）年からほぼ5年に一度実施され、最新推計は2010（平成22）年に実施された「国勢調査」で得られた人口

表1-1　年齢3区分別人口の推移

年次	人口（千人）					総人口に占める割合（％）				
	総数	年少人口（0～14歳）	生産年齢人口（15～64歳）	老年人口（65歳以上）	うち75歳以上	年少人口（0～14歳）	生産年齢人口（15～64歳）	老年人口（65歳以上）	うち75歳以上
1980（昭和55）	117,060	27,524	78,884	10,653	3,661	23.5	67.4	9.1	3.1
1985（同 60）	121,049	26,042	82,535	12,472	4,713	21.5	68.2	10.3	3.9
1990（平成2）	123,611	22,544	86,140	14,928	5,986	18.2	69.7	12.1	4.8
1995（同 7）	125,570	20,033	87,260	18,277	7,175	16.0	69.5	14.6	5.7
2000（同 12）	126,926	18,505	86,380	22,041	9,012	14.6	68.1	17.4	7.1
2005（同 17）	127,768	17,585	84,422	25,761	11,639	13.8	66.1	20.2	9.1
2010（同 22）	128,057	16,839	81,735	29,484	14,194	13.1	63.8	23.0	11.1
2011（同 23）	127,799	16,705	81,342	29,752	14,708	13.1	63.6	23.3	11.5
2012（同 24）	127,515	16,547	80,175	30,793	15,193	13.0	62.9	24.1	11.9
2013（同 25）	127,298	16,390	79,010	31,898	15,603	12.9	62.1	25.1	12.3

注）各年10月1日現在。昭和55年～平成17年および22年は国勢調査人口（年齢不詳をあん分した人口）による。
出典：総務省統計局「人口推計（平成25年10月1日現在）」p.5を一部改変

をもとに算出されている。

　人口減少社会の将来像について、各方面からの報告が相次いでいる。内閣府「選択する未来」委員会は、2014（平成26）年5月に「未来への選択－人口急減・超高齢社会を超えて、日本発成長・発展モデルを構築－」と題した中間整理を発表した。そのなかで、「日本の総人口は、現状の出生率の水準が続けば、50年後には約8,700万人と現在の3分の2の規模まで減少する。そして、人口の約4割が65歳以上というかつて経験したことのない著しい『超高齢社会』*1になる。仮に、2030年までに合計特殊出生率が人口置換水準*2である2.07まで急速に回復し、それ以降同水準を維持したとしても、50年後には人口は約1億600万人まで減少し、人口減少が収まるまでには今から約80年の期間を要することになる」[1]としている。

　また、2014（平成26）年5月には、元総務相の増田寛也氏らで構成する「日本創成会議」の人口減少問題検討分科会が、「2040年には全国1,800市区町村の半分の存続が難しくなる」との予測をまとめた。この予測のポイントは、出産に適した年齢といえる「20～39歳」の女性の人口動態に注目している点である。2040（同52）年には全国の49.8％にあたる896の市区町村で20～39歳の女性が5割以上減り、このうち523市区町村は人口が1万人未満になると指摘し、出産に適した若年女性が減る自治体は女性が生涯に産む子どもの数が増えても人口を保てず、「消滅するおそれがある」とした。

　若者が少なく、高齢者が増えていく社会は、社会保障制度の支え手が不足し、制度の基盤を揺るがす。貯蓄を取り崩す高齢者が増加することによる貯蓄率の低下は、長期金利*3の上昇を招き、労働力人口の減少とともに経済成長を鈍らせる。また、市場の縮小、労働力不足などがすでに現実のものとなってきている。今後さらに急速に進む人口減少社会において我々は、どのように行動すべきなのだろうか。今、未来の日本人から問われているのかもしれない。

2） 雇用の動向
▼労働力調査に基づく雇用の動向

　はじめに、総務省統計局が毎月実施している「労働力調査」から働いている人の人数をみてみよう。労働力調査は、就業状況等を国勢調査の人口に基づき、毎月の末日に終わる1週間（12月は20日から26日までの1週間）の状態で調査しているが、ここでは年平均の結果を用いることにする。

　2013（平成25）年の「労働力調査年報」の基礎調査集計結果によると、労働力人口*4は6,577万人となり、前年比が6年ぶりに増加（前年比22万人増：

---

*1　超高齢社会
総人口に占める65歳以上人口の割合が4割程度の社会をいう。

*2　人口置換水準
人口を長期的に一定に保つことが可能となる合計特殊出生率の水準。

*3　長期金利
取引期間が1年以上の資金を貸し借りする際の金利をいう。

*4　労働力人口
仕事に就いている「従業者」と仕事を一時休んでいる「休業者」を合わせた「就業者」と、①調査期間中少しも仕事をしなかった、②仕事があればすぐに就くことができる、③求職活動をしていた者を合わせた「完全失業者」を合わせたもの。

表1-2 労働力人口の推移

年 次	労働力人口（万人） 総 数	労働力人口（万人） 就業者	労働力人口（万人） 完全失業者	労働力人口比率（％）	生産年齢労働力人口比率（％）	就業率（％）	完全失業率（％）
1980（昭和55）	5,650	5,536	114	63.3	68.2	62.0	2.0
1985（同 60）	5,963	5,807	156	63.0	68.8	61.4	2.6
1990（平成2）	6,384	6,249	134	63.3	70.0	61.9	2.1
1995（同 7）	6,666	6,457	210	63.4	71.5	61.4	3.2
2000（同 12）	6,766	6,446	320	62.2	72.5	59.5	4.7
2005（同 17）	6,651	6,356	294	60.4	72.6	57.7	4.4
2010（同 22）	6,632	6,298	334	59.6	74.0	56.6	5.1
2011（同 23）	6,591	6,289	302	59.3	73.8	56.5	4.6
2012（同 24）	6,555	6,270	285	59.1	73.9	56.5	4.3
2013（同 25）	6,577	6,311	265	59.3	74.8	56.9	4.0

資料：総務局統計局「労働力調査」（基本調査）をもとに筆者作成

男性3,773万人、女性2,804万人）している。そのうち就業者は6,311万人（同41万人増：男性3,610万人、女性2,701万人）でこちらも6年ぶりの増加である。完全失業者は265万人（同20万人減：男性は162万人、女性103万人）と4年連続で減少している。また、労働力人口比率[*5]は59.3％（同0.2％上昇：男性70.5％、女性48.9％）、15～64歳の生産年齢の労働力人口比率は74.8％（同0.9％上昇：男性84.6％、女性65.0％）、就業率[*6]は56.9％（同0.4％上昇：男性67.5％、女性47.1％）、完全失業率[*7]は4.0％（同0.3％低下：男性4.3％、女性3.7％）であった（表1-2）。

表1-1にあるように生産年齢人口は減少しているが、景気の回復基調により、就業者が増加し、完全失業者が減少しているため、雇用情勢は改善傾向にある。しかし、同調査の詳細集計結果から雇用形態別に労働者をみるといわゆる正社員は3,294万人と前年より46万人減少しているのに対し、非正規のパート・アルバイト、契約社員、派遣社員などは1,906万人と前年より93万人増加しており、雇用形態により差が生じている（図1-1）。

▼就業構造基礎調査に基づく雇用の動向

上記の内容をやはり総務省統計局が5年に1度実施している「就業構造基本調査」でも確認してみよう。先の労働力調査は、就業の状態について、調査期間中すなわち、毎月の末日に終わる1週間（12月は20日から26日までの1週間）の状態を調査（actualな方式）していたが、就業構造基本調査は「ふだんの就業・不就業状態」を調査（usualな方式）するのが特徴であり、ふだん仕事をしている人を「有業者」、ふだん仕事をしていない人は「無業者」と表記している。

「平成24年就業構造基本調査」によると、15歳以上人口に占める有業者の割合である「有業率」は58.1％で、前回の調査が行われた2007（平成19）年と

*5 労働力人口比率
15歳以上人口に占める労働力人口の割合。

*6 就業率
15歳以上人口に占める就業者の割合。

*7 完全失業率
労働力人口に占める完全失業者の割合。

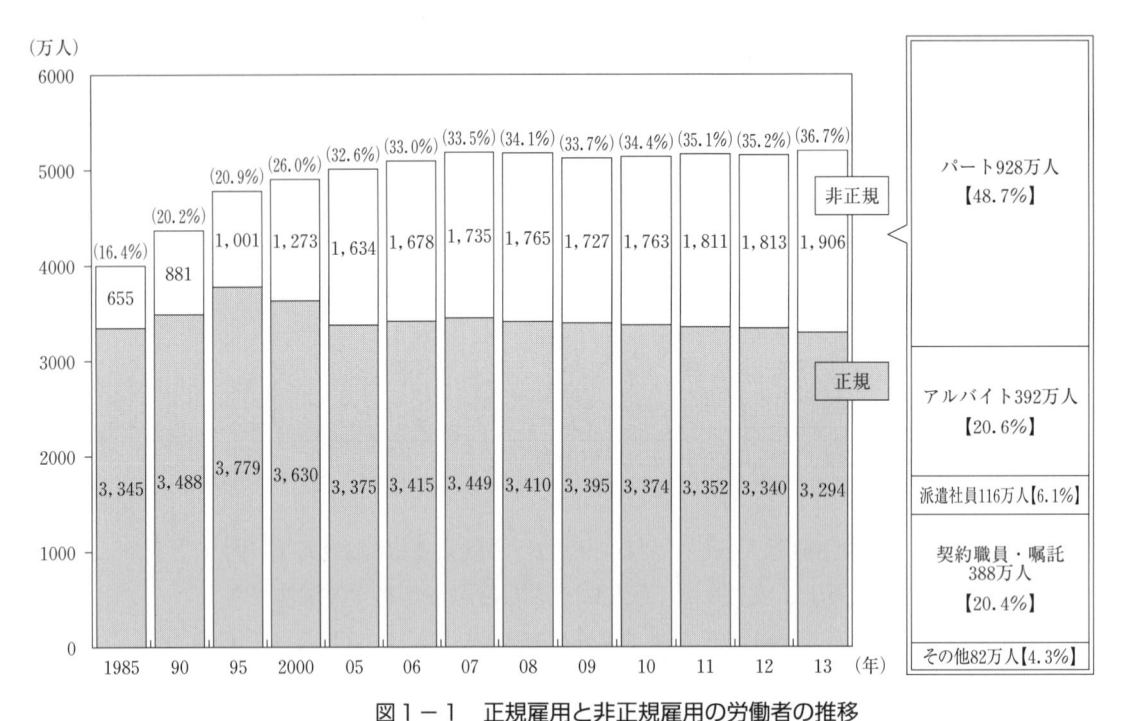

図1-1　正規雇用と非正規雇用の労働者の推移

注1）2005年から2011年までの数値は、2010年国勢調査の確定人口に基づく推計人口（新基準）に切替え集計した値。
注2）2011年の数値は、被災3県（岩手県・宮城県・福島県）の補完推計値を用いて計算した値。
注3）雇用形態の区分は、勤め先での「呼称」によるもの。
注4）正規雇用労働者：勤め先での呼称が「正規の職員・従業員」である者。
注5）非正規雇用労働者：勤め先での呼称が「パート」「アルバイト」「労働者派遣事業所の派遣社員」「契約社員」「嘱託」「その他」である者。
資料：総務省「労働力調査（特別調査）」（2月調査）および「労働力調査（詳細集計）」（年平均）長期時系列データ
出典：厚生労働省ホームページ「『非正規雇用』の現状と課題」を一部改変

比べ1.7％低下している。男性は68.8％（前回調査と比べ2.8％低下）、女性は48.2％（同0.6％低下）である。

　有業者でかつ役員を除く雇用者を雇用形態別にみていくと、いわゆる正社員である「正規の職員・従業員」は3,311万人（役員を除く雇用者に占める割合は61.8％）である。「パート」は956万1,000人（同17.9％）であり、「アルバイト」は439万2,000人（同8.2％）となっている。また、「契約社員」は290万9,000人（同5.4％）であった。前回の調査と比べ「正規の職員・従業員」が121万4,000人の減少となっている一方、「パート」が70万6,000人、「契約社員」が65万5,000人、「アルバイト」が31万2,000人増加している。

　就業構造基本調査でもいわゆる正社員が減少し、雇用契約に期間の定めがある「パート」「アルバイト」「契約社員」が増加していることがわかるが、こうした状況は、日本だけでなく先進国でも共通した傾向である。その背景として、需要の変動幅が大きく、時期の予測も難しくなっていることから、

企業が需要の変動に迅速に対応できる人員調達方法を選択する可能性が高いことが複数の研究でも指摘されている。

(2) ワーク・ライフ・バランス

1) ワーク・ライフ・バランスとは

「ワーク・ライフ・バランス：work-life balance」とは、1990年代後半以降にイギリスで広がった概念であり、「仕事と生活の調和」と訳される。少子高齢化により、すでに人口減少社会となっているわが国では、これまで以上に仕事と仕事以外の役割（子育て・介護・地域活動等）を担う必要がある国民が増えている。仕事以外の役割を抱える多様な人材を社会でいかしていくためには、必要な時期に柔軟な働き方を可能にする方策が求められる。同時に働く側も、提供される諸制度を「ライフステージで求められる役割を果たしながら仕事で成果を上げていくための支援ツール」と考えていく視点も必要となってくるだろう。

2) 労働時間の動向

人口減少社会が進展するなかで、仕事以外に果たさなければならない役割を担おうとしても時間的余裕がなければ難しい。そこで先の就業構造基本調査から労働時間の動向についてみてみると、年間就業日数が200日以上の雇用者（役員を除く）の週間就業時間は、「35〜42時間」が33.5％、次いで「43〜48時間」が24.5％、「49〜59時間」が17.2％であった。前回調査と比べると、

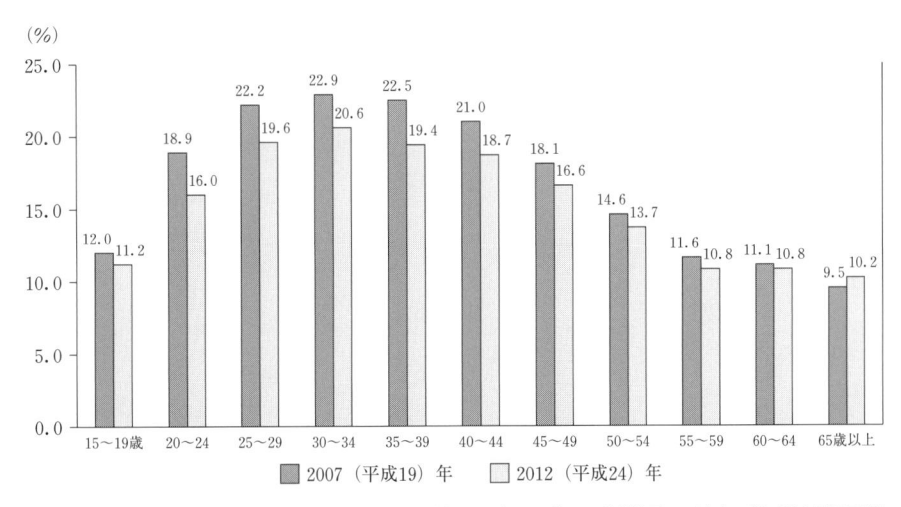

図1−2　週間就業時間が60時間以上の男性の正規の職員・従業員の割合（年間就業日数200日以上）

出典：「就業構造基本調査」をもとに筆者作成

「49～59時間」が1.4%、「43～48時間」が1.3%、「60～64時間」が0.9%低下している。この結果から、若干ではあるが、長時間労働をしている人の割合は低下していることがわかる。

　しかし、男性の「正規の職員・従業員」における週間就業時間が60時間以上の割合をみると、「30～34歳」が20.6%と最も高く、次いで「25～29歳」（19.6%）、「35～39歳」（19.4%）などとなっており、25歳から39歳までの「正規の職員・従業員」の約2割が1週間に60時間以上就業していることが指摘されている。ただし、この数値も前回調査よりもすべての年齢階級（65歳以上を除く）で低下している（図1－2）。

3）出産・育児による退職者の動向

　次に、仕事との両立の困難さが課題となっている育児について、出産・育児のため前職を離職した者の現在の就業状態を、同じく就業構造基本調査からみていく。

　過去5年間（2007［平成19］年10月～2012［同24］年9月）に出産・育児のため前職を離職した者は約125万6,000人で、うち有業者（その後就業した者）は約29万1,000人、無業者は約96万5,000人となっている（図1－3）。さらに、1997（同9）年10月～2012（同24）年9月における5年間ごとの推移をみると、出産・育児のため前職を離職した者は増加している。就業継続の希望がありながら両立を断念したのかそうでないのかは、このデータからは読み取れないが、出産・育児で離職した人が、それまでの仕事経験をいかして働けるような仕組みづくりが必要ではないだろうか。

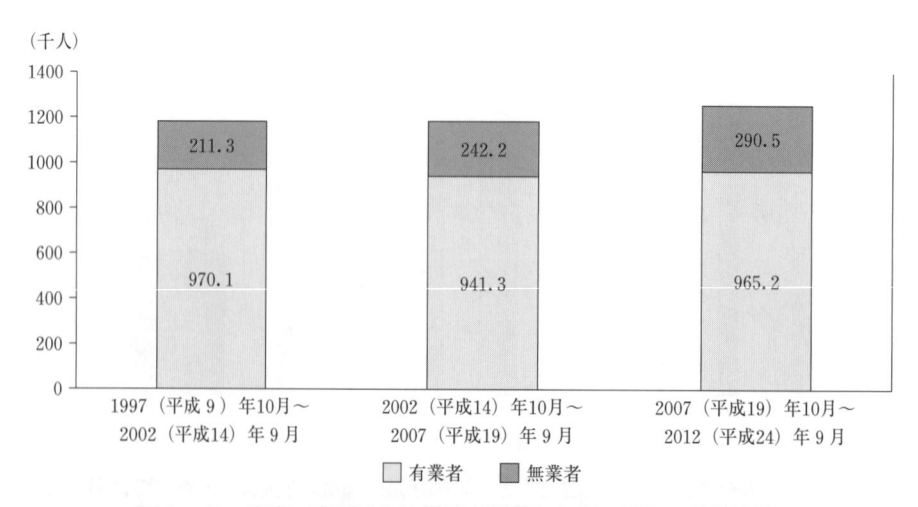

図1－3　出産・育児のため前職を離職した者の現在の就業状態
出典：「就業構造基本調査」をもとに筆者作成

第1章　労働を取り巻く状況と労働に関する法制度

ある企業では、3年以上の勤務経験があり、結婚や育児などを理由に退職した女性を、試験や面接を実施して地域職（転居を伴う配置転換がなく総合職と同様の業務内容）として正社員で雇用する制度を用意し、優秀な人材を確保しようとしている。こうした取り組みが今後も拡大することが望まれる。

(3) 最低賃金と雇用

1) 最低賃金に関する議論

働いているが賃金が低く、低所得の状態にあるワーキング・プアの存在が2008（平成20）年9月のいわゆるリーマン・ショックの前後から日本でも広く認識されはじめ、それまであまり注目されてこなかった最低賃金に関する議論がなされるようになってきた。わが国の制度では、最低賃金は、産業別最低賃金（2007［同19］年の最低賃金法改正により特定最低賃金となっている）と都道府県ごとに定められた地域別最低賃金がある。特定（産業別）最低賃金の適用対象者の割合は、地域別最低賃金に比べると低く、廃止を含めた議論がなされている。

最低賃金の改定による影響を考えるとき、影響を受ける労働者グループをある程度限定して考える必要があることは先行研究で指摘されている。具体的には、未熟練の若年新卒者や高校中退者、パートで働く女性などである。また、障害者も最低賃金近辺もしくは、減額特例[*8]により最低賃金を下回る賃金で働いている。

先行研究では、最低賃金の引き上げにより、未熟練労働者[*9]の雇用が減少することを指摘している。たとえば、最低賃金が上がることで10代の若者の就業率が減少するという研究結果もある。企業がある若者に企業に貢献した分と同じ賃金を払っていたと仮定して、最低賃金が上昇することで賃金を上げなくてはならない場合、この若者の貢献分が変わらなければ企業にとって賃金上昇分は損失となる。そして、もし解雇が簡単にできるとすれば（解雇に伴うコストがないなら）解雇される可能性が出てくると考えられるのである。このことから、知的障害のある労働者は、最低賃金引き上げにより雇用抑制の影響を強く受ける労働者と言えるのかもしれない。

2) 最低賃金に影響を受ける労働者グループ

最低賃金労働者は、中卒・高卒の学歴、卸売・小売業、飲食店・宿泊業などの産業、雇用形態はパートタイム・アルバイトであり、若年者・中年女性・高齢者がなりやすいとされる。しかし、最低賃金労働者が必ずしも低所得世帯の世帯主あるいは構成員でないこと、最低賃金がパートやアルバイトの賃金

*8　減額特例
一般の労働者より著しく労働能力が低いなどの場合に、最低賃金を一律に適用するとかえって雇用機会を狭めるおそれなどがあるため、特定の労働者については、使用者が都道府県労働局長の許可を受けることを条件として個別に最低賃金を減額することができる特例のこと。

*9　未熟練労働者
特別な技能を必要としない単純な労働に従事する労働者。

と比べても低い水準に設定されており、実際に最低賃金の水準で働く労働者は非常に少ないことから、これまで多くの関心が払われてきたとはいえない。

しかし、2007（平成19）年の最低賃金法改正により、最低賃金の決定に際して生活保護に係る施策との整合性に配慮することとなったり、民主党政権下において「全国最低800円、全国平均1,000円」が2020（同32）年までに達成すべき水準として目標設定されたりするなどして、都市部を中心に賃金が大きく引き上げられ、以前よりこの問題への関心が高まっている。

先行研究では、2007（平成19）年の法改正以降の最低賃金の引き上げによる労働者への影響を精緻に分析している。それによれば、最低賃金の10%の上昇は、下位分位の賃金率を2.8%～3.9%引き上げるが、10代男女の就業率を5.25%減少させるとし、平均就業率が17%である10代男女にとって約30%の雇用減少効果があり、若年労働者への影響は大きいとしている。

また、日本の障害者雇用の現場では、雇用量の増減について、特に特例子会社においては最低賃金の引き上げよりもむしろ割当雇用[*10]の影響が大きいことが示唆されるが、一方で最低賃金の上昇により同じ障害をもつ労働者間で、より貢献度の高い（たとえば、雇用管理がしやすい、仕事能力が高いなど）労働者へと置換えられるような「労労代替」が行われる可能性も否定できない。最低賃金の上昇に最も影響を受ける、より未熟練の労働者を彼らと近い代替的な労働者に置き換えるような場合、雇用量は変わらなくてもより未熟練な労働者は実は深刻な影響を受けている可能性がある。今後ともこの問題に注目していく必要があろう。

*10　割当雇用
法定雇用率（詳しくは第2章p.53参照）に基づき、障害者を従業員数の一定割合雇用することをいう。

(4) ディーセントワークと「比較優位」による仕事創出

1) ディーセントワークとは

「ディーセントワーク：decent work」は、ILO（国際労働機関）の第9代事務局長ファン・ソマビア氏が1999年の第87回ILO総会において提起した概念である。ディーセントワークは当初、「好ましい仕事」や「働く価値ある仕事」などと訳されていたが、現在では、ILO駐日事務所の訳である「働きがいのある人間らしい仕事」という表記が定着し、厚生労働省も同様に表記している。この概念は、2008年に第97回ILO総会において採択された「公正なグローバル化のための社会正義に関するILO宣言（以下、「2008年宣言」）」を経て、現在2012年に就任した第10代ガイ・ライダー事務局長も、21世紀におけるILOの役割としてその推進を掲げている。

2008年宣言では、ディーセントワーク（働きがいのある人間らしい仕事）の実現のために4つの戦略目標を示し、加盟国およびILOはこれに基づくべ

きであるとしている。その４つの戦略を要約すると以下のようになる。

> ①持続可能な制度・経済的環境を創り出すことにより、雇用を促進すること
> ②社会保障および労働者保護に関する方策の展開・強化
> ③政府・労働者・使用者、この三者間での対話促進
> ④労働における基本的原則および権利の尊重

　2008年宣言は、この４つの戦略目標について等しく重要であり、不可分であり、相互に関連し、支え合うものであるとしている。したがって４つの戦略はどれも働くことを考える際に重要な事項ばかりであるが、①の戦略で、「官民を問わず、すべての企業が、成長し、より多くの雇用と収入の機会や、すべての人にとっての将来見通しをもたらすことができるよう」持続可能な制度や経済的環境を「創造」することによって雇用の促進を実現しようと呼びかけている点は注目に値する。

２）"「比較優位」に基づく分業"の仕組み
▼比較優位とは
　制度は社会の仕組みだが、それを構築するためには、社会のなかで優れた個別の企業・組織の仕組みが一定程度積み重ねられていくことが必要である。では、持続可能な仕組みを「創造」することによって、障害のある、なしにかかわらず雇用を進めている企業の多くに共通する仕組みはあるのだろうか。

　独立行政法人高齢・障害・求職者雇用支援機構が公開している「障害者雇用事例リファレンスサービス」掲載企業の取り組みや筆者が行った調査で、その仕組みの一つに"「比較優位」に基づく分業"があることがみえてきた。

　「比較優位」とは、19世紀にイギリスで活躍した経済学者デヴィッド・リカード（David Ricardo）が「比較生産費説」で主張した考え方である。誰もがもっている「どちらかというと得意：比較優位」に注目する点が重要である。より低コスト（賃金だけでなく要する時間や質を総合的に判断して）で行える方が、その仕事に対して「比較優位」があるので、それに特化して仕事を担うことにより、組織全体として効率が上がるという考え方である。

▼「比較優位」に基づく分業の事例
　「比較優位」に基づく分業をすると実際に生産性が高まることを表１－３で説明しよう。Ｓさん、Ａさん、Ｂさんの３人がそれぞれ味噌と醤油を生産する仕事に就くとする。Ｓさんが味噌１ｔを生産するのに必要な時間は４時間、醤油１ｔ生産する時間は６時間とし、同様にＡさんとＢさんは、味噌１ｔを

生産するのに必要な時間は12時間、醤油１ｔ生産する時間は８時間かかるとする。もし３人が週40時間労働で、それぞれが生産に必要な時間で味噌と醤油を均等量生産する場合、Ｓさんは味噌に16時間、醤油に24時間使って、それぞれ４ｔずつ生産することができる。一方、ＡさんとＢさんは味噌に24時間、醤油に16時間使って、それぞれ２ｔずつしか生産できない。

　しかし、同じ週40時間労働で、それぞれが相対的に得意な方に特化して生産するとどうなるだろうか。具体的には、Ｓさん、Ａさん、Ｂさんが、それぞれ味噌と醤油の生産に要する時間の短い方に特化して生産すると、Ｓさんは味噌に40時間使い10ｔ生産できる。ＡさんとＢさんは醤油に40時間使い５ｔずつ生産できる。もちろんどちらの方法でもＡさんとＢさんは、味噌でも醤油でもＳさんの生産能力にはかなわないが、それでも相対的に（どちらかというと）得意な方に特化して生産することで全体の生産量を増やすことができるのである。無事に味噌と醤油が出来上がれば、交換して互いに必要なものを手に入れればよいのである。

　障害のない労働者と障害のある労働者が、比較優位の視点で分業し、障害者の仕事を創出するとともに、障害のない労働者が新たな付加価値を創造する仕事に割く時間を生み出したり、残業を削減したりする効果がさまざまな業種の企業で確認されている。こうした持続可能な労働環境と経営資源を生み出す仕組みを創造し、働く誰もが安定的に仕事を継続するマネジメントの方策を考えていくことが真のバリアフリー社会を構築することであり、そのことが私たちの社会を構成するすべての人にとってのディーセントワークを

表１－３　「比較優位」に基づく分業による生産量比較

	Ｓさん	Ａさん	Ｂさん
味噌１ｔの生産に要する時間	4時間	12時間	12時間
醤油１ｔの生産に要する時間	6時間	8時間	8時間
週40時間労働で均等量生産するとき			
味噌の生産量	4ｔ（16ｈ）	2ｔ（24ｈ）	2ｔ（24ｈ）
醤油の生産量	4ｔ（24ｈ）	2ｔ（16ｈ）	2ｔ（16ｈ）
週40時間労働で「比較優位」がある方に特化して生産したとき			
味噌の生産量	10ｔ（40ｈ）	0ｔ	0ｔ
醤油の生産量	0ｔ	5ｔ（40ｈ）	5ｔ（40ｈ）
味噌１ｔ対醤油１ｔで交換して互いに必要なものを手に入れる			
味噌の生産量	5ｔ	2.5ｔ	2.5ｔ
醤油の生産量	5ｔ	2.5ｔ	2.5ｔ

実現する方途ではないだろうか。

　労働者がそれぞれ、若者も高齢者も女性も障害のある人も自らの比較優位をいかして社会に参加し、協働する。そして、ときに失敗すれば「再挑戦」できる社会の実現のためには、政府だけにその責を負わせるのではなく、その方法を私たち市民一人ひとりが真剣に議論するときが来ている。

●第１節の学びの確認

・アルバイトやボランティアの実践で行われる仕事や作業のなかで、自らが「比較優位」となる仕事や作業は何か考えてみよう。

2．労働に関する法制度

●学びのねらい

　第１節で学んだ「ディーセントワーク（働きがいのある人間らしい仕事）」は、人の生存や生活の質の確保において重要である。労働に関する法制度は、このために労働者の権利を保障し、労働環境や労働条件等の規範を定めている。こうした労働に関する法制度は、福祉制度下で就労する大部分の人には適用されない。本節の学びから、就労上の困難を抱える人にとっての労働者保護の意味を考察してみよう。

(1) 人が働くことと労働法

1）生活の質と労働

　労働を通じた社会参加は、人の生活上の基本的な要求の一つとして、ベーシック・ヒューマン・ニーズ（BHN）[*11]に位置づけられる。同様にBHNである衣食住や保健医療、教育なども、大多数の人は、その多くを本人または世帯の主たる働き手（扶養義務者）の労働の果実により入手する。

　労働には、衣食住等のための「生計の維持」のみならず、社会における「個性の発揮」や「役割の実現」など、多様な意味が見出せる。自己実現のために収入の多寡に拠らず仕事をする人もいれば、収入そのものに働き甲斐を見出す人もいる。何に労働の意味を見出すかは、個々人の考えや子育て期か介護期か等のライフサイクル[*12]の段階などでも異なっている。また、個々人の生涯の時間をみると、人は実に多くの時間を労働に費やしている。

　生産（労働）年齢期にある個々人が職に就けるか否か、働く間の労働条件を含む労働の質が良好か劣悪か、社会全体で生産年齢人口のうち何割が就業しているか（就業率）等の、労働の実際は、人の生活や社会のあり様を大き

*11 BHN
ILO「Employment, Growth and Basic Needs：As One-World Problem：The International Basic-Needs Strategy」(1976年) 等で示されている。

*12 ライフサイクル
人の一生を誕生から死に至るまで、いくつかの段階に分けたもの。

く左右する。たとえば、長時間労働などが多発し「ワーク・ライフ・バランス（仕事と生活の調和）」が保たれない社会では、出生率が低下し、過労死も起こりやすいだろう。

　年齢、性別、人種や民族、障害があることなどを理由に社会的に不利な立場に陥りやすい人々を含め、①すべての人に働く機会の提供が試みられているか、②働く人に適切な労働環境や労働条件（賃金、労働時間、休暇等）および失業や就業中の怪我や疾病等に対応した社会保障があるか、③労働の中断や継続、産業構造の変化等に対応する教育訓練の機会があるかは、個々人の生存（生存権）や生活の質（QOL）の確保にかかわっている。さらにこれらは、活力ある社会経済の維持においても重要となる[13]。

2） 労働法とは

　本節が取り上げる労働に関する法制度は、人が適切な職に就く機会や、労働環境および労働条件等にかかわる規範を示す。その中核となる「労働法」は個別の法律名称ではなく、労働者の地位を保護および向上しようとする諸法律の総称である。労働法は別称で「労働者保護法」とも呼ばれ、多数の関係する法律が各々の役割を担うことで成り立っている。さらに、多くの施行規則、解釈例規等も「労働法規」として重要な役割を果たしている。以下で、労働法の形成と主な内容について学んでいこう。

(2) 労働法の形成と内容

1） 社会権の成立と労働法

▼社会権と労働者保護

　労働法は、第二次世界大戦後、国々が福祉国家の建設を目指し、「社会権」の具現化に取り組むなかで形成されてきた。社会権とは、基本的人権の一部であり、人が社会で人間らしく生きるための生存権、労働基本権、社会保障を受ける権利、教育を受ける権利などの諸権利のことをいう。

　歴史を遡ると、人に従属関係のもとで搾取的な労働条件を課し、その生存や尊厳をむしばむ就労形態[14]は古代から存在してきた。近代では、18世紀半ばに欧州に始まりアメリカや日本などに至る産業革命の進展により、いずれの国々でも工場等において多くの未熟練労働者が生み出された。使用者（雇用主）とこれら労働者の力の差は圧倒的になり、低賃金や過重労働[15]などの劣悪な労働条件によって、病気や貧困の増加等の社会不安や社会問題が引き起こされていった。

　19世紀前半以降になると、社会問題に対応し、労働条件等の改善を目指す

---

[13] たとえば、障害のある人々は世界人口の15%を占めており（WHO 2011年）、うち生産（労働）年齢期にある人々の多くが働くことを希望し働くことができる。しかし実際の労働参加率は低く、これが世界のGDPに年間約3〜7%の損失を引き起こしているとの試算もある（ILO 2009年）。

[14] たとえば、強制労働や搾取的な児童労働等がある。強制労働は、働く者の意思によらず、暴行、脅迫、監禁その他によって精神または身体の自由を不当に拘束され、強要されて行う労働である。

[15] 過重労働
長時間労働、不規則勤務など心身に負の影響を与える労働のこと。

「工場法」*16等の労働法が、欧州を先例に日本でも誕生したが、その内容は限定的なものにとどまった。当時の労働者の労苦を伴う生き様は、『蟹工船』『女工哀史』「わが谷は緑なりき」「モダン・タイムス」等の書物や映画などに描かれている。国家による労働者保護の包括的な立法は、多数の労働者の過酷な状況のみならず、二度にわたる世界大戦という極めて非人道的な経験を経てようやく取り組まれることとなる。

▼国際機関と社会権

労働条件の改善等を通じて世界平和の確立に寄与すべく1919年に設立されたILO（国際労働機関）は、第二次世界大戦末期の1944年、「労働は商品ではない。表現及び結社の自由は、不断の進歩のために欠くことができない。一部の貧困は、全体の繁栄にとって危険である。（中略）すべての人間は、人種、信条又は性にかかわりなく、自由及び尊厳並びに経済的保障及び機会均等の条件において、物質的福祉及び精神的発展を追求する権利をもつ」（当時の労働省仮訳）と宣言した（国際労働機関の目的に関する宣言*17 1、2抜粋）。そのうえで、世界の国々と協働し、完全雇用および生活水準を向上させること、賃金や労働時間その他労働条件等にかかわる政策の成果を公正に分配すること、団体交渉権を実効的に承認すること、生産能率の継続的な改善において経営と労働が協力すること、社会保障の措置を拡張することなどを掲げた（同宣言3）。

その後、国際連合（以下、「国連」）は世界人権宣言（1948年）で、自由権（市民的政治的権利）および社会権（経済的社会的文化的権利）を、人が有する普遍的な権利として謳った。同宣言は、労働に関連して「社会保障を受ける権利（第22条）」「労働権、労働条件についての権利、団結権（第23条）」「労働時間、休日、休暇についての権利（第24条）」「社会福祉を受ける権利（第25条）」等を定めている。このうち第23条は、労働者の権利として「すべての人は、勤労し、職業を自由に選択し、公正かつ有利な勤労条件を確保し、及び失業に対する保護を受ける権利を有する（同条第1項）」（外務省仮訳）等を記している。こうした諸権利は、国連の人権規約（1966年）における社会権規約（A規約）*18として、法的拘束力を伴い具体化している。

2）日本国憲法と労働法

戦後の日本においては、日本国憲法（以下、「憲法」）が「勤労の義務と権利（第27条）」および「勤労者の団結権（広義）（第28条）」を規定した。労働に関係が深い他の条項に、「個人の尊重・幸福追求権（第13条）」「平等権（第14条）」「生存権（第25条）」などがある。

*16 工場法
工場法は、まず児童や女性の労働保護を中心に労働時間や深夜業を規制した。日本の現在の労働基準法と労働安全衛生法の前身となる法律である。

*17 国際労働機関の目的に関する宣言
フィラデルフィアで採択されたため、通称「フィラデルフィア宣言」と呼ばれる。

*18
正式名称を「経済的、社会的及び文化的権利に関する国際規約」という。日本は同規約を1979（昭和54）年、留保や解釈宣言を付して批准している。

憲法がこれらを定めた背景には、前述の社会権等の具現化を目指す国際的な潮流、戦前戦中の国内の労働分野の法整備の遅れ、GHQ（連合国最高司令官総司令部）の占領政策等があった。こうして憲法の条項に基づき、労働法は策定されていった。

(3) 労働法の体系と各法規

労働法の体系は憲法第27条、第28条を頂点に、一般的に、①個別的労働関係（雇用関係）の法規、②集団的労使関係の法規、③労働市場（雇用政策）の法規、の3つに区分されてきた（表1-4）。

表1-4 労働法の体系

個別的労働関係（雇用関係）の法規	労働基準法、最低賃金法、労働安全衛生法、労働者災害補償保険法、労働契約法、男女雇用機会均等法、育児・介護休業法、賃金支払確保法、家内労働法、パートタイム労働法等
集団的労使関係の法規	労働組合法、労働関係調整法、国家公務員法等
労働市場（雇用政策）の法規	雇用対策法、雇用保険法、職業安定法、障害者雇用促進法、高齢者雇用安定法、労働者派遣法、職業能力開発促進法、地域雇用開発促進法等

注）通称表記を含む。
資料：一般的な区分に従い筆者作成

1) 個別的労働関係の法規

個別的労働関係の法規は、憲法第27条第2項の「賃金、就業時間、休息その他の勤労条件に関する基準は、法律でこれを定める」および第3項の「児童は、これを酷使してはならない」とする二つの規定に基づき、労働者の労働条件を定め、年少者を保護している。具体的な法律として、労働条件の最低基準を定める「労働基準法」、使用者が労働者に支払う最低賃金を定める「最低賃金法」、労働災害（以下、「労災」）防止の基準や快適な作業環境の形成について定める「労働安全衛生法」、労災保険の給付や労働者の社会復帰等を定める「労働者災害補償保険法」、職場における男女平等の促進等を定める「男女雇用機会均等法」などがある。

以上のうち、労働基準法は労働法の中心的な位置づけにあり、「労働条件の原則」および表1-5に示す事項等を定めている。労働条件の原則は、①労働条件が人たるに値する生活を営むための必要を充たすべきものであること、②労働条件の基準は最低のものであり、労働関係の当事者は、その基準を理由に労働条件を低下させてはならず、その向上に図るよう努めなければならない、となっている（同法第1条第1、2項）。

表1−5　労働基準法の主な規定事項

「均等待遇」「男女同一賃金の原則」「強制労働の禁止」「労働者の定義」「賃金の定義」「労働時間」「解雇制限」「公民権行使の保障」「休日」「時間外及び休日の労働」「時間外、休日及び深夜の割増賃金」「年次有給休暇」「最低年齢」「産前産後」「災害補償」「安全及び衛生」「就業規則作成及び届出の義務」「労働基準監督官の権限」「法令等の周知義務」など

資料：労働基準法をもとに筆者作成

▼労働法における労働者

　ところで、労働法が対象とする労働者とは、どのような人々を指すのだろうか。上述の労働基準法は、労働者を「職業の種類を問わず、事業又は事業所に使用される者で、賃金を支払われる者をいう（第9条）」と定義している。この定義に基づくと、労働者には正社員のみでなく、パートタイマー、アルバイト、臨時工等の「雇われて働く者」がすべて含まれる。しかし、たとえば失業者はこれに含まれない。労働者か否かにおいては、事業または事業所に「使用される者（雇われる者）」で「賃金を支払われる者」という二要件が重要となる。これらの要件に該当する者は、労働基準法やその他の労働法の保護を享受する対象として扱われる。

　これに加えて、以下の集団的労使関係の法規で記す労働組合法は、労働者を「職業の種類を問わず、賃金、給料その他これに準ずる収入によって生活する者をいう（第3条）」とし、その定義は労働基準法よりも広い[19]。このため、たとえば、解雇対象となった失業者が労働者として、労働組合を通じて団体交渉を行うことなどが可能であるという見解もある。

▼労働契約（雇用契約）

　労働法上の「雇われて働く者」は、使用者と「労働契約」を結んでいる。私人間の関係を定める民法は、労働者と使用者の独立かつ対等な関係を前提とする自由な契約として「雇用契約」を定める。これに対し一般的には、労働基準法が規定する労働契約は、両者の力には差があるとして民法上の雇用契約を一部修正するととらえられてきた[20]。労働法はたとえば、労働契約締結の際に、使用者が労働者に労働条件を明示し、重要事項について書面を交付する等の義務を課している。

　労働法は民法に対する特別法[21]として、民法の雇用契約の規定（第623条〜631条）に優先している。

▼労働法の適用と労働者性

　しかしながら、就業および雇用形態が多様化するなかで、誰が労働法上の労働者と認められるか否かは、明確でない場合も多い。プロのスポーツ選手、

[19] 使用者に現に使用されていることは問われず、賃金などに準ずる収入によって生活する者であれば足りるとされ、憲法第28条の勤労者に同義と解される。

[20] ただし、最近ではこの2つの契約には差異がないとする見解もまた有力である。

[21] **特別法**
特別法は、当該分野に一般的に適用される一般法に優先される。労働法と民法は、特別法と一般法の関係にある。

保険外交員、家内労働者*22、後述する福祉的就労の従事者などが労働者であるか否か、つまり労働法上の保護の対象となるか否かについてはさまざまな現状と議論がある。その判断は、いずれにしても、実際の労務提供の実態をみた「労働者性」の有無で下されることになっている。

2) 集団的労使関係の法規

集団的労使関係の法規は、憲法第28条の「勤労者の団結する権利及び団体交渉その他の団体行動をする権利は、これを保障する」とする条文を中心に据えている。これは、労働者の基本的権利として、労働者が使用者との交渉において対等の立場で労働条件の維持や改善等を図れるよう、労働者が力を合わせることを認めるものである。

その内容は、労働者が組合を結成する権利である「団結権」、労働者が使用者と団体交渉する権利である「団体交渉権」、労働者が要求を実現するために団体で行動する権利である「団体行動権（争議権）」からなっている。これらは「労働三権」と称される。

集団的労使関係にかかわる法律として、労働者による自由な労働組合の結成や、加入および活動、労働協約や労働委員会等について定める「労働組合法」、労使紛争の予防と解決を目指し、労働委員会における斡旋、調停、仲介等に関する手続きを定める「労働関係調整法」などがあげられる。近年は、これらに加えて労使関係の安定の確保のために、下記の5）で記す個別的な労使紛争解決の新たな法制度も形成されている。

▼労働三法

既述の労働関係調整法（1946［昭和21］年）、労働基準法（1947［同22］年）、労働組合法（1949［同24］年）*23は、労働法の礎となる諸法律として戦後に順次制定された。これらは合わせて「労働三法」と呼ばれている。

3) 労働市場の法規

労働市場の法規は、憲法第27条第1項の「すべての国民は、勤労の権利を有し、義務を負ふ」に基づき、雇用保障や雇用対策について定めている。具体的な法律として、労働者が失業した場合の経済的保障（基本手当等の給付）や再就職の促進、労働者の雇用継続のための給付等を規定する「雇用保険法」、適職へ就く機会の提供、産業に必要な労働力の充足、労働者の職業の安定等を目的とする「職業安定法」があげられる。これらのほかにも、労働力の需給に対する質量両面での均衡を促進し、経済社会の発展と完全雇用の達成を図る「雇用対策法」、高年齢者等の職業安定を規定する「高年齢者雇用安定法」、

*22 家内労働者
自宅を作業場として委託者から部品や原材料の提供を受けて、物品の製造や加工等を行い、工賃を受け取る者を指す。労働者性は認められないが、これらの人々の労働上の保護のために「家内労働法」が制定されている。

*23
旧労働組合法が1945（昭和20）年に制定されたが、1949（同24）年に全面改正され現行の労働組合法となった。

雇用促進や職業リハビリテーションの措置等によって障害者の職業の安定を図る「障害者雇用促進法」*24 などがある。

▼均等待遇と合理的配慮の提供

このうち障害者雇用促進法は、国連総会で2006年に採択された障害者権利条約*25 に対応すべく、2013（平成25）年6月に大幅改正が行われた。これにより、「労働市場の法規」に位置づけられる所以（ゆえん）でもある「雇用率制度」*26 に加えて、個別的な労働関係を視野に入れた、障害のある個々人の労働の機会の提供に取り組む新たな規定が盛り込まれた。具体的には、障害のある者とない者の雇用上の均等待遇を定める「差別的取扱いの禁止」と「障害者が職場で働くに当たっての支障を改善するための措置義務（合理的配慮の提供義務）」の導入である（施行は2016［同28］年4月）。これは、ポジティブアクション（不特定多数の集団に対する優遇措置）*27 である雇用率制度とは異なる個別性に対応する視点から、障害者の一般就労を促進する内容となっている。

合理的配慮の提供義務とは、障害のある個人から社会的障壁*28 の除去を必要としている旨の意思表明があり、その実施が事業主（使用者）にとって過重な負担*29 でない場合に、障害者の個別の状況に応じて提供しなければならない適切な変更や調整を指している。例として、車いすに合わせたスロープの設置や作業台の高さの調節、手話通訳者や要約筆記者の派遣、勤務時間の変更などの対応があげられる。

一方、障害者雇用促進法の対象とはならない福祉的就労に従事する障害者への対応は、「障害者差別解消法*30（2013［平成25］年6月成立、2016［同28］年4月施行）」の均等取扱いと合理的配慮にかかわる規定に委ねられる。

4） 福祉的就労と労働法

福祉的就労*31 とは、主として障害を理由として一般労働市場で働くことが困難な人に、福祉政策のもとで就労の場を提供する就労形態を指している*32。福祉的就労の対象者は、福祉サービスの「利用契約」を結ぶと同時に、雇用契約を結ぶ場合と結ばない場合がある。福祉制度下における雇用の場の拡大が目指されるも、実際には現在、多くの人が雇用契約を締結せずに就労している（第2章第2節参照）*33。こうしたなかで福祉的就労に就く人は、福祉サービス利用者、働く人*34、職業訓練受講者といった曖昧な位置づけを有し、一般労働市場への就職、あるいは就労継続のために就労支援の対象者となっている。

雇用契約のない福祉的就労従事者には最低賃金や労災保険および労働安全衛生等の労働法が適用されず、また、雇用契約がある者も、最低賃金法の減

*24 障害者雇用促進法
正式名称は「障害者の雇用の促進等に関する法律」

*25 障害者権利条約
本章p.34参照。

*26 雇用率制度
第2章p.53参照。

*27
アファーマティブアクション、積極的差別是正措置ともいわれる。当該の不特定多数の集団への差別の解消が進めば廃止される措置であり、その過程においては逆差別の議論も起き得る。これに対して非差別措置に位置づけられる合理的配慮の提供等は均等待遇確保のために必要とされ続ける。

*28 社会的障壁
障害がある者にとって、あるいは社会生活を営むうえで障壁となる、社会における事物、制度、慣行、観念その他一切のものを指す。バリアのある建物や交通機関等、社会参加の障壁の多くは社会の側がつくりだしてきたという視点（障害は機能障害を有する者と障壁との相互作用により生じる）に立ち、社会的障壁を取り除く合理的配慮を社会が義務として担うこととなる。

*29
事業規模、業種、事業の財政状況、経営環境などに基づき判断される。

*30 障害者差別解消法
正式名称は「障害を理由とする差別の解消の推進に関する法律」

*31
「福祉的就労」、高齢者のシルバー人材センターなどによる「生きがい就労」という言葉が示すように、「就労」

額特例*35（第7条）により、最低賃金が保障されない等の一般的な労働者保護からの除外が可能となっている。福祉的就労従事者の収入である「工賃」*36の低さなどの就労条件上の課題は、これらの人の貧困率の高さや社会生活における困難にもつながっている。このため、労働法や福祉法のもとでの労働施策と福祉施策の一体的な対応が喫緊の課題になっている。

5）個別的な労使紛争解決のための法制度

労働法においては、以上の個別的労働関係の法規、集団的労使関係の法規、労働市場の法規に加えて、2000年代以降、労使の個別的な紛争を解決するための新たな制度が導入された。「個別労働紛争解決促進法（2001［平成13］年成立）」による「裁判外紛争解決制度（ADR：Alternative Dispute Resolution）」と、「労働審判法（2004［同16］年成立）」による「労働審判制度」である。裁判外紛争解決制度は、行政機関による労使の紛争解決の斡旋や助言、指導を行う。労働審判制度は、地方裁判所において裁判官と労働問題の専門家が3回以内の審理で紛争の調整を行う。いずれも民事訴訟に比べて、円満な解決を主眼とし、また審理が短期間かつ費用が低いという特徴がある。以上のほかに、個別的な労使紛争解決の方法として、「民事訴訟」「労使間の自主交渉による紛争解決」などがあげられる。

個別的な労使紛争解決のための法制度が導入された背景には、近年の国内外の経済状況を受けた事業組織の再構築（リストラクチャリング）や、日本型雇用の特徴とされた終身雇用や年功序列の崩壊、これらによる契約社員や派遣社員等の増加による個別的な労使紛争数の増加がある。一方で、雇用形態の多様化等に伴い労働組合の組織率は低下し、人事労務管理の個別化が進行した。こうした状況において、集団的労使関係の法規では個別的な労使関係事項を解決することに限界が生じたのである。

6）労働法の体系における区分

以上の労働法の体系においては、改正障害者雇用促進法の新規定や個別的な労使紛争解決の法制度が例示するように、時代とともに取り組みが進み、従来の区分の線引きにとどまらない変化が生じている。個別的な労使紛争解決法制度は集団的労使関係における諸法と合わせて、「労使関係の安定に関する法規」としてとらえ、区分することもできる。

という用語の概念は「雇用」に比べて一般的に広く、また、雇用契約のない就労形態等を特に指して用いられる場合がある。しかし、時には雇用という用語を、雇用（雇用契約のある労働形態）と就労（雇用契約のない労働形態）の双方を含めて用いる場合もある。一貫性を欠く使われ方により、同じ用語を使用しても対象や政策範囲等に差異等がある場合が多々ある。

*32
障害者支援施設のほか、生活困窮者に対する救護施設等においても、福祉的就労が行われる。また、生活困窮者については、「生活困窮者自立支援法（2015［平成27］年4月施行）」のもとで、都道府県知事等による就労訓練事業として、同様の「中間的就労」が実施される。

*33
就労継続支援A型は雇用型、B型は非雇用型であるが、A型においても雇用契約のない利用が、特例として一定要件のもとで可能となっている。

*34
たとえば、労働力調査では自営業主として就業者総数に計上されている。

*35 減額特例
本章p.19参照。

*36
厚生労働省によると、2012（平成24）年度の平均工賃は、就労継続支援B型事業所で1万4,190円（時間額176円）、就労継続支援A型事業所で6万8,691円（時間額724円）、就労継続支援事業平均で2万1,175円（時間額258円）である。

● 第2節の学びの確認

・労働基準法、労働組合法、雇用保険法、職業安定法等の労働法が、人の生存や生活の質の確保にどのように役立っているか、事例をあげて理解しよう。また、働くうえで不利な立場にある人の就労支援に、労働法がどの程度寄与しているか検討し、今後の支援がどうあるべきかを考えてみよう。

3．障害者雇用に関する法制度

● 学びのねらい

障害者雇用に関する法規は、「障害者の雇用の促進等に関する法律（障害者雇用促進法）」が中心となる。本節では、障害者雇用促進法に基づく現在の制度内容を学ぶとともに、その制度が、どのような歴史的背景をもとに制度化されていったのかを学ぶ。また、2014（平成26）年に批准された「障害者の権利に関する条約（障害者権利条約）」の内容を障害者雇用と結びつけて理解する。

(1) 障害者雇用促進法

1) 身体障害者雇用促進法の成立

わが国の障害者雇用の歴史は、第二次世界大戦後の傷痍軍人に対する職業促進の施策から始まり、一般の雇用施策の一部として実施された。そのような状況において、本格的に障害者雇用が始められるきっかけとなったのが、1951（昭和26）年のILO（国際労働機関）への復帰である。ILOは、1955（同30）年のILO総会において「身体障害者の職業更生に関する勧告」を採択し、わが国もその加盟国となった。この勧告の加盟国となったことで、わが国でも障害者への職業リハビリテーション対策が求められることになったのである。さらに、諸外国では、この時期にすでに障害者の雇用を促進する法律が制定されており、それらの影響を受けて、1960（同35）年に「身体障害者雇用促進法」が制定されることになった。この法律の制定により、わが国の障害者雇用は具体的に推進されることになったのである。

身体障害者雇用促進法では、身体障害者の雇用率を設定する「割当雇用制度」を採用し、官公庁に対しては義務雇用、民間企業に対しては努力目標とする「義務雇用制度」を成立させた。しかし、民間企業に対する割当雇用制度は努力目標とされていたため、民間企業への障害者雇用は思うように進まず、1976年（昭和51）年に抜本的な法改正が行われることになった。この改正では、民間企業に課せられていた努力目標を義務雇用とすることで「義務

雇用制度を強化」し、さらに、割当を達成できない民間企業に対しては、納付金を課す「雇用納付金制度」[*37]を創設した。また、同改正では、なかなか雇用が進まなかった重度身体障害者に対して、雇用率を1人で2人分とする「ダブルカウント制度」が創設されている。このように、わが国では身体障害者を中心に雇用施策が進展してきたという背景がある。

*37 障害者雇用納付金制度
第2章p.55参照。

2） 身体障害者雇用促進法の対象者の拡大─知的障害者への適用─

　障害者雇用施策が身体障害者を中心に進展するなか、対策が遅れていた知的障害者への障害者雇用促進法の適用を求める動きが高まっていくことになる。その背景として、1980年代の国際的な動向を抑えておかなくてはならない。1981（昭和56）年、国連において、その年を「国際障害者年」とすることが決議され、「完全参加と平等」をテーマとして、障害者が一般の人々と対等に同等の権利と機会を享有し、生活をともにできる社会を実現するため、障害者施策を推進するよう各国に要請した。そして、この国際障害者年の成果をもとに、1982（同57）年に「障害者に関する世界行動計画」が策定された。また、翌1983（同58）年から1992（平成4）年の10年間を「国連・障害者の十年」とし、障害者施策を推進する期間として制定した。これらを受けて、わが国でも、1982（昭和57）年に「障害者対策に関する長期計画」を策定し、障害者施策の計画的な推進が行われた。そして、この計画において、知的障害者に対する障害者雇用の問題が取り上げられることとなった。

　このような国際的な動向を受け、身体障害者雇用促進法制定時からの勘案事項となっていた知的障害者に対する「割当雇用制度の適用」を求める動きが高まっていくことになり、1987（昭和62）年に法改正が行われることになった。この改正では、法律名が「身体障害者雇用促進法」から「障害者の雇用の促進等に関する法律（以下、「障害者雇用促進法」）」に改められ、身体障害者に限らず、知的障害者も法律の対象となり、義務雇用ではないものの雇用率にカウントできるようになった。

　さらに、1992（平成4）年にも法改正が行われ、知的障害者として一律にカウントされていた重度知的障害者に対しても「ダブルカウント制度が適用」され、「義務雇用制度」を除いては、知的障害者に対しても身体障害者と同等の制度体系が適用されることとなった。また、それと同時に、重度障害者の雇用を促進するため、重度障害者に対する労働体系も柔軟化され、雇用率算定の基礎となる週所定労働時間30時間以上という規定を、重度障害者に限っては20時間以上30時間未満とし、「短時間の雇用に対しても雇用率が適用」されることになった。

知的障害者に対する雇用施策の勘案事項であった「義務雇用制度が適用」されることになったのは、1997（平成9）年の法改正においてである。また、この改正では、1994（同6）年に創設された障害者雇用支援センター*38を設置する際の指定要件の緩和がなされている。さらに、事業主が障害者の雇用のために子会社を設立し、一定の要件のもと子会社に雇用されている障害者を親会社の雇用率として算入することができる「特例子会社」*39の認定要件が緩和された。この要件緩和により、民間企業による知的障害者の雇用が促進されることになった。

3） 障害者雇用促進法と障害者福祉施策の連携 ―地域支援の充実―

障害者雇用促進法は、2002（平成14）年に再び改正が行われることになる。この改正では、障害者が就業困難と考えられる業種に対して適用されてきた「除外率*40の見直し」が行われ、段階的に縮小されることとなった。さらに、就業支援と生活支援を一体的に提供する「障害者就業・生活支援センター」*41の制度化や、職務を遂行するために必要な技能に関する指導や職場で働く障害者への理解の促進などを支援する「職場適応援助者（ジョブコーチ）*42事業」の制度化が行われた。この改正は、除外率の見直しを行うことによって、障害者が就労する業種の幅を広げ、障害者雇用を拡充させていくとともに、障害者就業・生活支援センターや職業適応援助者（ジョブコーチ）の制度化は、従来の福祉施策と就労支援を結びつけ、福祉と就労の連携を進めるものであった。

2004（平成16）年には、自閉症、アスペルガー症候群その他の広汎性発達障害、学習障害、注意欠陥多動性障害などの制度の間にいた発達障害をもつ者に対する支援について定めた「発達障害者支援法」が制定された。同法では、発達障害者に対する就労支援についても条文化しており、都道府県が障害者雇用促進法による地域障害者職業センター*43や障害者就業・生活支援センターと連携することが規定されている。さらに、障害者雇用促進法においては、2005（同17）年の法改正で、精神障害者への対策が強化され、「精神障害者を雇用率の算定対象とする」ことが可能となった。また、この改正では、自宅で仕事をする在宅就業障害者への支援も制度化され、在宅就業障害者に仕事を発注する企業に対して「特例調整金」が支給されることになった。

さらに、同改正の最も大きな改正点として「障害者福祉施策との有機的な連携」があげられる。同年に障害者福祉施策の大きな改革であった「障害者自立支援法（現：障害者総合支援法*44）」が策定され、授産施設や作業所などの従来の施設体系を機能別に事業化し、一般企業で働くことを希望する障害

*38 障害者雇用支援センター
障害者雇用支援センターとは、地域障害者職業センターが行う職業評価に基づき、職業準備訓練、就職後の職場定着指導などを一貫して支援する施設であるが、2011（平成23）年度末をもって廃止され、障害者就業・生活支援センターや就労移行支援事業所へ移行した。

*39 特例子会社
第3章p.99参照。

*40 除外率
第2章p.55参照。

*41 障害者就業・生活支援センター
第3章p.79参照。

*42 ジョブコーチ
第3章p.93参照。

*43 地域障害者職業センター
第3章p.74参照。

*44
正式名称は「障害者の日常生活及び社会生活を総合的に支援するための法律」

者に対して、福祉的就労から一般企業への移行を促進することが図られた。その一方で障害者雇用施策としては、ハローワークが地域の福祉機関と連携しながら就労後の職場定着までを一貫して行う地域障害者就労支援事業の推進や職場適応援助者（ジョブコーチ）が効果的な支援を行えるように「職場適応援助者助成金」*45が創設された。

＊45　職場適応援助者助成金
第2章p.59参照。

また、2013（平成25）年の改正では、法が対象とする障害者の範囲が「発達障害、その他の心身の機能の障害がある者」にまで拡大され、2018（平成30）年度からは「精神障害者の雇用も義務化」されることになっている。

4）雇用環境の整備と雇用対象の拡充―障害者権利条約の批准に向けて―

障害者雇用促進法は、2008（平成20）年にも法改正が行われ、創設より300人以下の中小企業に対して適用を見送ってきた雇用納付金制度を、「201人以上300人以下の中小企業（2015［同27］4月より101人以上に適用）」にも適用し、中小企業に対しても障害者雇用を促進することが求められた。さらに、この改正では、障害者にとってニーズが高い短時間の雇用に対して「短時間労働の障害者すべてに雇用率が適用」され、重度以外の障害者1人に対して0.5人でカウントできるようになった。また、2009（同21）年の障害者雇用促進法施行令の改正によって、除外率が適用されている業種に対し、除外率を一律で10％下げることとなった。

さらに、2013（平成25）年の法改正では、前述のように法定雇用率の算定基礎に「精神障害者」を追加し、同年4月には法定雇用率も見直され「1.8％から2.0％」に引き上げられた。また、2006（同18）年に国連において採択された「障害者の権利に関する条約（以下、「障害者権利条約」）」の批准に向けて改正が行われ、雇用分野において「障害を理由とする差別的取扱いを禁止する規定」を設けるとともに、障害者が職場で働くにあたっての支障を改善する措置を行うための「合理的配慮の提供義務の規定」*46を設けた（2016［同28］年4月施行予定）。このように、この時期は障害者権利条約の批准に向けて国内の法制度の整備が進められている。次にその法制度の整備についてみていくことにする。

＊46　合理的配慮の提供義務
本章p.29参照。

(2) 障害者権利条約

1）障害者の権利条約の批准

2006（平成18）年に国連において「障害者権利条約」が採択された。条約については、憲法より下位であるが、法律より優位であり、条約に抵触している法律は無効となる。そのため、わが国では障害者権利条約の批准に向け

て法制度の整備が進められていくことになった。まず、2011（同23）年に、障害者の法律や制度について基本的な考え方を示した「障害者基本法」が改正され、障害者の定義の拡大、合理的配慮概念の導入が行われた。さらに2012（同24）年には、従来の障害者自立支援法に代わり、障害者の日常生活や社会生活に必要な支援を総合的に行うことを目的とした「障害者総合支援法」が成立した。そして、2013（同25）年に後述する「障害者差別解消法」の成立、「障害者雇用促進法」の改正を経て、国内の法制度の整備も充実したことから、国会において批准に向けての議論が始まり、2014（同26）年1月に批准することになった。

2）障害者権利条約における労働と雇用

障害者権利条約では、第27条に「締約国は、障害者が他の者との平等を基礎として労働についての権利を有することを認める。この権利には、障害者に対して開放され、障害者を包容し、及び障害者にとって利用しやすい労働市場及び労働環境において、障害者が自由に選択し、又は承諾する労働によって生計を立てる機会を有する権利を含む」と規定している。そして、同条第1項では「あらゆる形態の雇用に係る全ての事項（募集、採用及び雇用の条件、雇用の継続、昇進並びに安全かつ健康的な作業条件を含む）に関し、障害に基づく差別を禁止する」と規定しており、これをもとに、国内の障害者雇用に関する法制度も整備が進められていくことになった。

(3) 障害者差別解消法

2013（平成25）年に、障害を理由とする差別の解消を推進することを目的とした「障害を理由とする差別の解消の推進に関する法律（以下、「障害者差別解消法」）」が制定された（2016［同28］年4月施行予定）。障害者差別解消法にみられる労働や雇用に関する規定は、「第3章 行政機関等及び事業者における障害を理由とする差別を解消するための措置」に規定されている。特に第13条では、事業主が労働者に対して障害を理由とする差別を行うことを禁止するため、障害者雇用促進法の定めるところに従うこととされている。これは、前述の2013（同25）年の障害者雇用促進法の改正の部分で述べた「障害を理由とする差別的取扱いを禁止する規定」につながることになる。

(4) 障害者虐待防止法

障害者権利条約の批准に向けて障害者の虐待防止も重要な課題となり、2011（平成23）年に、障害者の虐待防止、虐待を受けた障害者に対する保護

および自立支援、養護者に対する支援の促進、障害者の権利を擁護することを目的に「障害者虐待の防止、障害者の養護者に対する支援等に関する法律（以下、「障害者虐待防止法」）」が制定された（翌年に施行）。障害者虐待防止法にみられる労働や雇用に関する規定は、障害者を雇用する事業主や事業担当の経営者など、使用者による虐待の防止などにみられる。たとえば、第21条では、障害者を雇用する事業主は、障害者への虐待を防止するため、「労働者に対する研修」や「障害者やその家族からの苦情処理体制の整備の措置を講ずること」と規定されている。

(5) 障害者優先調達推進法

2012（平成24）年に「国等による障害者就労施設等からの物品等の調達の推進等に関する法律（以下、「障害者優先調達推進法」）」が成立した。障害者優先調達推進法は、就労移行支援事業所[47]、就労継続支援事業所（A型・B型）[48]、特例子会社などの障害者就労施設で就労する障害者や在宅で就業する障害者の経済面の自立を進めるため、国や地方公共団体、独立行政法人などの公的機関が、物品やサービスを調達する際、障害者就労施設等から優先的・積極的に購入すること（努力義務）を推進するために制定され、2013（同25）年4月より施行されている。

障害者就労施設等への物品の発注例としては、弁当、制服等注文製造などがあげられ、サービスの発注例としては、クリーニング、清掃、印刷、データ入力などがあげられる。

[47] 就労移行支援事業所
第3章p.69参照。

[48] 就労継続支援事業所
第3章pp.70～71参照。

表1-6　障害者雇用に関する法制度の歴史

年	関連事項
1949（昭和24）	身体障害者福祉法の制定
1950（同　25）	精神衛生法（現：精神保健及び精神障害者福祉に関する法律）の制定
1955（同　30）	ILO「身体障害者の職業更正に関する勧告」の採択
1960（同　35）	精神薄弱者福祉法（現：知的障害者福祉法）の制定 身体障害者雇用促進法の制定
1970（同　45）	心身障害者対策基本法（現：障害者基本法）の制定
1981（同　56）	国際障害者年の制定
1982（同　57）	国連「障害者に関する世界行動計画」の策定 障害者対策に関する長期計画の策定
1983（同　58）	「国連・障害者の十年」の開始
1987（同　62）	障害者の雇用の促進等に関する法律への改正
2003（平成15）	支援費制度の実施
2004（同　16）	発達障害者支援法の制定
2005（同　17）	障害者自立支援法の制定
2006（同　18）	国連「障害の権利に関する条約」採択

2011（同 23）	障害者虐待の防止、障害者の養護者に対する支援等に関する法律の制定
	障害者基本法の改正（障害者の定義拡大、合理的配慮概念の導入）
2012（同 24）	国等による障害者就労施設等からの物品等の調達の推進等に関する法律の制定
	障害者の日常生活及び社会生活を総合的に支援するための法律への改正
2013（同 25）	障害を理由とする差別の解消の推進に関する法律の制定
2014（同 26）	障害者の権利に関する条約の批准

表1-7 法定雇用率制度の変遷

年	関連事項
1960（昭和35）	身体障害者雇用促進法の制定 ・官公庁に対して身体障害者の雇用義務化、民間企業は努力目標
1976（同 51）	身体障害者雇用促進法の改正 ・民間企業に対して身体障害者の雇用義務化 ・ダブルカウント制度の創設 ・法定雇用率1.5%
1987（同 62）	障害者の雇用の促進等に関する法律への改正 ・知的障害者が「みなし雇用」として雇用率算定の対象になる
1987（同 63）	法定雇用率の引き上げ ・法定雇用率1.6（1987［昭和63］年4月1日より）
1992（平成4）	障害者雇用促進法の改正 ・重度知的障害者へのダブルカウント制度の適用 ・重度障害者の短時間雇用に対する雇用率制度の適用
1997（同 9）	障害者雇用促進法の改正 ・知的障害者の雇用義務化
1998（同 10）	法定雇用率の引き上げ ・法定雇用率1.8（1998［平成10］年7月1日より）
2002（同 14）	障害者雇用促進法の改正 ・除外率の見直し
2005（同 17）	障害者雇用促進法の改正 ・精神障害者が「みなし雇用」として雇用率算定の対象になる
2008（同 20）	障害者雇用促進法の改正 ・短時間労働の障害者すべてに雇用率制度を適用
2013（同 25）	法定雇用率の引き上げ ・法定雇用率2.0（2013［平成25］年4月1日より） 障害者雇用促進法の改正 ・精神障害者の雇用義務化（2018［平成30］年4月1日より）

●第3節の学びの確認

・障害者雇用促進法の規定を学ぶことは、現在の障害者雇用を正しく理解するために大切なことである。その点を考慮して、歴史的展開や現在の制度の概要をまとめてみよう。

COLUMN

働く障害者の声

　私は30年程前、20歳のときに自動車事故により首の骨を圧迫骨折し、頸髄損傷と診断され、四肢麻痺となりました。以後、日常生活はほとんどがベッド上での生活になり、全介助が必要な状態です。

　現在私はパソコンを使い在宅で働いています。働くことになったきっかけは、1998（平成10）年に岐阜県の重度障害者の在宅就業支援を目的に設立された「バーチャルメディア工房（現：バーチャルメディア工房ぎふ）」という、「ＩＴを活用した在宅就業」支援事業にワーカーとして参加したことによります。

　私の主な業務はウェブサイトの制作・更新などです。まず、バーチャルメディア工房ぎふのスタッフから仕事の依頼があります。打ち合わせや連絡は、そのほとんどをメールか電話で行います。メールで仕事の内容についての説明を受け、作業に必要な資料・原稿などもメールに添付されて送られてきます。

　1日の就業時間は体調の良し悪しにもよりますが、およそ6～7時間程度です。私の場合は、これ以上に時間を増やすとオーバーワークになり、体調を崩す原因にもなるので緊急時以外はなるべくこの時間を守るようにしています。

　パソコン操作については、「ヘッドマスター・プラス」という特殊機器を使って操作しています。ヘッドホンのような装置をつけて、頭部の動きでマウスポインタを操作し、専用のストローをつけて息でクリックすることもできます。スクリーンキーボードと一緒に使えば、文字入力も可能です。

　重度の障害を負っても仕事ができるということは、生活をするうえで大切なことです。また少しでも社会とかかわれる、参加できているという喜びもあります。働くことで、まだ「誰かのため、何かの役に立てているのではないか」と思え、それだけで社会から取り残されているという孤立感から解放してくれているような気がします。

　ただ、在宅就労ということで、発注者と直接会って打ち合わせ等ができないために共通認識をもつことの難しさや、どこまで依頼内容や要望を把握できているのか？　先方のニーズに応えられているのか？　といった不安を抱くこともあります。また、緊急時の対応では、直ぐにはパソコンで作業を始めることができないために、その対応に困ることもあります。それでも、先方からお礼のメールを頂いたときなどは「働いていてよかった」と感じられます。

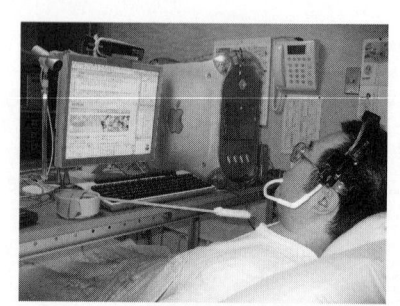

写真1-1　パソコンを操作し作業をする筆者

パソコンを使って在宅での仕事をするようになり、ずっと心に留めていることは、たとえ重度の障害があっても「私たちでも働ける」と証明したいという思いです。もちろん、そのためには社会や企業の正しい理解と協力、雇用の機会の増加や就労支援の充実なども必要と考えます。

今後、私自身、まだまだスキルアップが必要ですし、克服すべき課題も多くありますが、少しでも目標設定を高くもてるよう努力していければと考えています。

【第1章引用・参考文献】
第1節
【引用文献】
1）内閣府「選択する未来」委員会「未来への選択－人口急減・超高齢社会を超えて、日本発成長・発展モデルを構築－」2014年　pp.1－2

【参考文献】
・独立行政法人労働施策研究・研修機構編『日本労働研究雑誌』No.593　独立行政法人労働施策研究・研修機構　2009年
・大竹文雄・川口大司・鶴光太郎編『最低賃金改革－日本の働き方をいかに変えるか－』日本評論社　2013年
・橘木俊詔・浦川邦夫『日本の貧困研究』東京大学出版会　2006年
・日本創成会議・人口減少問題検討分科会『成長を続ける21世紀のために「ストップ少子化・地方元気戦略」』2014年
・Card David and Alan Krueger(1995) Myth and Measurement. Princeton University Press.
・Comin, Diego and Thomas Philippon "The Rise in Firm-Level Volatility：Causes and Consequences," M. Gertler and K. Rogoff, Nber Macroeconomics Annual 2005.(2006) Cambridge, Ma：The MIT Press.
・Dolado, Juan, Francis Kramarz, Stephen Machin, Alan Manning, David Margolis, Coen Teulings, Giles Saint-Paul, and Michael Keen(1996) "The Economic Impact of Minimum Wages in Europe," Economic Policy, Vol.11, No.23(October).
・Houseman, Susan and Machiko Osawa "Part-Time and Temporary Employment in Japan." Monthly Labor Review, October.
・ILO（2008）Provisional Record 13A/B, 97th Session, ILC, Geneva.
・ILO（2008）Provisional Record 19, Part Two, 97th Session, ILC, Geneva.
・ILO（2008）Report III（Part 1B）：General Survey concerning the Labour Clauses (Public Contracts)
・Kawaguchi, Daiji and Ken Yamada(2007) "Tha impact of Minimun Wage on Female Employment in Japan" Contemporary Economic Policy, Vol.25, No.1
・Neumark, David and William Wascher(2007) "Minimum Wages and Employment：A Review of Evidence From the NewMinimum Wage research", NBER Working Paper12663.
・Neumark, David and W.L. Wascher Minimun Wages, The MIT Press, Cambridgy (2008)
・Pereira, Sonia C.(2003) "Tha impact of Minimun Wage onYouth Employment in Portugal," European Economic Review, Vol.47, No.2(April).

【参考ホームページ】
・総務省統計局　http://www.stat.go.jp/（平成27年2月1日閲覧）

第2節
【参考文献】
・浅倉むつ子・島田陽一・盛誠吾『労働法 第4版』有斐閣アルマ　2011年
・荒木尚志『労働法 第2版』有斐閣　2013年
・厚生労働省編『知って役立つ労働法－働くときに必要な基礎知識－』厚生労働省　2014年
・中山和久・林和彦・毛塚勝利・金子征史・清水敏・山本吉人『入門 労働法』有斐閣　2001年
・菅野和夫『労働法 第10版』弘文堂　2012年
・松井亮輔・岩田克彦『障害者の福祉的就労の現状と展望－働く権利と機会の拡大に向けて－』中央法規出版　2011年
・水町勇一郎『労働法入門』岩波書店　2011年
・ロナルド・ドーア著、石塚雅彦訳『働くということ－グローバル化と労働の新しい意味－』中央公論新社　2005年

第3節
【参考文献】
・上田早記子「雇用政策と障害者（1）－障害者雇用状況報告の変遷－」『四天王寺大学大学院研究論集』第5巻　四天王寺大学　2010年
・手塚直樹『日本の障害者雇用－その歴史・現状・課題－』光生館　2000年
・大岡孝之・菅野敦「我が国における障害者労働・福祉施策の変換とこれからの課題－一般就労に向けての取組－」『東京学芸大学紀要』第60巻 東京学芸大学紀要出版委員会　2009年

第2章 障害者への就労支援

1．障害者の就労状況

●学びのねらい

> 本節では、障害者がどのような状況で働いているのか、主だった統計を通して概観していく。障害者雇用に関する統計にはさまざまな種類のものがあるが、ここで確認する3つの統計はいずれも厚生労働省によって集計されているものである。本節では、まず3つの統計の特徴を押さえ、そのうえでそれぞれの集計結果から、障害者の就労状況を浮き彫りにする。

(1) 障害者雇用に関する統計

▼3つの統計調査

障害者の就労状況を知るうえで重要な統計調査として、①「障害者の就業実態把握のための調査」(以下、「就業実態調査」)、②「障害者雇用実態調査」(以下、「雇用実態調査」)、③「障害者雇用状況の集計」(以下、「雇用状況集計」)の3つがある。いずれも厚生労働省が主体となって実施している調査であり、①と②についてはほぼ5年ごとに、③については毎年実施されている。本節ではまず、これら各調査の概要を押さえる。次に、各調査の結果から、障害者がどのような状況で働いているのかを確認していく。

▼就業実態調査

就業実態調査は、15歳以上65歳未満の障害者を無作為に抽出して対象としている。調査の目的は、障害者の「自立や社会経済的活動への参加」を促すうえでの「基礎資料」をつくることとなっている。この調査では、障害種別ごとに就業者数や就業率、年齢別あるいは雇用形態、就業時間別の就業状況が集計されている。なお、求職者については現在の就職活動の内容なども集計されている。

▼雇用実態調査

雇用実態調査は、民営事業所の事業主に対し、障害者の雇用者数、賃金、労働時間、職業等を調査するものである(事業所調査)。また、障害者本人に対しても、職場環境や現在の悩みなどを調査している(個人調査)。最新の事

業所調査（平成25年度）は、従業員5人以上を雇用している全国の民営事業所から無作為に抽出した約1万3,100の事業所を対象としている。個人調査は、事業所調査の対象となった各事業所から半数を抽出し、それらの事業所に雇用されている障害者を対象としている。いずれにせよ、あくまでも障害のある当事者に焦点を当てた調査である「就業実態調査」とは異なり、本調査は事業所と当事者の両側面に焦点を当てて実施されていることが特徴となっている。

▼雇用状況集計

わが国では、障害者の雇用の促進等に関する法律（以下「障害者雇用促進法」）に基づき、事業主には企業規模に応じてある一定数以上の障害者の雇用が義務づけられており、法定雇用率も定められている[*1]。雇用状況集計は、この法定雇用率制度とかかわりが深い統計である。この統計は障害者雇用促進法に基づき、毎年6月1日現在の障害者の雇用状況について、障害者の雇用義務のある事業主などに報告を求め、それを集計したものである。よって、本調査は「ロクイチ調査」という通称で呼ばれることも多い。法定雇用率は2013(平成25)年度に改正され、従業員50人以上の民間事業主に関しては2.0%、国や都道府県および市町村などの地方公共団体（労働者が43.5人以上）については2.3%、都道府県などの教育委員会（労働者が45.5人以上）に関しては2.2%と、いずれも従前より0.2%ずつ引上げられた。毎年実施されている「雇用状況集計」は、これら法定雇用率が各企業においてどの程度達成されているかをみるための、いわばバロメータの役割を果たしていると言えよう。

*1 詳しくは本章p.53参照。

(2) 各調査にみる働く障害者の現状

1) 就業実態調査にみる働く障害者の現状

2011（平成23）年度の「就業実態調査」の結果から障害者の就業状況をみると、調査対象となった障害者約1万8,000人（身体障害者1万1,039人、知的障害者3,991人、精神障害者2,881人）のうち、身体障害者の45.5%、知的障害者の51.9%、精神障害者の28.5%が就業している。この点から、わが国では身体障害者や知的障害者の就業率が高く、それらと比較すると精神障害者の就業率は少ないことがわかる。

2) 雇用実態調査にみる働く障害者の現状

▼就業状況等

次に2013（平成25）年度の「雇用実態調査」の結果をみると、調査対象として3万559人（身体障害者2万3,803人、知的障害者4,632人、精神障害者

2,124人）の常用雇用障害者が回答している[*2]。精神障害者の就労者数が少ないが、これは精神障害者保健福祉手帳の所持者か医師の診断による確認があった者を対象としているためである。また、わが国ではそもそも民間企業に精神障害者の採用実績が少なく、就労支援のノウハウも十分に蓄積されていないことも要因として考えられる。

この調査に関して厚生労働省があげているポイントでは、前回調査時（平成20年度）と比べて身体障害者以外で短時間労働者の割合が増えており、知的障害者が26.5％（対前回比13.3％増）、精神障害者が26.2％（同1.4％増）となっている。これは障害者雇用率制度が短時間労働者に対しても適用されるようになったからである。さらに、各障害種別によって雇用されている業種や、あるいは職業が大きく異なることがわかっている。身体障害者の場合、最も雇用されている業種は卸売業、小売業（27.9％）であり、職業は「事務的職業」が最も多くなっている（31.7％）。知的障害者の場合も最も多く雇用されている業種は卸売業、小売業（37.5％）だが、職業は「生産工程従事者」が最も多くなっている（25.6％）。精神障害者については、対象者が少数であるため参考程度にしかならないが、雇用産業は製造業となり（21.2％）、職業は「事務的職業」が最も多くなっている（32.5％）。

▼平均賃金

平均賃金にも障害種別間で格差がみられる。身体障害者は22.3万円、知的障害者は10.8万円、精神障害者は15.9万円となっており、身体障害者と知的障害者の賃金格差は2倍以上に開いていることがわかる。厚生労働省が発表した日本国内の2013（平成25）年度の賃金月額は、平均で29.57万円となっている。この点からすると、3つの障害とも国内労働者の平均賃金にはほど遠い額だと言える。

▼職業生活に対する意識[*3]

この調査では、障害者の「職業生活に対する意識」も明らかにされているが、これも障害種別によって大きく異なっている。たとえば、「仕事に関する（職場で困った時の）相談相手」としてあげられている人物にも各障害種別で特徴がある。身体障害者の場合、「家族・親戚」（52.6％）、「職場の同僚・友人」（44.4％）、「職場の上司や人事担当者」（41.4％）の順になっているが、知的障害者の場合は、「職場の上司」（44.3％）が最大であり、次に「職場でいっしょに働いている人」（34.3％）、「家族」（33.3％）となっている。精神障害者の場合も、「家族・親戚」（40.4％）が多いという点では共通しているが、「職場の上司や人事・健康管理担当者」（37.0％）、「医療機関（主治医等）」（28.8％）がこれに続いている点が特徴となっている。

[*2] この調査では、下記「▼職業生活に対する意識」に関する調査以外、身体障害者43.3万人、知的障害者15万人、精神障害者4.8万人の推計値を元に分析がされている。

[*3] この項目の調査では、身体障害者7,507人、知的障害者1,620人、精神障害者552人からの回答に基づいて分析がされている。

3） ロクイチ調査にみる障害者雇用の現状

▼雇用障害者数等

　先にも触れたように、割当雇用制度を採用している日本では、法定雇用率として法に定められた数値を目標に、各企業や組織が障害者を雇うという方法をとっている。この点で、重要な指標として浮上するのが「雇用状況集計」（ロクイチ調査）である。この調査では、毎年6月1日の各企業・組織の状況が各都道府県に配置された労働局によって集計され、11月下旬頃に公開される。

　2014（平成26）年の集計結果をみると、日本では約43.1万人の障害者が雇用されており、11年連続で過去最高を記録している（前年比5.4％増）。一方で、実雇用率は1.82％と過去最高を記録してはいるものの（図2−1）、法定雇用率を達成している企業の割合は44.7％と、前年の42.7％に次いで低い数値であった。

　雇用されている障害者のうち、身体障害者が約31.3万人であり、知的障害者が約9万人、精神障害者が約2.8万人となっている。これを対前年比の伸び率でみると、身体障害者が3.1％増、知的障害者が8.8％増、精神障害者が24.7％増となっており、特に精神障害者の増加が著しいことがわかる。

　なお、公的機関における障害者雇用は、国の機関が約0.7万人（実雇用率2.44％）、都道府県の機関が約0.8万人（同2.57％）、市町村の機関が約2.5万人（同2.38％）、都道府県の教育委員会が約1.4万人（同2.09％）となっている。

▼企業規模別の雇用状況

　企業規模別の雇用状況をみると、50〜100人未満で約3.9万人（実雇用率1.46％）、100〜300人未満で約8.2万人（同1.58％）、300〜500人未満で約4万人（同1.76％）、500〜1,000人未満で約5.2万人（同1.83％）、1,000人以上で21.7万人（同2.05％）となっており、すべての企業規模で前年より増加している。しかし、これらの数値を実雇用率でみると、1,000人以上の規模の大企業でしか法定雇用率を満たせていないことになる（図2−2）。これは中小企業に今後の努力が望まれる点であろう。しかしながら、特例子会社制度[*4]のような大企業優遇策が存在するのに対して、中小企業の障害者雇用には財政面でも、人員面でもかなりの制約があり、なかなか個別の企業の努力には任せられない側面があることにも留意しなければならない。

▼産業別の雇用状況

　産業別では、雇用されている障害者の数は、「電気・ガス・熱供給・水道業」および「生活関連サービス業、娯楽業」以外のすべての業種で前年よりも増加している。産業別の実雇用率では、「農、林、漁業」（2.15％）、「生活

*4　特例子会社制度
第3章p.99参照。

第2章　障害者への就労支援

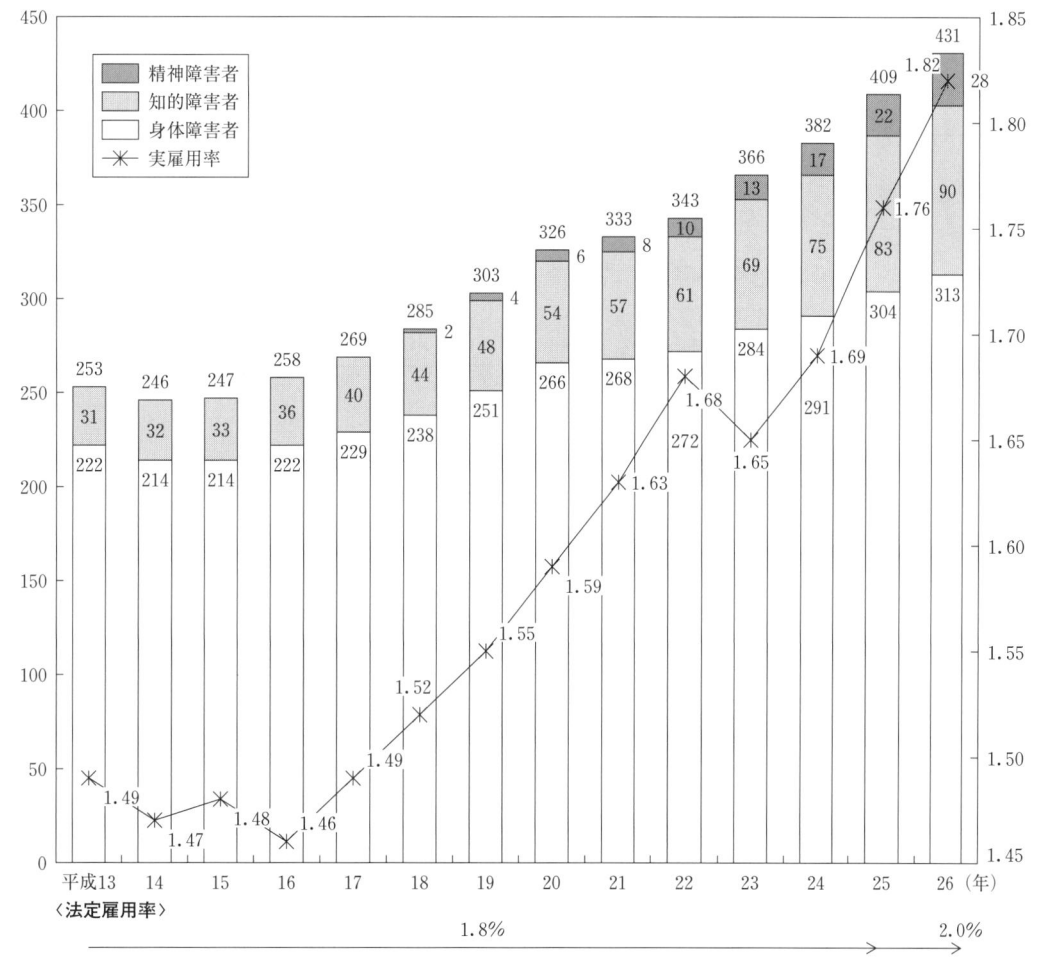

図2-1　民間企業における障害者の雇用状況

年（平成）	身体障害者	知的障害者	精神障害者	合計	実雇用率(%)
13	222	31	-	253	1.49
14	214	32	-	246	1.47
15	214	33	-	247	1.48
16	222	36	-	258	1.46
17	229	40	-	269	1.49
18	238	44	2	285	1.52
19	251	48	4	303	1.55
20	266	54	6	326	1.59
21	268	57	8	333	1.63
22	272	61	10	343	1.68
23	284	69	13	366	1.65
24	291	75	17	382	1.69
25	304	83	22	409	1.76
26	313	90	28	431	1.82

〈法定雇用率〉　平成18年～：1.8%　　平成25年～：2.0%

注1）雇用義務のある企業（平成24年までは56人以上規模、平成25年以降は50人以上の規模の企業）についての集計である。

注2）「障害者の数」とは、次に掲げる者の合計数である。

平成17年度まで
- 身体障害者（重度身体障害者はダブルカウント）
- 知的障害者（重度知的障害者はダブルカウント）
- 重度身体障害者である短時間労働者
- 重度知的障害者である短時間労働者

平成18年度以降
- 身体障害者（重度身体障害者はダブルカウント）
- 知的障害者（重度知的障害者はダブルカウント）
- 重度身体障害者である短時間労働者
- 重度知的障害者である短時間労働者
- 精神障害者
- 精神障害者である短時間労働者（精神障害者である短時間労働者は0.5人でカウント）

平成23年度以降
- 身体障害者（重度身体障害者はダブルカウント）
- 知的障害者（重度知的障害者はダブルカウント）
- 重度身体障害者である短時間労働者
- 重度知的障害者である短時間労働者
- 精神障害者
- 身体障害者である短時間労働者（身体障害者である短時間労働者は0.5人でカウント）
- 知的障害者である短時間労働者（知的障害者である短時間労働者は0.5人でカウント）
- 精神障害者である短時間労働者（精神障害者である短時間労働者は0.5人でカウント）

注3）法定雇用率は平成24年までは1.8%、平成25年4月以降は2.0%となっている。

出典：厚生労働省「平成26年障害者雇用状況の集計」p.7を一部改変

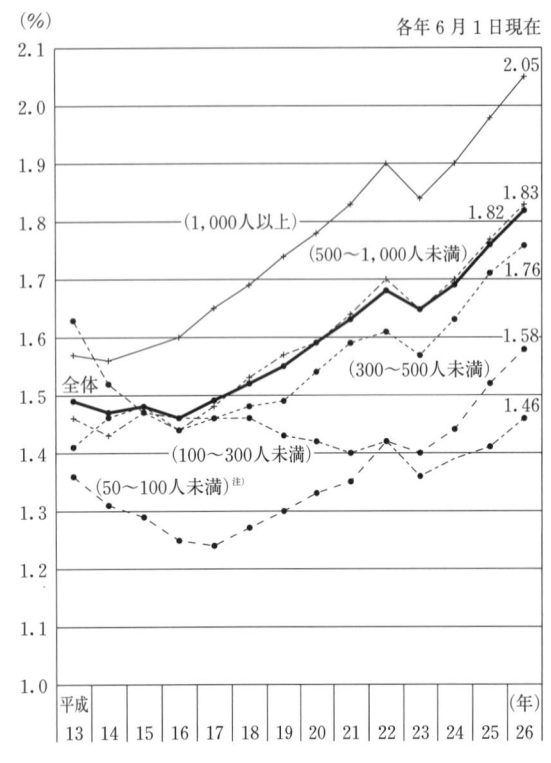

図2-2　企業規模別実雇用率
注）24年までは56〜100人未満
出典：厚生労働省「平成26年障害者雇用状況の集計」p.8

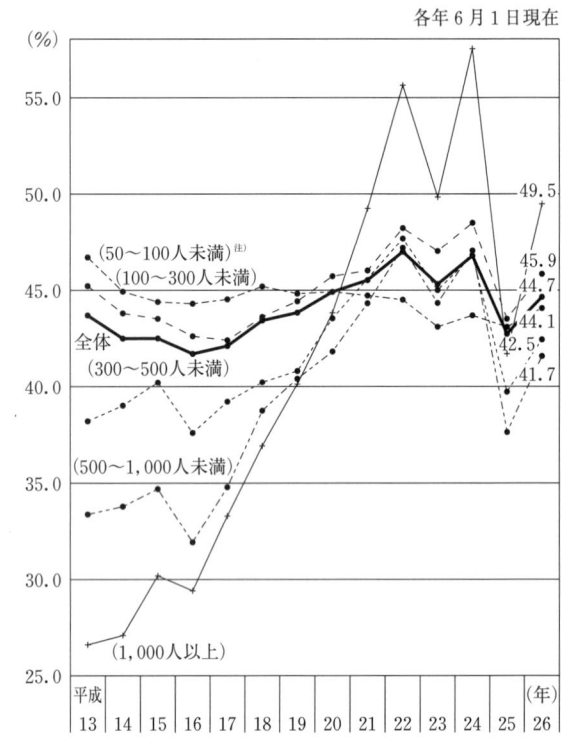

図2-3　企業規模別達成企業割合
注）24年までは56〜100人未満
出典：厚生労働省「平成26年障害者雇用状況の集計」p.8

関連サービス業、娯楽業」（2.02％）、「医療、福祉」（2.17％）が法定雇用率を上回っている。また、「製造業」（1.91％）、「電気・ガス・熱供給・水道業」（1.96％）、「金融業、保険業」（1.89％）、「運輸業、郵便業」（1.88％）、「サービス業」（1.85％）の5業種は、民間企業全体の実雇用率1.82％を上回っている。

▼法定雇用率未達成企業

法定雇用率未達成企業は全国に約4.8万社（約55％）あった。そのうちの63.5％はいわゆる「1人不足企業」[*5]であった。さらに、障害者を1人も雇用していない、いわゆる「0人雇用企業」が未達成企業に占める割合は59.4％となっている。これらの点も以前から指摘されている課題である。

確かに、日本の障害者雇用は実雇用率という点から言えば、年を重ねるごとに状況は改善されつつある。しかし同時に、近年は上述のような問題状況が固定化し始めているとも言えよう。これらに関しては、日本がこの先も先進国として存在し続けるのならば、早急な改善が求められる点でもある。

*5　1人不足企業
法定雇用障害者数が、0.5人あるいは1人不足している企業をいう。

●第1節の学びの確認

・本節であげた各種の統計を参照しつつ、日本の障害者雇用のどこに問題があるか考えてみよう。

2．障害者福祉施策における就労支援

●学びのねらい

> 障害者自立支援法の施行に伴って、障害福祉サービスに就労移行支援事業等が創設され、障害者への就労支援は地域において福祉施策と雇用施策の密接な連携によって行われるようになった。本節では、障害者自立支援法（現：障害者総合支援法）を中心に、就労支援にかかわる福祉施策の流れを理解するとともに、障害者支援施設がどのような就労支援機能をもつのか、障害者支援施設と労働関係機関がどのように連携するのかについて全体像を学ぶ。

(1) 障害者自立支援法の制定と就労系事業の創設

2005（平成17）年に制定された障害者自立支援法（現：障害者総合支援法[*6]）は、地域の就労支援体制に変革をもたらした。障害者自立支援法施行以前、障害者への就労支援は授産施設、小規模授産施設、福祉工場等で行われていたが、これらの障害者施設ではさまざまな利用者が混在して一般就労に目的を絞った支援を行うことが難しく、福祉施設から一般就労への移行率は1～3％と低迷していた。そこで障害者自立支援法では、法の柱の1つに「就労支援の抜本的強化」を掲げ、目的別に就労系事業を以下の3種類（就労移行支援事業、就労継続支援事業A型、就労継続支援事業B型）に整備し（詳しくは第3章第2節参照）、さらに福祉と雇用の関係機関の連携を強化することによって、働く意欲と能力のある障害者が障害者支援施設にとどまることなく一般就労に移行できる体制整備を行った。

▼就労移行支援事業

就労を希望する65歳未満の障害者で、通常の事業所に雇用されることが可能と見込まれる者に対して、①生産活動、職場体験等の活動の機会の提供、その他の就労に必要な知識および能力の向上のために必要な訓練、②求職活動に関する支援、③その適性に応じた職場開拓、④就職後における職場への定着のために必要な相談等の支援を行う。

▼就労継続支援A型事業

通常の事業所等に雇用されることが困難であり、雇用契約に基づく就労が

*6 障害者総合支援法
正式名称は「障害者の日常生活及び社会生活を総合的に支援するための法律」

可能である者に対して、雇用契約の締結による就労の機会の提供および生産活動の機会の提供、その他の就労に必要な知識および能力の向上のために必要な訓練等の支援を行う。

▼就労継続支援Ｂ型事業
　通常の事業所等に雇用されることが困難であり、雇用契約に基づく就労が困難である者に対して、就労の機会の提供および生産活動の機会の提供、その他の就労に必要な知識および能力の向上のために必要な訓練等の支援を行う。

(2) 就労系事業の現状

　これら就労系事業のなかで、特に就労支援で重要な役割をもつのは就労移行支援事業である。厚生労働省の社会福祉施設等調査によれば、2008（平成20）年には全国で867事業所であったのが、2012（同24）年には2,518事業所と3倍近く増加している（図2－4）。また、厚生労働省の調査より、就労移行支援事業から一般就労への移行率をみると、2012（同24）年4月時点で移行率20％以上の事業所が41.3％となっており、障害者自立支援法施行以前の障害者福祉施設では1～3％程度であったことと比べると大きな変化がみられる。しかし一方では、移行率0％の事業所が35.2％存在しており、一般就労の実績のない就労移行支援事業が多いことが課題となっている。

　就労継続支援事業については、2008（平成20）年にはＡ型が216事業所、Ｂ型が1,805事業所であったのが、2012（同24）年にはＡ型が1,374事業所、Ｂ型が7,360事業所と大幅に増加している（図2－4）。

　障害者自立支援法施行以降、国は一般就労への移行とともに、就労継続支

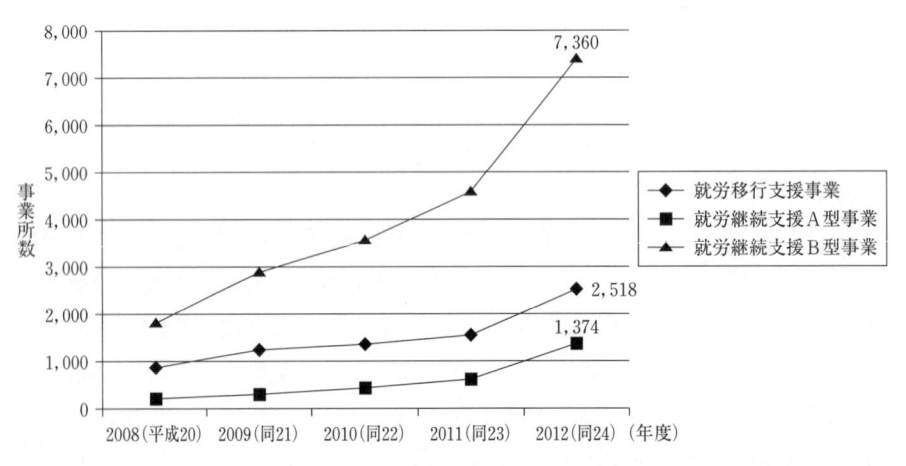

図2－4　就労系事業所数の推移
出典：厚生労働省「社会福祉施設等調査」をもとに筆者作成

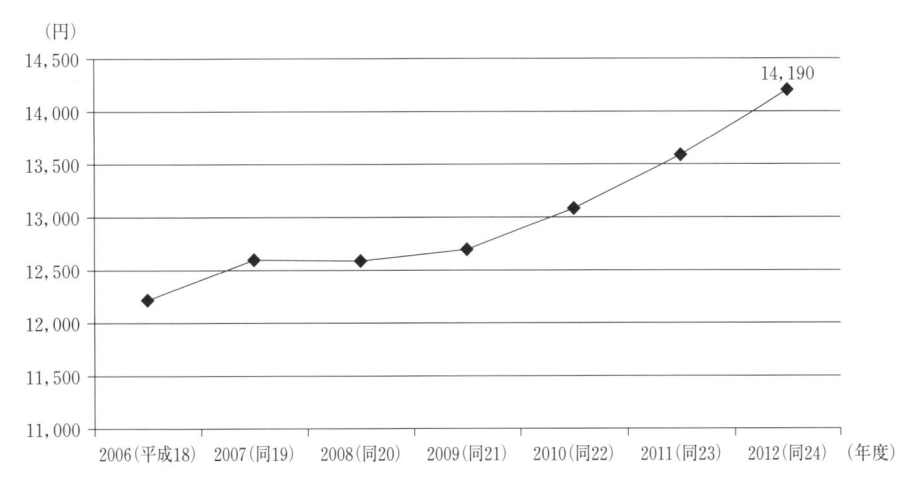

図2−5　就労継続支援B型事業における工賃の推移

出典：厚生労働省「平成24年度工賃（賃金）の実績について」別紙1を一部改変

援事業における工賃（賃金）向上も重要な課題と位置づけている。就労継続支援B型事業については、工賃水準の引き上げに向けた支援として「工賃倍増5か年計画（平成19〜23年度）」および「工賃向上計画（同24〜26年度）」を行った結果、月額平均工賃は2006（同18）年度の1万2,222円から2012（同24）年度には1万4,190円へと上昇した（図2−5）。就労継続支援A型事業については、労働法規が適用されることから、2012（同24）年度の月額平均賃金は6万8,691円、時給換算では724円となっている。

(3) 福祉施策と雇用支援との連携

　就労移行支援事業単独で就労支援プロセス[*7]全体を担うことは容易ではない。施設内での作業訓練や作業評価のほか、職場開拓、職場実習の実施、企業との連絡・調整、職場定着支援などを行うには、十分な職員体制と就労支援の専門性が必要であるが、多くの就労移行支援事業はすべてのプロセスに対応できる体制を有していない。このような問題に対応するため、就労移行支援事業を運営する社会福祉法人等のなかには、就労移行支援事業に第1号職場適応援助者（ジョブコーチ）[*8]を配置したり、就労移行支援事業のほかに障害者就業・生活支援センター[*9]の運営を行うなど、雇用施策の事業を活用して、就労支援機能を強化しているところもある。また、それぞれの地域において、就労移行支援事業とハローワーク[*10]、地域障害者職業センター[*11]、障害者就業・生活支援センター、第1号ジョブコーチなど、福祉施策と雇用施策とのネットワークが構築されている。就労移行支援事業が就労支援プロセスのどの部分を担うかは、地域の特徴や就労移行支援事業の体制によって

*7　障害者への就労支援のプロセス
第4章p.109参照。

*8　職場適応援助者（ジョブコーチ）
第3章p.93参照。

*9　障害者就業・生活支援センター
第3章p.79参照。

*10　ハローワーク
第3章p.63参照。

*11　地域障害者職業センター
第3章p.74参照。

さまざまである。

(4) 相談支援事業と就労支援

　障害者自立支援法の施行によって、就労系事業が障害福祉サービスに位置づけられた結果、相談支援においても就労支援の専門性が求められるようになってきている。障害者総合支援法におけるサービスの給付体系は図2－6の通りであり、就労系の3事業は自立支援給付の訓練等給付に位置づけられている。相談支援の担当者は、他の介護給付や訓練等給付のサービスと同様、就労系事業についてもその機能や特徴に精通し、適切なサービス調整を行わなければならない。

　現在、相談支援は内容によって以下の名称に区分されている。

▼基本相談支援

　障害者からの相談に応じ、必要な情報の提供および助言等のほか、必要な便宜を提供する支援を行う（「サービス利用支援」「継続サービス利用支援」に関するものを除く）。

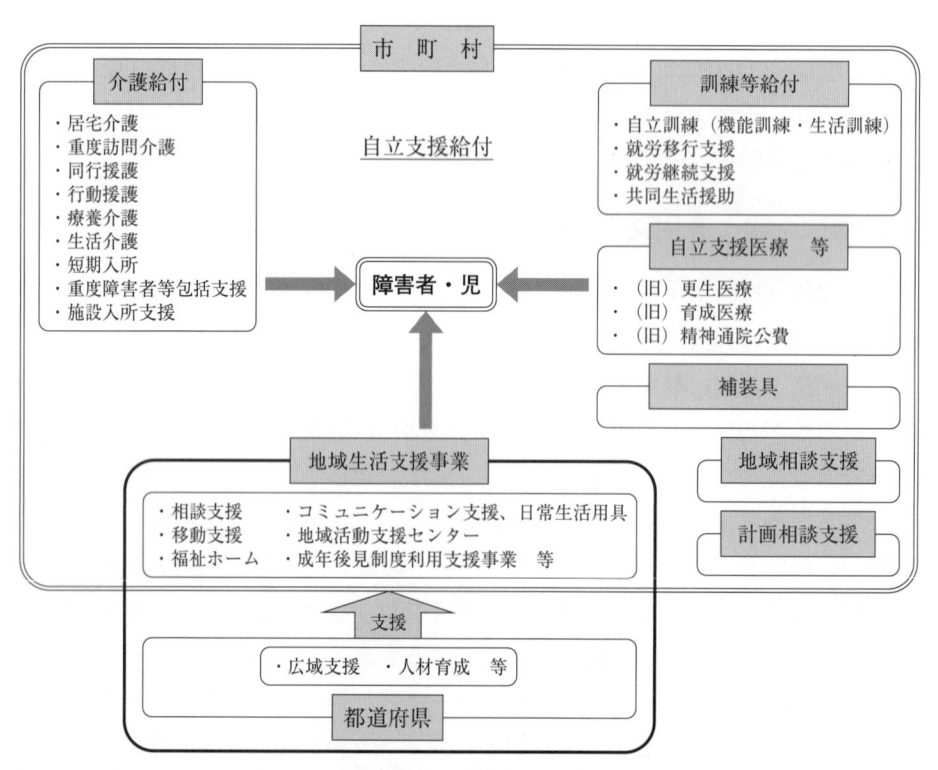

図2－6　障害者総合支援法に基づく給付・事業

出典：厚生労働統計協会編『国民の福祉と介護の動向2014／2015』厚生労働統計協会　2014年　p.114を一部改変

▼地域相談支援

　障害者支援施設等に入所または精神科病院に入院している障害者が地域生活へ移行するための支援（地域移行支援）や、居宅において一人暮らしをしている障害者の夜間や緊急時における支援（地域定着支援）を行う。

▼計画相談支援

　障害者が障害福祉サービスを利用する前に、サービス等利用計画を作成し（サービス利用支援）、一定期間ごとのモニタリングを行うなどの支援（継続サービス利用支援）を行う。

　実際には、これらの基本相談支援、地域相談支援、計画相談支援のいずれにおいても、就労支援にかかわる事柄が相談内容に含まれることは多く（第4章第2節事例（2）参照）、相談支援担当者は就労支援ニーズを的確に把握して対応することが必要である。単純に就労支援機関に紹介するだけではなく、面談を中心としたアセスメント、適切な関係機関への紹介、複数のサービスの調整、就労系事業にかかわるサービス等利用計画の作成など、相談支援には就労支援プロセスの起点としての役割が求められている。また最近では、就労後の定着支援において、本人の生活面の支援、家族支援の窓口や調整役としての役割も重要になってきている。

● 第2節の学びの確認

・障害者総合支援法のもと、どのような就労系事業があるかをまとめ、それぞれの特徴について説明してみよう。

3. 障害者雇用施策における就労支援

● 学びのねらい

　本節では、初めに、障害者雇用促進法の目的を確認する。次に、その目的の実現に必要な障害者雇用施策の基礎的な枠組みと就労支援の実際に役立つ制度について学びを進める。

（1）障害者雇用促進法

1）障害者雇用促進法の目的

　障害者雇用促進法は、法の目的を第1条で「身体障害者又は知的障害者の雇用義務等に基づく雇用の促進等のための措置、職業リハビリテーションの

措置その他障害者がその能力に適合する職業に就くこと等を通じてその職業生活において自立することを促進するための措置を総合的に講じ、もって障害者の職業の安定を図ること」と明示している。

つまり、障害者雇用促進法は、障害者の職業安定を目的に、この実現のため、①事業主に対し雇用義務等による障害者雇用の実行、②障害者の職業生活に対し職業リハビリテーション等の実施、という2つの方策をもっている。

職業リハビリテーションについては、1983年のILO（国際労働機関）「障害者の職業リハビリテーション及び雇用に関する条約」第1条において、「職業リハビリテーションの目的が、障害者が適当な職業に就き、これを継続し及びその職業において向上することを可能にし、それにより障害者の社会における統合又は再統合の促進を図ることにある」と示している。障害者雇用促進法においても、第8条に「職業リハビリテーションの原則」として、障害者の障害、希望、適性、職業経験等に対応した実施、医学的リハビリテーションや社会的リハビリテーションとの連携を明記している。

2） 障害者雇用促進法の改正

障害者雇用促進法は、社会状況の変化に応じて改正されている。2013（平成25）年の改正では、主に次の3点が変更された。①「障害者の権利に関する条約」の差別禁止、機会均等という概念に適合した差別的禁止規定および差別取り扱いをめぐる雇用上の苦情・紛争処理に関する整備（2016［平成28］年4月1日施行予定）、②法の対象とする障害者の範囲の明確化（2013［平成25］年6月19日施行）、③精神障害者の雇用義務化（2018［平成30］年4月1日施行予定）である。①の差別禁止や均等な機会の確保（合理的配慮）等については、労働政策審議会の障害者雇用分科会で検討された後、指針（ガイドライン）が示される予定である。

3） 障害者雇用促進法における障害者の範囲

旧来、障害者雇用促進法が対象とする障害者は、身体障害、知的障害または精神障害者と規定されていた。一方、この規定にない発達障害や他の障害者の雇用促進については、各種の啓発活動や助成金の運用による対応が取られていた。

しかし、2013（平成25）年の同法の一部改正により、障害者の範囲が、身体障害、知的障害、精神障害（発達障害を含む）その他の心身の機能の障害がある者に拡大され、新たに発達障害、その他の障害者についても対象とすることが明確にされた（2013［同25］年6月19日施行）。

(2) 障害者雇用率制度

1） 雇用義務

　障害者雇用促進法では、法律で定める常用労働者数の一定割合（法定雇用率）以上の障害者を雇用しなければならないとする障害者雇用率制度が明示されている。この雇用義務による障害者雇用率の設定は、労働者を雇用する際に採用の自由をもつ企業に対して、社会連帯、共同責任としての具体的な実行を求めるものである。

2） 法定雇用率

　2013（平成25）年4月、法定雇用率は、前回改定から0.2％引き上げられた。民間企業は2.0％、国・地方公共団体、特殊法人は2.3％、都道府県等の教育委員会は2.2％に改定された（表2－1、2）。法定雇用率が基準に達しない場合、事業主は障害者雇用納付金を納入しなければならない。この法定雇用率は、雇用率設定基準により5年に1度見直される。

表2－1　障害者の法定雇用率

事業主区分	雇用率 平成10年7月1日～平成25年3月31日	平成25年4月1日以降
民間企業(注)	1.8％　→	2.0％
国、地方公共団体等	2.1％　→	2.3％
都道府県等の教育委員会	2.0％　→	2.2％

注）雇用率の見直しに伴い、2013（平成25）年4月1日より障害者を1人以上雇用しなければならない民間企業の範囲が、従業員56人以上から50人以上となった。
出典：厚生労働省「平成25年障害者雇用状況の集計結果」2013年　p.36を一部改変

表2－2　一般民間企業における雇用率設定基準

$$\text{障害者雇用率} = \frac{\text{身体障害者及び知的障害者である常用労働者の数} + \text{失業している身体障害者及び知的障害者の数}}{\text{常用労働者数} + \text{失業者数}}$$

出典：厚生労働省「平成25年障害者雇用状況の集計結果」2013年　p.10

3） 障害者雇用率制度の対象となる障害者の範囲

　障害者雇用率制度の対象となる障害者の範囲は、2014（平成26）年現在では、身体障害者と知的障害者のみが雇用義務の対象である。ただし、精神障害者については、精神障害者保健福祉手帳の所持者を雇用した場合、実雇用率を算定する際の対象者として計算される。いわゆる、「みなし雇用」である。

なお、2018（同30）年度以降は、対象障害者として、身体障害者、知的障害者または精神障害者（精神障害者保健福祉手帳の交付を受けている者）が雇用義務の対象となる。

　このように、現在では、雇用率の算定対象となる障害者と、雇用義務の対象となる障害者はすべてが一致しているわけではない。さらに、前述の「（1）障害者雇用促進法」のなかで述べた法全体が対象にする障害者と、雇用義務の対象としている障害者の範囲（対象障害者）が異なることに注意が必要である。

　つまり、現時点では①障害者雇用促進法が対象とする障害者、②雇用率の算定対象となる障害者、③雇用義務の対象となる障害者の3者は、必ずしも一致していないのである。この理由は、法の理念が先に立って対象とする障害者の範囲を拡大し、実雇用率の算定に組み入れることによって、雇用義務の対象となる障害者の範囲を拡大してきた経過に見出すことができる。すなわち、障害者雇用促進法における理念は、現状に猶予を与えても改善を実現してきたのである。

4）実雇用率

　企業で実際に身体障害者、知的障害者および精神障害者を雇用している比率が実雇用率である。この雇用率の算出においては、次のようなカウントの方法がとられている。①実雇用率の対象となる労働者は、所定労働時間が、週30時間以上の常時雇用している労働者である、②重度障害者は、1人を2人として計算できる（ダブルカウントと呼ばれる）、③所定労働時間が、週20時間以上30時間未満の短時間労働者の重度障害者は、1人として計算する、④短時間労働者である重度以外の身体障害者・知的障害者、同じく短時間労働者である精神障害者は、1人を0.5人として計算する（表2-3）。

　これらの方法によって、算出された企業の雇用率が未達成の企業に対して

表2-3　実雇用率算定におけるカウントの方法

			雇用形態	
			常時雇用	短時間労働
障害種別	身体／知的	重度	1人→2人	1人＝1人
		重度以外	1人＝1人	1人＝0.5人
	精神障害	－	1人＝1人	1人＝0.5人

注1）常時雇用：短時間労働者以外の常時雇用している労働者
注2）短時間労働：週所定労働時間が、同一事業所の通常労働者よりも短く、週20時間以上30時間未満の短時間労働者

は、罰則ではなく、最終的に社会的責任を問う、企業名の公表という手段が取られている。

2023（平成35）年の法定雇用率は、現状と比較して大幅に上昇することが予想される。企業にとっては、この上昇に合わせた実雇用率の引き上げが必要になる。2018（同30）年4月に精神障害者は雇用義務の対象となるが、2023（同35）年3月までの5年間は猶予期間であり、精神障害者を加えた算出式によって計算された雇用率よりも、法定雇用率を低く設定することが可能である。しかし、5年後の2023（同35）年4月からの法定雇用率には、本来の身体障害者・知的障害者・精神障害者を算定基礎にした雇用率が適用されることになる。その際、事業主には実雇用率の引き上げに向けた、より一層の努力が求められよう。

5） 除外率制度

除外率は、2002（平成14）年の障害者雇用促進法改正により廃止が決定されている。除外率とは、障害者の就業が困難な職種が相当割合を占める業種については、一定割合の人数を除外するものである。現在は、雇用義務の経過措置により、当時除外率が設定された業種のみ除外率が残されているが、段階的に縮小、廃止される。

(3) 障害者雇用納付金制度および障害者雇用調整金・報奨金

1） 障害者雇用納付金制度

障害者雇用納付金制度は、雇用義務を履行する事業主と履行しない事業主において、障害者雇用により生じる経済的負担の差を調整し、障害者を雇用する事業主に対して助成と援助を実施して、障害者の雇用の促進と職業の安定を図ることを目的としている。この制度は、身体障害者、知的障害者および精神障害者の雇用が、事業主の共同責任であるという障害者雇用促進法の理念に基づいている。つまり、障害者雇用納付金は、罰則ではなく、社会連帯に基づいた割り当てによる調整である。

具体的には、身体障害者、知的障害者の雇用[12]について、法定雇用率を達成していない事業主に対し、不足している人数1人につき障害者雇用納付金の納付義務が生じる。納付金の金額は、2015（平成27）年度からは、常用雇用労働者が100人を超える事業主について、原則として月額5万円（減額特例有り）であり、状況に応じて、算出された金額を納付する必要がある。

以前の対象は、常時雇用している労働者の数が200人超の事業主であったが、2015（平成27）年度から、100人超と改正されたため経過措置がある。

[12] 前述の通り、2018（平成30）年度以降は、対象障害者として、身体障害者、知的障害者または精神障害者（精神障害者保健福祉手帳の交付を受けている者）が雇用義務の対象となる。

2) 障害者雇用調整金

　障害者雇用調整金は、上記の障害者雇用納付金に基づいて、2015（平成27）年度からは、常時雇用している労働者が100人を超える事業主であって、法定雇用率を超えて障害者を雇用している場合に、超過数1人につき月額2万7,000円が支給される。

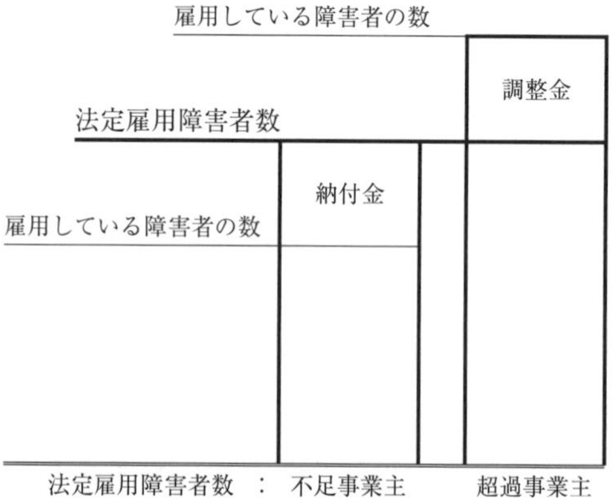

```
                    雇用している障害者の数
                                    ┌─────┐
                                    │調整金│
        法定雇用障害者数            │     │
    ─────────────────┬─────┬─────┤     │
                     │納付金│     │     │
雇用している障害者の数│     │     │     │
                     │     │     │     │
                     └─────┴─────┴─────┘
     法定雇用障害者数：  不足事業主   超過事業主
```

注1）障害者の数は、身体、知的、精神障害者の数
注2）事業主は、常時雇用している労働者の数が100人超
　　　（2015［平成27］年4月から）

図2－7　障害者雇用納付金制度の構成

3) 報奨金

　報奨金は、常時雇用している労働者の総数が100人以下の事業主のうち、一定の数を超えて身体障害者、知的障害者または精神障害者を雇用している事業主を対象として支給される。支給額は、一定数を超えて雇用している障害者の人数に2万1,000円を乗じて得た額である。一定数とは、前年度において、各月ごとの算定基礎日における雇用障害者数の年度間合計数が、「各月ごとの算定基礎日における常時雇用している労働者数に4％を乗じて得た数の年度間合計数」または「72人」のいずれか多い数をいう。

(4) 障害者雇用に関する援助制度

　障害者雇用を進めるための援助制度は、大別して、新たに労働者を雇い入れる助成金等と障害者が働き続けられるよう支援する助成金等の2つに分かれる。主に前者は、ハローワークが窓口となり、高年齢者や障害者などの就職が特に困難な者を対象とした特定求職者雇用開発助成金、障害者トライアル雇用奨励金など、障害者の雇用に係る必要な費用を援助する。後者は、独立行政法人高齢・障害・求職者雇用支援機構が担当し、企業の障害者雇用の

実施における作業施設や福祉施設の設置等助成金、職場適応援助者助成金など、障害による課題解決に必要な施設整備、特別な措置など必要な環境の整備に助成する性格を有している。

財源は、前者には、一般会計または労働保険特別会計が充てられている。後者は、障害者雇用納付金が財源である。障害者トライアル雇用奨励金については、労働保険特別会計に基づいたことで予算不足の解消が期待される。特別会計に基づくメリットは、保険料等の特定の歳入と各事業等の特定の歳出を区別することで、適正な事業収入の確保が図られることである。一般会計と比較して、特別会計は安定性が高いとされている。

続いて、援助制度のなかでも、就労支援の実際に役立つ制度を取り上げる。

1）障害者トライアル雇用奨励金

この奨励金の目的は、ハローワークまたは民間の職業紹介事業者等の紹介を通した就職困難な障害者について、一定期間の雇用において適性や業務遂行の可能性を見極め、障害のある求職者および事業主である求人者の相互理解を促進させること等を通じて、障害者の早期就職の実現と雇用機会を生み出すことである。障害者を雇い入れた事業主へ支給される「障害者トライアル雇用奨励金」は、さらに「障害者トライアル雇用」と「障害者短時間トライアル雇用」の2つに分けられる。

▼トライアル雇用の対象労働者

障害者トライアル雇用の対象は、ハローワークまたは民間の職業紹介事業者等の紹介により雇い入れる重度身体障害者、重度知的障害者、精神障害者等である。

障害者短時間トライアル雇用の対象は、一定期間の短時間トライアル雇用により常用雇用に移行する可能性があり、ハローワークまたは民間の職業紹介事業者等の紹介により雇い入れる精神障害者または発達障害者である。

▼実施期間と所定労働時間

障害者トライアル雇用の期間は原則3か月で、期間における1週間の所定労働時間は20時間以上である。

障害者短時間トライアル雇用の期間は3か月以上12か月以内である。期間における所定労働時間は、当初の1週間については10時間以上20時間未満とし、障害者の職場適応状況や体調等状況に合わせて、対象者との合意に基づき同期間中に週の所定労働時間を20時間以上に変更することを目指す必要がある。

▼事業主に対する奨励金の支給額と支給対象期間

　障害者トライアル雇用の場合は、奨励金の支給額は、支給対象者1人について月額最大4万円である。障害者トライアル雇用を開始した日から1か月単位で最長3か月間が支給対象期間である。精神障害者については、3か月を超えて障害者トライアル雇用をする場合でも支給対象期間は、最長3か月間である。

　障害者短時間トライアル雇用の場合は、奨励金の支給額は、支給対象者1人について月額最大2万円である。障害者短時間トライアル雇用を開始した日から1か月単位で最長12か月間が支給対象期間である。

2）発達障害者・難治性疾患患者雇用開発助成金

　発達障害者と難治性疾患患者は、身体・知的あるいは精神の障害者福祉手帳をもたない場合、雇用率にはカウントされないために雇用促進の見地からみて課題がある。本助成は、発達障害者または難治性疾患患者をハローワークまたは民間の職業紹介事業者等の紹介により雇い入れる事業主に対する助成金の支給と事業主からの配慮事項の報告、ハローワークによる職場訪問等により、この課題の軽減を図ることが目的である。

　対象労働者は、発達障害者支援法に規定する発達障害者、難治性疾患克服研究事業の対象130疾患ならびに進行性筋萎縮症者である。

3）精神障害者等雇用安定奨励金

　精神障害者等雇用安定奨励金は、精神障害者雇用安定奨励金と重度知的・精神障害者職場支援奨励金の2つである。

▼精神障害者雇用安定奨励金

　精神障害者の新規雇用とともに精神障害者の働きやすい職場づくりを実施した事業主に対する助成である。具体的な要件には、精神障害者を支援する専門家の活用、精神障害者を支援する専門家の養成、精神障害に関する社内理解の促進、ピアサポート体制の整備、休職した精神障害者の代替員確保など、1つ以上を実施することがある。この制度における精神障害者は、手帳所持者に限定されない。

▼重度知的・精神障害者職場支援奨励金

　重度知的・精神障害者の雇用とともに業務上の援助・指導を行う職場支援員を配置する事業主に対する助成である。職場支援員の要件としては、対象労働者が行う業務に関する1年以上の経験、あるいは、特例子会社等での1年以上の経験、重度知的障害者・精神障害者への2年以上の指導経験、就労

支援機関等での1年以上の相談実務経験、障害者職業生活相談員・産業カウンセラー・精神保健福祉士・社会福祉士・看護師・臨床心理士、職場適応援助者（ジョブコーチ）養成研修の修了者等がある。

4) 職場適応援助者助成金

障害者に対して職場適応援助者（ジョブコーチ）による援助事業を行う社会福祉法人等（第1号職場適応援助者助成金）、あるいは、自らの事業所に職場適応援助者を配置し、雇用している障害者に援助を実施する事業主（第2号職場適応援助者助成金）について、費用の一部を助成する制度である。この助成金制度による援助は、職場適応援助者による援助がなければ、事業主による雇い入れや雇用の継続が困難と認められる障害者に対し、職場への適応を容易にすることを目的に実施される。

一般に、上記の職場適応援助者は、第1号ジョブコーチ、あるいは第2号ジョブコーチと呼ばれる。

5) 在宅就業障害者特例報奨金

在宅就業障害者特例報奨金は、報奨金支給申請事業主であって、前年度において、在宅就業障害者に仕事を発注し、業務の対価を支払った事業主に対して支給される。あるいは、事業主が在宅就業支援団体を通じて在宅就業障害者に仕事を発注する場合においても、在宅就業障害者特例報奨金が支給される。支給額は、「報奨額」に「事業主が前年度に支払った在宅就業障害者への支払い総額を評価額で除して得た数」を乗じて得た額である。

上記の在宅就業障害者とは、自宅のほか、障害者が業務を実施するために必要となる施設および設備を有する場所、就労に必要な知識および能力の向上のために必要な訓練等が行われる場所、障害の種類および程度に応じて必要な職業準備訓練が行われる場所その他これらに類する場所において、物品の製造、役務の提供その他これらに類する業務を自ら行う障害者であり、雇用されている者は除かれる。

在宅就業支援団体とは、在宅就業障害者に対する支援を行う団体として厚生労働大臣に申請し、登録を受けた団体である。

● 第3節の学びの確認

・本節で学んだ障害者雇用促進法の目的を再度確認しよう。また、障害者雇用促進法と障害者雇用率制度の各々が対象とする障害者の範囲を整理し、違いを明らかにしてみよう。

COLUMN

現場の職員から専門職をめざす人へのメッセージ

　重ねる年次や社会情勢の変化に応じて、求められる専門性が変わり、学びに終わりがないところが、障害者雇用に関する仕事の難しさであり、最大の魅力でもあります。ここでは、障害のある人の就労支援に取り組む際に、将来も変わらずに心に留めておきたい、2つの視点についてお話しします。

1．「人」に興味関心を寄せる

　まず大切にしたいのは、障害の有無を問わず、働く人全般に興味をもつことです。自分自身の興味関心を超えて、さまざまな仕事に関する情報や知識を得るように努めることで、さまざまな職業生活がみえてきます。また、日常生活や仕事上で出会う人について、「どのような職種、職位、職責のなかで働いているのか」を想像し、共感し、理解しようと努めることで、働く人と働く環境の「ダイナミクス（互いに影響し合う力）」の一端がみえてきます。健康でいきいきと働くことができる環境づくりは、働く一人ひとりが全力で取り組むべき課題ですが、私たちは専門職として、環境を見極め、その努力を後押しすることが求められています。

2．「地域」に興味関心を寄せる

　第2に、地域で働くということのイメージをもつことです。「北部地域に新しいビジネスが始まる」「この主な産業は観光業である」「この地域の若者に馴染みのある産業は海産物加工である」「今、一番人手が必要なのは、幹線道路沿いの流通・サービス業である」「西部地域のバスルートが一つ減ってしまう」など、その地域ならではの事情や課題に関する感度を高めることで、その地域に求められている人材や解決すべき地域課題がみえてきます。障害のある人の就労支援では、単に就職率を上げるだけではなく、地域課題を解決し、地域の活性化につながる動きが大切です。私たちは専門職として、障害のある人が仕事を通して地域に貢献できるよう、プロデュースしていくことが求められています。

　このコラムでは、障害のある人の就労支援に取り組むうえで、大切にしたい2つの視点についてお話ししました。一人ひとりの就職や職業生活に伴走すると、その職場環境や地域特有の課題が明るみになることがあります。私たちは専門職として、障害のある人の就労支援を通して、これらの課題解決に努めることが求められています。そのためには、地域に住むさまざまな人に思いを寄せ、一人ひとりが活躍できる職場環境の創出や地域の活性化を意識しながら、日々の就労支援に取り組んでいくことが大切です。このような視点や職業姿勢は、就職後、自然に身につくものではありません。学生時代のうちから、家族など身近な人の働く姿に目を向けたり、自分自身のアルバイト経験などを通して、地域の産業や人々の暮らしに思いを馳せながら、少しずつ準備できるとよいでしょう。

【第2章引用・参考文献】
第1節
【参考ホームページ】
・厚生労働省　http://www.mhlw.go.jp/（平成27年2月1日閲覧）

第2節
【参考文献】
・相澤譲治・橋本好市・直島正樹編『障害者への支援と障害者自立支援制度－障害者ソーシャルワークと障害者総合支援法－』みらい　2013年
・岩田正美・大橋謙策・白澤政和監修、朝日雅也・布川日佐史編『MINERVA社会福祉士養成テキストブック16　就労支援　第2版』ミネルヴァ書房　2013年
・厚生労働統計協会編『国民の福祉と介護の動向2014／2015』厚生労働統計協会　2014年
・社会福祉士養成講座編集委員会編『新・社会福祉士養成講座18　就労支援サービス　第3版』中央法規出版　2013年
・七木田敦・安井友康編『事例で学び、実践にいかす障害者福祉』保育出版社　2008年
・濱口桂一郎『福祉と労働・雇用』ミネルヴァ書房　2013年
・福祉臨床シリーズ編集委員会編、桐原宏行責任編集『社会福祉士シリーズ18　就労支援サービス　第2版』弘文堂　2013年

【参考ホームページ】
・厚生労働省　http://www.mhlw.go.jp/（平成27年2月1日閲覧）

第3節
【参考文献】
・独立行政法人高齢・障害・求職者雇用支援機構編『平成26年版 障害者職業生活相談員資格認定講習テキスト』2014年
・独立行政法人高齢・障害・求職者雇用支援機構編『事業主のみなさまへ 平成26年度版 ご案内』2014年
・独立行政法人高齢・障害・求職者雇用支援機構編『平成27年4月「改正障害者雇用納付金制度」スタート！』2014年
・厚生労働省、都道府県労働局、ハローワーク、独立行政法人高齢・障害・求職者雇用支援機構編『平成26年度雇用関係助成金のご案内－雇用の安定のために－（詳細版）』2014年
・日本職業リハビリテーション学会・職リハ用語研究検討委員会編『職業リハビリテーション用語集 第2版』中央法規出版　2002年
・日本職業リハビリテーション学会編『職業リハビリテーションの基礎と実践－障害のある人の就労支援のために－』中央法規出版　2012年

第3章 障害者への就労支援に係る支援機関と専門職の役割

1．ハローワーク

● 学びのねらい

> ハローワーク（公共職業安定所）の概要、専門職、障害者への就労支援の具体的な支援制度・事業について把握し、障害者就労支援制度における役割・位置づけについて理解を深める。

(1) ハローワークの概要

　ハローワークの正式名称は「公共職業安定所」であり、全国に設置されている厚生労働省の機関である。2014（平成26）年度現在で500か所以上あり、2013（同25）年度の常勤の職員数は1万1,140人、非常勤である相談員数は1万6,737人である。組織としては各都道府県にある労働局の管轄下において地域の雇用のセーフティネットを担う機関である。また下記のように、職業紹介、雇用保険適用業務、失業認定等を行っていることから、法的な意味で就労支援の根幹部分を担っている機関であると言えよう。

(2) ハローワークにおける業務内容と配置される主な専門職

1）職業紹介

　障害者を含む求職者に対し職業相談・職業紹介、求人受理・開拓業務、再就職支援業務等を行う。

　本書の内容と直接かかわりの多い部署は「専門援助部門」である。専門援助部門では専門の職員・職業相談員が、障害者等の求職者にケースワーク方式で個別担当制や予約相談などによるきめ細かな職業相談・職業紹介を行っている。必要に応じ地域障害者職業センター等の専門機関との連携も行っている。

　また、求職者と求人者の出会いの場を提供する就職面接会も開催している。

2） 雇用保険・求職者支援

　雇用保険適用業務（事業所の届出関係）、失業の認定、失業給付の支給、給付制限、不正受給に対する返還・納付命令等の処分を行っている。なお、雇用保険の担当はハローワーク、労働者災害補償保険の担当は労働基準監督署である。

　また、職業訓練の受講指示、職業訓練受講給付金[*1]の支給等の求職者支援制度に関する事務も行っている。

3） 雇用対策

　企業に対し、障害者の雇用の促進等に関する法律（以下、「障害者雇用促進法」）で定められた法定雇用率を達成させるための指導（雇入計画の作成命令・勧告等）や支援を行う。これらの業務は、専門援助部門など求職者への対応部署と連携しながら行われる。単に企業が法定雇用率を達成するよう「指導」するだけではなく、障害者が働ける職務がないかどうかを具体的に企業とともに考え雇用方法を提案するという活動も行われ、併せて特例子会社[*2]の認定、設立支援も行っている。

　また、企業に対して希望者全員の65歳までの雇用確保を確実に進めるための相談・指導も行っている。最近は、若者の採用・育成に積極的な中小・中堅企業について「若者応援企業」としてハローワークが積極的にＰＲする事業も展開している。

　なお、ハローワークが直接実施するものではないが、職場適応援助者（ジョブコーチ）支援事業[*3]の実施について、企業からの依頼を実施機関である地域障害者職業センターに仲介したり、企業に同事業を勧めたりするなど、間接的に関与することも少なくない。

4） ハローワークに配置される主な専門職

　ハローワークには多様な常勤・非常勤職員がいるが、障害者の就労支援に関する主な専門職としては以下があげられる。

▼職業指導官

　求職者対応部門を中心に配属されている国家公務員の常勤職員であり、主な職務は、求職障害者の態様・適性に応じた職業指導、職業相談、職業紹介、職場定着支援（フォローアップ）等の実施や、障害者への就職支援に関する地域障害者職業センター[*4]、障害者就業・生活支援センター[*5]、福祉施設等の関係機関との連携やチーム支援を行う。

　また、障害者を対象とした求人受理、求人者に対する情報提供、相談等の

[*1] 職業訓練受講給付金
雇用保険を受給できない求職者（受給を終了した人を含む）が、ハローワークの支援指示により職業訓練を受講する場合、職業訓練期間中の生活を支援するための給付を受けることができる制度。

[*2] 特例子会社
本章p.99参照。

[*3] 職場適応援助者支援事業
本章p.74参照。

[*4] 地域障害者職業センター
本章p.74参照。

[*5] 障害者就業・生活支援センター
本章p.79参照。

実施や個別にその方にあった求人を開拓したり、面接に同行するなど、きめ細かなサービスを行っている。

▼雇用指導官

企業を指導する指導部門（雇用指導部門）に配属されている国家公務員の常勤職員であり、事業所に対する業務を中心としている。法定雇用率の達成指導、障害者の雇用促進のための指導、障害者の雇用促進のための指導を行うに当たっての地域障害者職業センター等との連携を行っている。

▼就職支援コーディネーター

就職支援コーディネーターは、障害の理解、障害者の雇用管理上必要な配慮、障害者の職業リハビリテーションに関する理解等の専門的知識を有する人材として、各労働局やハローワークに配置されている。地方自治体、医療機関なども含めた地域の関係機関との連携体制の強化やチーム支援を行い、継続的な支援を実施することで、福祉・教育・医療から一般雇用への移行を促進する非常勤職員である。

▼就職支援ナビゲーター

就職支援ナビゲーターは、障害についての専門的な知識をもち、仕事に関する情報を提供したり、就職に関する相談に応じるなどのきめ細かい支援を行う非常勤職員である。

▼精神障害者雇用トータルサポーター

精神保健福祉士、臨床心理士などの資格を有し、精神障害の専門的知識や支援経験を有する人材としてハローワークに配置されている。精神障害者の求職者に対して精神症状に配慮したカウンセリングや、精神障害者に関する企業への意識啓発、就職後のフォローアップなどの企業への働きかけを行う非常勤職員である。

(3) ハローワークで提供されるサービス

ハローワークの支援サービスは、職業相談・職業紹介が大きな柱の一つであるが、さらに企業に職業紹介を行う際に、必要に応じ企業に対する助成金を活用することがある。またハローワークは、訓練的な活動に関しては他機関を紹介することが多いが、直接実施を企画運営する支援プログラムもある。なお、以下の情報は2014（平成26）年現在のものであり、読者にはその当該時点での最新の情報を適宜確認していただきたい。

1） 助成金

▼特定求職者雇用開発助成金

　障害者などの就職が特に困難な求職者をハローワークまたは民間の職業紹介事業者等の紹介により、継続して雇用する労働者として雇い入れる企業に対して助成するもので、これらの方の雇用機会の増大を図ることを目的としている。助成額や助成期間は障害の種別や程度等により異なる。

▼障害者トライアル雇用奨励金

　障害者トライアル雇用奨励金は、ハローワークまたは民間の職業紹介事業者等の紹介により、就職が困難な障害者を一定期間試行雇用した企業へ支給される（詳しくは第2章p.57参照）。

▼発達障害者・難治性疾患患者雇用開発助成金

　発達障害者または難治性疾患患者をハローワークまたは民間の職業紹介事業者等の紹介により新たに雇用し、雇用管理に関する事項を把握・報告する企業に対して助成金を支給するものである（詳しくは第2章p.58参照）。

▼精神障害者雇用安定奨励金

　精神障害者の雇用を促進・職場定着を図るため、新規に雇用した精神障害者等が働きやすい職場づくりに努める企業や、その雇用管理を行うために必要な業務遂行上の支援を行うものを配置する企業に対して奨励金を支給する（詳しくは第2章p.58参照）。

▼重度知的・精神障害者職場支援奨励金

　重度知的・精神障害者の雇用とともに業務上の援助・指導を行う職場支援員を配置する企業に対する奨励金である（詳しくは第2章p.58参照）。

▼障害者初回雇用奨励金

　障害者雇用の経験のない中小企業（障害者雇用義務制度の対象となる50人〜300人規模の中小企業）において、ハローワークまたは民間の職業紹介事業者等の紹介により、初めて障害者を雇用した日から3か月の間に法定雇用障害者数以上の障害者を一般被保険者として雇い入れた場合に奨励金120万円が支給される。

2） 支援プログラム

▼障害者の就労に向けたハローワークを中心とした「チーム支援」

　福祉施設等の利用者をはじめ、就職を希望する障害者一人ひとりに対して、ハローワーク職員（主査）と福祉施設等の職員（副主査）、その他の就労支援者がチームを結成し、就職から職場定着まで一貫した支援を実施している。

▼福祉・教育・医療から雇用への移行推進事業

　企業と障害者やその保護者、就労支援機関・特別支援学校・大学・医療機関の教職員等の、企業での就労に対する不安感などを払拭させるとともに、企業での就労への理解促進を図るために、地域のニーズをふまえて次のような取り組みを実施している。具体的には、就労支援セミナー、事業所見学会、障害者就労支援アドバイザーの助言等による企業理解の促進、関係機関への職場実習協力事業所の情報提供、実習受入の依頼等による障害者に対する職場実習の推進などがある。

▼若年コミュニケーション能力要支援者就職プログラム

　先述した就職支援ナビゲーターにより、発達障害等、さまざまな要因によりコミュニケーション能力や対人関係に困難を抱えている者について、希望や特性に応じて専門支援機関に誘導するとともに、障害者向けの専門支援を希望しない者については、個別の相談・支援を実施するものである。

●事例：ハローワークにおける実際の業務

　首都圏にあるAハローワークは、総合窓口や一般の求職者の窓口と障害のある人の職業相談・職業紹介を行う専門援助部門のフロアが別であり、専門援助部門は相談しやすい雰囲気が保たれている。決して広い部屋とは言えないが、専門援助部門のカウンターには8人程度が座れるスペースがある。完全な個室とはいかないものの、相談用のカウンターはパーティションで区切られており、求職者が自分の相談に集中できるように配慮がなされている。

写真3-1　ハローワークでの求職活動の様子

　朝は8時30分から業務を開始し、週2回は就業中の人が相談できるよう19時まで開いている。また、月2回は土曜日も開所している。

　2008（平成20）年のリーマンショック後の頃は失業者が多く、ハローワークも非常に混雑をしていたが、2014（同26）年現在では多少の景気回復もあり、以前ほどの求職者の混雑はない。それでも、障害のある求職者を支援する専門援助部門でも、人が途切れることなく相談に訪れている。

　相談に訪れる障害のある人はさまざまである。白杖（はくじょう）を使っている視覚障害があると思われる男性、歩行のために松葉杖を使っている下肢機能障害があると思われる女性、若年の方とその保護者と思われる人たち。それぞれ年齢

も障害も背景も異なるが、皆真剣に職業相談を行っており、職員は丁寧に相談に応じている。

　専門援助部門には求人検索機が数台置かれている。この検索機は、ハローワークにその時点で出ている全国のすべての求人を、勤務場所、職種などに合わせて検索することができるものである。求職者は自分でこの検索機を操作して、求人票をプリントアウトし、その求人に関する相談をカウンターで行うこともできる。もちろん、知的障害のある人など、この検索機を操作することが難しい求職者もいる。そのため、操作を職員が案内することもあるが、プリントアウトされファイリングされた求人票を閲覧したり、職員が求職者に直接「この求人はどうですか」と応募を勧める場合もある。

　職業相談からすぐに応募する段階に進むこともある。その場合、ハローワーク職員が求職者のいるその場で、求人票を出している企業に面接日程調整の電話連絡を行う。職員は面接の日程を調整すると、求職者に紹介状（往復はがき程度の大きさ）を発行し、求職者は面接時に企業に紹介状を渡すことになる。

　専門援助部門の隣は、雇用指導部門である。この部門に所属する雇用指導官は、企業の雇用率達成に向けた支援や、就職した障害者の定着支援のために企業を訪問することがしばしばある。その際は、専門援助部門の職業指導官に、その企業の現在の状況について情報を伝えるなど、部門間の連携を図っている。このように、ハローワークの職員は、ハローワーク内で相談・紹介業務をするだけでなく、アウトリーチ的な活動も行っている。

　また、障害のある求職者のなかには、支援機関を利用している場合もあり、その場合も必要に応じ、ハローワークがその機関と連携を取ることになる。ハローワーク職員には、求職者の雇用の安定に向けて、企業を含む関係機関との連携やそのためのフットワークのよさが求められているのである。

写真出典：厚生労働省ホームページ「公共職業安定所（ハローワーク）の主な取組と実績」
http://www.mhlw.go.jp/bunya/koyou/dl/hellowork_torikumi.pdf（平成27年2月1日閲覧）

● 第1節の学びの確認

・ハローワークでは、誰に対し、どのよう業務を、どのような専門職が行っているのか整理してみよう。

2．障害者支援施設

● 学びのねらい

> 本節では、「障害者の日常生活及び社会生活を総合的に支援するための法律（障害者総合支援法）」における障害福祉サービスである「就労移行支援」「就労継続支援Ａ型」「就労継続支援Ｂ型」の事業を行う事業所について説明する。本節の学びから、各事業所における事業内容および対象者、各専門職の支援内容について理解してほしい。

(1) 就労移行支援事業所

1） 就労移行支援事業の概要
▼事業内容

就労移行支援事業は、「障害者の日常生活及び社会生活を総合的に支援するための法律に基づく障害福祉サービス事業の設備及び運営に関する基準」第62条において、「利用者が自立した日常生活又は社会生活を営むことができるよう、（中略）生産活動その他の活動の機会の提供を通じて、就労に必要な知識及び能力の向上のために必要な訓練その他の便宜を適切かつ効果的に行うものでなければならない」と規定されている。利用期間は原則２年（必要性が認められた場合に限り、最大１年間の更新が可能）とされている。

具体的には、サービス管理責任者が作成する個別支援計画に基づいて実習できるよう、実習受入先の確保や、ハローワークでの求職の登録、その他の利用者が行う求職活動の支援をし、利用者の意向および適性に応じた求人の開拓に努めることとなっている。また、就職した者については、就職後６か月における期間、職場への定着支援（フォローアップ）を行うこととなっている。

▼対象者

就労を希望する者であって、単独で就労することが困難であるために、就労に必要な知識および技術の習得もしくは就労先の紹介、その他の支援が必要な65歳未満の者である。

2） 就労移行支援事業所に配置されている主な専門職

就労移行支援事業所には、原則として管理業務に従事する管理者、サービス管理責任者、職業指導員および生活支援員、就労支援員が配置されている。

▼サービス管理責任者

サービス管理責任者は、厚生労働大臣が定める者であり、主に利用者の個

別支援計画の作成および提供したサービスの客観的な評価を行うなどの重要な役割を担う。業務の客観性を担保する観点から、原則としてサービス管理責任者と直接サービスの提供を行う生活支援員等とは異なる者でなければならない。なお、サービス管理責任者の要件として、一定の実務経験とサービス管理責任者研修を受講することが定められている。

▼職業指導員

職業指導員は、サービス管理責任者を補佐する業務を行う。事業所での作業について、個別支援計画に沿った職業指導や家族との関係調整、適切なサポートを行う。職業指導員の要件は特にない。

▼生活支援員

生活支援員は、職業指導員と同様にサービス管理責任者を補佐する業務を行う。個別支援計画に基づき事業所での安定した就業生活の維持を図り、地域生活移行等に関する相談、サービス調整、適切なサポートを行う。生活支援員の要件は特にない。

▼就労支援員

就労支援員は、職場実習のあっせん、求職活動の支援および就職後の職場定着のための支援等を行う。就労支援員の要件は特にないが、障害者に関する就労支援の経験を有した者が行うことが望ましいとされている。就労支援員は就労移行支援事業所にのみ配置されている。

(2) 就労継続支援A型事業所

1) 就労継続支援A型事業の概要

▼事業内容

就労継続支援A型事業は、「障害者の日常生活及び社会生活を総合的に支援するための法律に基づく障害福祉サービス事業の設備及び運営に関する基準」第71条において、「利用者が自立した日常生活又は社会生活を営むことができるよう、(中略)雇用して就労の機会を提供するとともに、その知識及び能力の向上のために必要な訓練その他の便宜を適切かつ効果的に行うものでなければならない」と規定されている。利用に関する期限はなく、基本的には利用者と事業者で雇用契約を結び、利用者には最低賃金が支払われる。

具体的には、サービス管理責任者が提供する個別支援計画に基づいて実習できるよう、実習受入先の確保や、ハローワークでの求職の登録、その他の利用者が行う求職活動の支援に努め、利用者の就労に対する意向および適性に応じた求人の開拓に努めることとなっている。また、就職した者については、就職後6か月における期間、職場への定着支援に努めることとなっている。

▼対象者

企業等に就労することが困難な者であって、雇用契約に基づき、継続的に就労することが可能な65歳未満の者（利用開始時65歳未満の者）である。具体的には以下のような者としている。

①就労移行支援事業を利用したが、企業等の雇用に結びつかなかった者
②特別支援学校を卒業して就職活動を行ったが、企業等の雇用に結びつかなかった者
③企業等を離職した者など就労経験のある者で、現に雇用関係の状態にない者

2）　就労継続支援Ａ型事業所に配置されている主な専門職

就労継続支援Ａ型事業所には、原則として管理業務に従事する管理者、サービス管理責任者、職業指導員および生活支援員が配置されている。その職務は就労移行支援事業所の専門職と同様である。

(3)　就労継続支援Ｂ型事業所

1）　就労継続支援Ｂ型事業の概要

▼事業内容

就労継続支援Ｂ型事業は、「障害者の日常生活及び社会生活を総合的に支援するための法律に基づく障害福祉サービス事業の設備及び運営に関する基準」第86条において、「利用者が自立した日常生活又は社会生活を営むことができるよう、（中略）就労の機会を提供するとともに、生産活動その他の活動の機会の提供を通じて、その知識及び能力の向上のために必要な訓練その他の便宜を適切かつ効果的に行うものでなければならない」と規定されている。利用に関する期限はなく、利用者と事業者との雇用契約もない。

具体的には、サービス管理責任者が提供する個別支援計画に基づいて実習できるよう、実習受入先の確保や、ハローワークでの求職の登録、その他の利用者が行う求職活動の支援に努め、利用者の就労に対する意向および適性に応じた求人の開拓に努めることとなっている。また、就職した者については、就職後6か月における期間、職場への定着支援に努めることとなっている。

なお、本事業では、生産活動にかかる事業の収入から生産活動にかかる事業に必要な経費を控除した額に相当する金額を、利用者に対して工賃として支払わなければならない（1月当たりの工賃の平均額は3,000円を下回ってはならない）。また、工賃の水準を高めるよう努めなければならない。

▼対象者

　就労移行支援事業などを利用したが一般企業等の雇用に結びつかない者や、一定年齢に達している者などであって、就労の機会等を通じ、生産活動にかかる知識および能力の向上や維持が期待される者である。具体的には以下のような者としている。

①就労経験がある者であって、年齢や体力の面で一般企業に雇用されることが困難となった者
②就労移行支援事業を利用した結果、就労継続支援B型の利用が適当と判断された者
③①、②に該当しない者であって、50歳に達している者または障害基礎年金1級受給者

2）就労継続支援B型事業所に配置されている主な専門職

　就労継続支援B型事業所には、就労継続支援A型事業所と同様に、管理者、サービス管理責任者、職業指導員および生活支援員が配置され、その職務は就労継続支援A型事業所の専門職と同様である。

● 事例：障害者支援施設における実際の業務

　大阪市にある「かしま障害者センター」は、就労移行支援事業と就労継続支援B型事業の2つの障害福祉サービスを提供している施設です。就労移行支援事業では、就労支援を基礎訓練、実践的訓練、求職活動支援、職場適応支援、フォローアップというプロセスに分けています。

　基礎訓練では、施設内で軽作業やパソコン入力作業、リネンサプライ*6作業や清掃作業などを行っています。職業指導員や生活支援員は作業場面や生活場面において、利用者一人ひとりの障害特性、生活歴等を含めた基礎情報やニーズを整理します。そして、実践的訓練へと支援を進めていきます。実践的訓練では、施設外での作業や企業

写真3-2　かしま障害者センターの外観

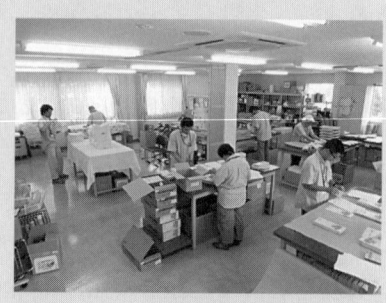

写真3-3　施設内作業の様子

＊6　リネンサプライ
リネンサプライとは業態を指す言葉であり、シーツ、タオルなどをクリーニングサービス付きで繰り返し顧客に貸すことをリネンサプライという。

での体験実習を通して、利用者が企業の雰囲気を体感し、「働く」ということのイメージを深めること、支援者が利用者の就労実現に向けて必要な支援を考えることを目的にしています。

　知的障害のある利用者Aさんは就労移行支援事業を利用しており、企業での就職を目標にしています。Aさんは、基礎訓練を経て実践的訓練では工場でのライン作業、特別養護老人ホームでの洗濯作業、公共施設での清掃作業に参加しました。工場でのライン作業では作業のペースについていけなかったAさんですが、速度より品質を重視し、手順やスケジュールが決まっていて一人でも取り組める洗濯作業や清掃作業では、力を発揮することができました。この状況を受けて、サービス管理責任者はケース会議で、Aさんに適した職場環境や支援方法を他の支援者とも共有しました。

　また、かしま障害者センターでは就労支援員が求職活動支援としてハローワークや障害者就業・生活支援センター等の関係機関と連携しながら職場探しを行っています。Aさんの場合は、リネンサプライ・清掃作業で障害者雇用を考えているB病院を紹介してもらうことになりました。そして、就労支援員が見学や実習を行い、業務内容や職場環境を確認し、利用者と職場のマッチングを図りました。Aさんが安定して働くには、スケジュールの流れや現場担当者の指示系統を明確にする必要があることが、これまでの支援過程で把握されていたので、それらの調整を行いました。そして、Aさんは実習を経てB病院での採用が決まりました。就労支援員は、Aさんの作業自立や安定した雇用に向けて、わかりやすい指示書を作成したり、休憩時間の過ごし方を工夫したりするなど、B病院の担当者と相談しながら支援をしました。

　また、これらの職場での支援（職場適応支援）のほか、その後も定期的な訪問をしたり、OB会のような集いの場を設定したりして、働き続けることを支援するフォローアップも欠かしていません。

　上述のように、就職前の基礎訓練の支援、求職活動の支援、職場適応の支援など、実際の業務は多岐にわたるため、就労移行支援事業所の職員は職員間で役割分担をしており、それぞれの業務の専門性も異なります。しかし、どのような支援や環境があれば働けるのかという視点で支援を進めることは共通していると言えます。

●第2節の学びの確認

・本節で学んだ「就労移行支援」「就労継続支援A型」「就労継続支援B型」の具体的な事業内容、対象者、専門職の相違について整理してみよう。

3．障害者職業センター

●学びのねらい

> 障害者職業センター（地域障害者職業センター、広域障害者職業センター、障害者職業総合センター）は、「障害者雇用促進法」で設置が定められ、独立行政法人高齢・障害・求職者雇用支援機構が運営している。本節では、3種類の障害者職業センターが行っている業務内容、配置されている専門職の概要等について理解し、地域ネットワークの育成や研修・研究を通じて障害者職業センターが「障害者の就労支援」において果たしている役割を学ぶ。

(1) 地域障害者職業センター

　地域障害者職業センターは、1972（昭和47）年に上野公共職業安定所に併設された東京障害者職業センターが業務を開始し、10年後の1982（同57）年には全国47都道府県のすべてに1か所の設置が完了した（2014［平成26］年現在は支所を含め全国に52か所）。身体障害、知的障害、精神障害、その他の障害のある者に対して、手帳の有無にかかわらずサービスを提供している。

1) 地域に密着した職業リハビリテーションサービスの提供

▼障害者に対するサービス

　障害者に対しては、職業評価・職業指導（職業リハビリテーション計画の策定）、職業準備支援、（雇用対策上の）知的障害者・重度知的障害者判定を行っている。

▼事業主に対するサービス

　事業主に対しては、障害者雇用の相談や情報提供、障害者雇用に関する事業主のニーズや雇用管理上の課題分析、必要に応じて「事業主支援計画」の作成を行っている。

▼障害者および事業主に対するサービス

　障害者および事業主に対しては、職場適応援助者（ジョブコーチ）による支援[*7]、精神障害者総合雇用支援（うつ病等休職者のため、①職場復帰のコーディネート、②リワーク[*8]支援）を行っている。

▼地域の関係機関に対する職業リハビリテーションに関する助言・援助等

　障害者就業・生活支援センター、就労移行支援事業者、市区町村の就労支援センター等の関係機関に対する支援計画の作成や支援方法、他機関との連携方法等の職業リハビリテーションに関する専門的・技術的な助言や援助を

---

*7 職場適応援助者（ジョブコーチ）による支援
雇用前の支援に限定していた職域開発援助事業（1990［平成2］年から試行実施）を発展させ、2002（同14）年からは、雇用前後の必要な時期に支援を行う「職場適応援助者（ジョブコーチ）支援事業」が実施されている。

*8 リワーク
職場への復帰である「Return to Work」を意味している。

行っている。また、「就業支援基礎研修」「地域職業リハビリテーション推進フォーラム」の開催などを通して、地域における職業リハビリテーションネットワークの育成を図っている。

2）地域障害者職業センターに配置されている主な専門職

▼障害者職業カウンセラー

　厚生労働大臣の指定する試験に合格した障害者職業カウンセラー補が、1年間の「厚生労働大臣指定講習」を受けて障害者職業カウンセラーとなり、配置されている。前述の通り、障害者や事業主に対するサービスの提供、地域の関係機関に対する専門的・技術的な助言や援助を行っている。

▼職場適応援助者（ジョブコーチ）*9

　地域障害者職業センターに配置されているジョブコーチは、配置型ジョブコーチといわれ、非常勤嘱託である。一定の要件を満たして採用されたのち職場適応援助者（ジョブコーチ）養成研修を受けて業務を担当している。

　なお、ジョブコーチには、地域障害者職業センターのジョブコーチのほかにも、第1号ジョブコーチ（社会福祉法人等に配置）と、第2号ジョブコーチ（企業に配置）がある。

*9　ジョブコーチ
本章p.93参照。

(2) 広域障害者職業センター

　全国広範な地域から障害者を受け入れていることから、広域障害者職業センターといわれ、中央広域障害者職業センター（1979［昭和54］年に埼玉県所沢市に設置）、吉備高原広域障害者職業センター（1987［同62］年に岡山県加賀郡に設置）の2か所が設置されている。

　身体障害、知的障害、精神障害、その他の障害のある者に対して、手帳の有無にかかわらずサービスを提供している。併設される職業訓練校（中央障害者職業能力開発校、吉備高原障害者職業能力開発校）の受講あっせんをハローワークから受ける場合には、身体障害者手帳、療育手帳、精神保健福祉手帳を所持しているか、またはその者の主治医の意見書等をもってハローワークによる職業のあっせんを受けることが適当であるとハローワークの所長に認定されることが求められる。

1）医療リハビリテーションとの連携による先駆的な職業リハビリテーションサービス

　2か所の広域障害者職業センターでは、医療リハビリテーションと密接な連携を取りながら、職業評価、職業指導、職業訓練、職業適応指導を実施し

ている。加えて、吉備高原広域障害者職業センターでは、生活指導も実施している（国立吉備高原職業リハビリテーションセンター[*10]には寮が併設されている）。

開所以来、肢体不自由者、聴覚障害者、視覚障害者の訓練生が主であったが、1998（平成10）年に知的障害者を試行的に受け入れはじめ、2002（同14）年から順次、精神障害者、高次脳機能障害者、発達障害者等を含む職業訓練上で特別な支援を要する障害者を積極的に受け入れ、先導的な職業評価、職業指導および職業訓練等を実施している。また、職業訓練上特別な支援を要する障害者に対する職業訓練の内容、指導技法等の開発を行い、マニュアルとして取りまとめ、ホームページ上に公開している。

2か所の広域障害者職業センターでは、それまでにも重複障害者（例：身体障害と精神障害、聴覚障害と発達障害、身体障害と知的障害、身体障害と高次脳機能障害など）に対する職業評価、職業指導、職業訓練、職業適応指導を実施してきた経験と実績があり、特別な支援を要する障害者を積極的に受け入れることが促進されている。

2） 併設されている障害者職業能力開発校と行う一貫したサービス

中央広域障害者職業センターと中央障害者職業能力開発校で構成される国立職業リハビリテーションセンター（埼玉県所沢市で1979［昭和54］年業務開始）と、吉備高原広域障害者職業センターと吉備高原障害者職業能力開発校で構成される国立吉備高原職業リハビリテーションセンター（岡山県加賀郡で1987［同62］年業務開始）は、隣接する医療機関や障害者リハビリテーション施設と連携を図りながら、職業訓練上で特別な支援を要する障害者に職業評価、職業指導および職業訓練等の一貫した職業リハビリテーションを体系的に実施している。

3） 広域障害者職業センターに配置されている主な専門職

広域障害職業センターには障害者職業カウンセラー、障害者職業能力開発校[*11]には職業訓練指導員[*12]が配置されている。

(3) 障害者職業総合センター

障害者職業総合センターは、高度の職業リハビリテーション技術の研究・開発、専門職員の養成等の業務を行うため、1991（平成3）年に千葉県千葉市に設置された。

[*10] 国立吉備高原職業リハビリテーションセンター
吉備高原広域障害者職業センターと吉備高原障害者職業能力開発校の総称をいう。

[*11] 障害者職業能力開発校
本章p.86参照。

[*12] 職業訓練指導員
本章p.87参照。

1） 職業センター部門

　障害者職業センターには、職業センター部門や研究企画部門などがあるが、ここでは職業センター部門の業務内容についてみていくこととする。職業センター部門では、障害の重度化・多様化によりこれまでの支援技法では効果が現れにくい発達障害、精神障害、高次脳機能障害等の障害のある者に対する支援技法の開発を行っている。また、その成果を「実践報告書」「支援マニュアル」等に取りまとめて、地域障害者職業センター、広域障害者職業センターをはじめ、就業支援機関に提供している。

2） 障害者職業総合センターに配置されている主な専門職

　障害者職業総合センターには障害者職業カウンセラーが配置され、地域障害者職業センターを経由した身体障害、知的障害、精神障害、その他の障害のある者に対して、手帳の有無にかかわらずサービスを提供している。

3） 外部機関の職員に対する主な研修

　障害者職業総合センターは、職業リハビリテーションに関する研究、研修等を行う機能も有している。外部機関の職員に対しても研修や実践セミナー等を実施しており、研修の主なものは次の通りである。主に障害者職業カウンセラーや研究員が研修講師を担っている。

▼職場適応援助者（ジョブコーチ）養成研修
　第1号ジョブコーチと、第2号ジョブコーチに対して、職場適応援助者に必要となる知識および技術の習得を図るための研修を実施している。

▼職場適応援助者（ジョブコーチ）支援スキル向上研修
　一定の実務経験を有する第1号ジョブコーチと、第2号ジョブコーチに対して、支援スキルの向上を図るための研修を実施している。

▼障害者就業・生活支援センター職員研修
　障害者就業・生活支援センターにおいて障害者の雇用支援に携わる職員に対し、必要な知識や技術の修得と資質の向上を図るための研修を実施している。

●事例：地域障害者職業センターにおける実際の業務

　A氏は障害者職業カウンセラー5年目。B地域障害者職業センターでジョブコーチ支援事業を担当しています。そんなA氏のとある一日を追ってみましょう。

午前の業務その1：支援対象者やご家族との支援開始に向けた相談
　本日の業務予定に関する所内ミーティングを済ませた後、新たにジョブコーチ支援を開始する対象者とご家族に担当ジョブコーチとともにお会いし、作成した支援計画書の説明、目標や役割分担、スケジュールなどを確認します。不安や疑問点にもしっかりと答え、支援のねらいを理解・同意していただくことができました。

午前の業務その2：関係機関との打ち合わせ、連絡・調整
　現在支援中のCさんについて、進捗状況や今後の支援方針の確認を行うケース会議の開催に向け、連携して支援しているD障害者就業・生活支援センターの担当者と打ち合わせを行います。仕事面での支援経過はおおむね順調ですが、健康面で少し気になる点があるため、通院している医療機関からも助言を得ることにしました。病院の担当ワーカーであるE氏に確認したところ、病状は心配ないとのことでしたが、体調管理面での留意点を共有するため、E氏のケース会議参加について調整を図ることにしました。

午後の業務その1：事業主（企業）に対する支援
　午後はジョブコーチ支援終了者が働いている企業を訪問します。支援終了者の職場への適応状況は良好でひと安心でしたが、事業主から別件で他部署での新規雇用に関する相談を受けました。これまでに障害者雇用経験がない営業拠点であり、従業員の理解促進を図ることから始めたいとのことでしたので、社員研修等も含め、雇用に向けた準備から採用・定着までの総合的な支援が可能であることを説明し、後日改めて事業主支援担当者と相談に伺わせていただくこととしました。

午後の業務その2：センター内での打ち合わせなど
　センターに戻り職業準備支援のミーティングに参加し、職業準備支援終了予定者のジョブコーチ支援移行に関する打ち合わせを行います。職業準備支援で把握された課題や支援ポイント、セールスポイントなどを確認することで、連続性のある効果的なジョブコーチ支援計画策定につなげます。その後は他の対象者支援から戻ったジョブコーチから報告を受け、相談・支援方針などの確認をし、一日の業務を整理、支援経過などを取りまとめて、A氏の本日の業務が終了しました。
　地域障害者職業センターは、障害者に対する専門的な職業リハビリテーションサービスだけでなく、事業主に対する障害者の雇用管理に関する相談・

援助や地域の関係機関に対する助言・援助を実施しています。そしてさまざまな支援機関と連絡・調整を図りながら業務を進める障害者職業カウンセラーは、地域における就労支援のコーディネーターとしての一翼を担っているのです。

●第3節の学びの確認

・3種類の障害者職業センターが行っている業務内容、配置されている専門職の概要等をまとめてみよう。

4．障害者就業・生活支援センター

●学びのねらい

人は、働くことで生活を送るための収入を得る。働くことで、人とのつながりを得たり自己実現をしたりと、人生を豊かにしていく。しかし、障害があることによって就労機会を手にし難い場合もある。そこで本節では、障害のある方の望む人生を実現していくために、就業面と生活面双方の支援を展開する障害者就業・生活支援センターの役割について理解していく。

(1) 障害者就業・生活支援センターの概要

雇用施策と福祉施策の支援機能を合わせもつ障害者就業・生活支援センターは、2002（平成14）年に誕生した。その後、2007（同19）年に「成長力底上げ戦略」に基づいた「『福祉から雇用へ』推進5か年計画」が打ち出され、障害者就業・生活支援センターの全障害保健福祉圏域[*13]（約400か所）への設置が掲げられた。2015（同27）年1月現在、全国325か所に設置されている。都道府県知事が指定する一般社団法人もしくは一般財団法人、社会福祉法人、特定非営利活動法人などが運営している。前項のハローワークや障害者職業センターと並ぶ、職業リハビリテーションの推進を担う機関の一つである。

根拠法は、「障害者雇用促進法」である。支援対象者は、「職業生活における自立を図るために就業及びこれに伴う日常生活又は社会生活上の支援を必要とする障害者」（第27条）とされている。図3-1が示すように、雇用、保健・医療、福祉、教育等の多機関との連携を図りつつ、身近な地域において就業面と生活面の一体的な相談・支援を行う。

*13 障害保健福祉圏域
障害保健福祉圏域は、各都道府県内すべての地域に定められており、一圏域には複数の市町村が含まれている。圏域は、「都道府県における医療提供体制の確保を図るための計画」で規定している「二次医療圏」および「老人保健福祉計画」で規定している「老人保健福祉圏域」を参考に設定されている。都道府県は、各圏域の保健福祉サービスの計画的整備と業務の充実を図っている。

```
障害者就業・生活支援センターの業務内容
〈就業面での支援〉
①就業に関する相談支援
    a  就職に向けた準備支援（職業準備訓練、職場実習のあっせん）
    b  就職活動の支援
    c  職場定着に向けた支援
②障害のある方それぞれの障害特性を踏まえた雇用管理についての事業所に対する助言
③関係機関との連絡調整
〈生活面での支援〉
④日常生活・地域生活に関する助言
    a  生活習慣の形成、健康管理、金銭管理等の日常生活の自己管理に関する助言
    b  住居、年金、余暇活動など地域生活、生活設計に関する助言
⑤関係機関との連絡調整
```

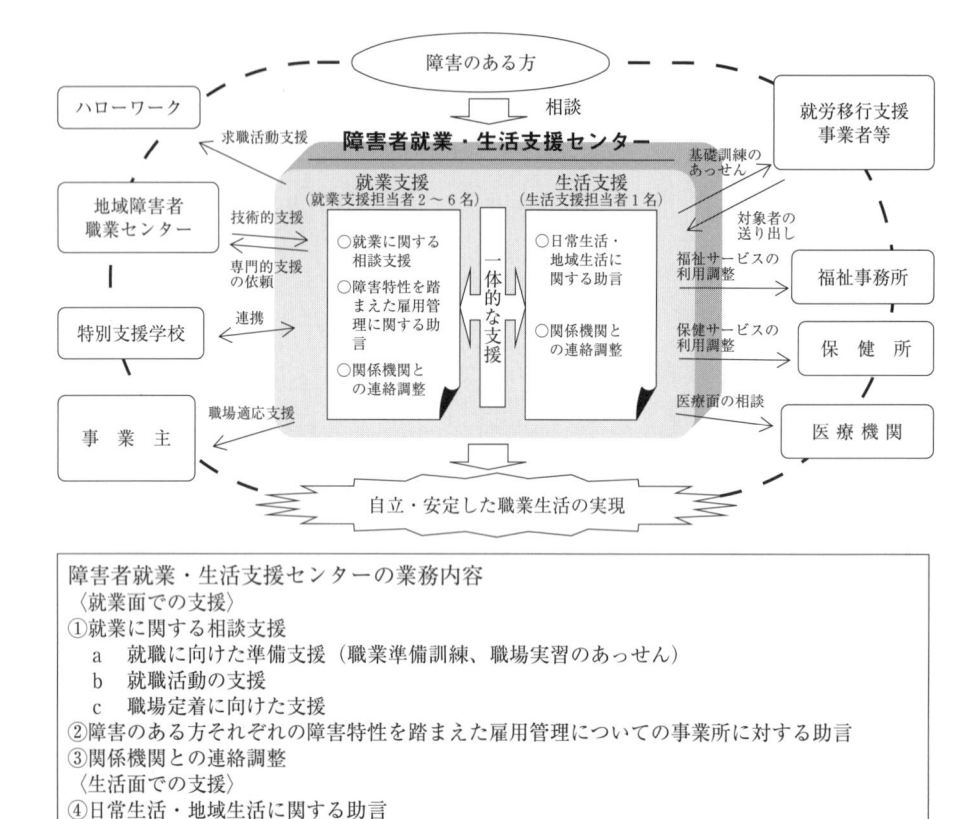

図3-1　雇用と福祉のネットワーク
出典：厚生労働省「障害者の方への施策 障害者就業・生活支援センター」を一部改変

(2) 障害者就業・生活支援センターにおける業務内容と配置される主な専門職

1) 具体的な業務内容

　障害者就業・生活支援センターでは、就職前から就職後まで、生きていくうえでの困り事全般の相談を受け付け、支援対象者の人生に寄り添いながら、関係機関と協力し支援を展開している。障害者就業・生活支援センターで対応することが難しい相談・支援であれば、地域障害者職業センターなどの専門機関につなげる。利用にあたって、年齢や障害種別、障害者手帳の有無は問わない。電話相談やセンター窓口での相談、職場・家庭訪問等を実施している。

　また事業主も、障害者雇用が初めてのところから長年の経験をもつところまで、状況はさまざまであるため、障害者就業・生活支援センターでは、支

援対象者や事業主の状況に応じ、個別の就業面と生活面の相談・支援を展開している。

▼支援対象者に対して

就業を目指す準備として、支援対象者の課題に即した基礎訓練や職業準備訓練、職場実習の紹介、また、離職者の場合は離職理由の分析と、再就職の際に留意すべき事項の助言を行う（図3－1における①－a）。また、支援対象者の必要に応じてハローワークに同行し登録手続きや求人検索の支援を行い、企業面接に同席する（①－b）。就職後は、定着支援（フォローアップ）を行う。仕事の遂行や職場の人間関係に関する相談・助言、また、必要に応じて職場訪問し、問題解決を図る（①－c）。

生活面の支援ではより良い生活を送ることを目的に、栄養や睡眠、悪徳商法対策、ソーシャルスキルに関する講座の開催や（④－a）、年金や障害者手帳などの申請手続き支援、そして当事者団体の活動や障害者スポーツ講座などの紹介を行う（④－b）。

▼事業主に対して

障害者雇用を検討している事業主への助言や、必要に応じて障害理解を深めるための社員研修を行う（②）。

▼関係機関に対して

特別支援学校へ出向き、生徒と保護者に卒業後の相談支援機関としての説明や、就職に関する情報の提供を行う（③）。生活面の支援では、金銭管理を行う機関や成年後見人等と連携した生活状況の確認や、当事者団体などと連携した余暇活動情報の提供がある（⑤）。

▼地域の実情に応じた役割

企業団体と協同で障害者雇用を促進するために啓発活動を展開することもある。障害者就業・生活支援センターは雇用と福祉のネットワークの要として、支援対象者や地域から求められる社会資源の開発や、就労支援システムを整備していく役割がある。

2） 障害者就業・生活支援センターに配置される主な専門職

相談は、本人、親、きょうだい、配偶者などの家族や、患者の退院後の就職支援依頼が医療機関から、また、たとえば交通事故により車いすが手放せなくなった社員の職場復帰を望む事業主から寄せられる。このような多岐に、そして就職前から就職後まで長期に渡る相談・支援は、就業支援担当者と生活支援担当者によって支えられている。働くためには日常生活の安定が重要であるため、双方は連携し支援を展開している。主に就業支援担当者が就業

面を、生活支援担当者が生活面を担当している。

　支援対象者の多くは、就職活動での挫折や、就職後のつらい体験を有している。仕事に就くことを求めながらも、一歩を踏み出す自信や勇気がないこともある。支援担当者は、支援対象者の複雑な想いに寄り添い、対話を重ね、意思を確認しながら就職活動を進め、本人が納得いく就職ができるように支援することが求められる。

▼就業支援担当者

　就業経験がない方、就職に向けて準備や訓練が必要な方、中途障害などで再就職を目指す方、就職活動に支援が必要な方、職場定着に支援が必要な方、ステップアップを目指して転職を検討している方、離職のおそれがある在職中の方、職場不適応により離職した方などを対象として、就業に関する相談・支援を行う専門職である。

　主として、図3-1における①支援対象者に対する「就業に関する相談支援」、②事業主に対する「障害のある方それぞれの障害特性を踏まえた雇用管理についての助言」、③関係機関に対する「連絡調整」を担っている。

　就業支援担当者には、保有資格や実務経験年数といった具体的な資格要件は定められていないが、障害者支援の経験を相当程度に有し、かつ就労支援の経験とスキルを一定程度有している者が就くことが望まれている。また、新任・中堅・主任向けに段階を踏んだ研修が独立行政法人高齢・障害・求職者雇用支援機構によって開催されている。職業リハビリテーションや障害特性に応じた支援方法、職場実習先の開拓方法、事業主支援、そしてケアマネジメントや家族支援、個別支援計画、障害者の人権などといった内容の講義・演習により、継続的なスキルアップ体制がとられている。

▼生活支援担当者

　就業に向けて生活習慣の形成が必要な方、生活支援の福祉サービスが必要な在職中の方など、生活面で相談のある方を対象として、生活に関する相談・支援を行う専門職である。

　主として、図3-1における④支援対象者に対する「日常生活・地域生活に関する助言」、⑤関係機関に対する「連絡調整」を担っている。

　生活支援担当者には、保有資格や実務経験年数といった具体的な資格要件は定められていないが、身体障害者、知的障害者および精神障害者のいずれかの障害者の生活支援について相当の経験および知識を有する者であり、かつ他の障害福祉についても熟知している者が就くこととされている。

●事例：障害者就業・生活支援センターにおける実際の業務

この事例では、障害者就業・生活支援センターの実務を大阪府の「すいた障がい者就業・生活支援センターSuitable」の"支援の流れ"をもとに説明します。当センターの支援は、①相談・面接→②評価、実習→③就労準備→④求職活動→⑤就職、定着という過程をたどります。また、就労の支援だけでなく、生活支援も併せて行っています。

写真3-4　すいた障がい者就業・生活支援センターSuitableの外観

①相談・面談

どのような働き方を目指すのか？　誰がどんなサポートを行うのかを本人・家族・市ケースワーカー、相談支援事業所などの関係機関・センタースタッフなどで検討し、就労へ向けた方向性を考えます。平成25年度の新規求職登録は60件で週1名強、ケース会議は110回、週に2回のペースでした。

②評価、実習

本人の職業適性や社会性等を知るために、地域障害者職業センターによる職業評価、企業等での実習によりアセスメントしています。アセスメントにより働くために必要な目標・達成の目安を設定します。企業実習にはセンタースタッフも同行しています。平成25年度の企業実習は50件、週1回のペースでした。

写真3-5　職場実習の様子

③就労準備

アセスメントの結果、社会性や基本的労働習慣・作業能力等を身につけることが必要な場合は、本人の障害特性に合った就労移行支援事業等の訓練を提案します。平成25年度は、新規求職者の3分の2（約40名）に何らかのトレーニングが必要でした。よりよい提案をするためには就労移行支援事業のサービスの特徴や障害特性との相性をよく知っておく必要があります。

④求職活動

ハローワーク等を通して求人に応募します。適職のアドバイスや当センターでの模擬面接、履歴書作成の助言、面接同行等のサポートを行います。企業に対しては本人の障害特性や人柄、障害者雇用に関する制度や事業、定

着支援に関する説明を行います。
⑤定職、定着
　企業訪問による定着支援や当センターでの面談を継続して行い、働き続けるための支援を行います。平成25年度は、企業からの相談は300回、うち訪問が260回でした。また、平成24年度の就職者の定着率は6か月後が98％、1年後が93％でした。

生活支援
　就労とその継続には生活面の安定が不可欠です。当センターでは相談初期段階から生活面のアセスメントも行っています。昼夜逆転の生活、気まぐれな服薬、偏食・不摂生など簡単には改善できないことは市ケースワーカー、相談支援事業所、状況に応じて就労継続支援B型事業所やグループホームのスタッフ等を交えケース会議をもち、課題解決にあたります。協議会[*14]の就労部会や相談支援部会等へ参画し、地域のなかで本人に寄り添いながら本人中心の"働くと暮らす"を支援しています。

>*14　協議会
>障害者総合支援法第89条の3に規定されている。支援の現場では「地域自立支援協議会」と呼ばれることもある。

●第4節の学びの確認

・障害者就業・生活支援センターでは、就職前・就職時・就職後にどのような支援を提供しているか、その理由も含めまとめてみよう。

5．職業能力開発校

●学びのねらい

　本節では、職業能力開発促進の理念、障害者の職業能力開発を行う施設の設置目的、設置状況、訓練科目について理解し、併せてそれら施設のうち障害者職業能力開発校で働く専門職の職務内容と必要な能力について理解する。

(1) 職業能力開発の基本理念

　職業能力開発促進法（以下、「法」）では、その基本理念として、「労働者がその職業生活の全期間を通じてその有する能力を有効に発揮できるようにすることが、職業の安定及び労働者の地位の向上のために不可欠であるとともに、経済及び社会の発展の基礎をなすものである」（第3条）としたうえで、「職業能力の開発及び向上の促進は、産業構造の変化、技術の進歩その他の

第3章　障害者への就労支援に係る支援機関と専門職の役割

```
障害者の職業能力開発
├ 1　一般の職業能力開発校への障害者の入校促進
│   ├（1）バリアフリー化を推進して入校を促進
│   └（2）一般校を活用した障害者職業能力開発事業（2004［平成16］年度から）
│       　　一般校に知的障害者等を対象とした訓練コースを設置して職業訓練機会
│       　　を提供するとともに、地域における障害者職業訓練の拠点整備を図る
├ 2　障害者職業能力開発校の設置・運営（全19校）
│   　　（北海道、青森県、宮城県、千葉県、埼玉県、東京都、神奈川県、静岡県、石
│   　　川県、愛知県、京都府、大阪府、兵庫県、広島県、岡山県、福岡県、鹿児島県）
├ 3　障害者の態様に応じた多様な委託訓練（2004［平成16］年度から）
│   　　企業、社会福祉法人、NPO法人、民間教育訓練機関等、地域の多様な委託先を
│   　　活用して職業訓練を実施
└ 4　障害者の技能に関する競技大会（アビリンピック）の開催
```

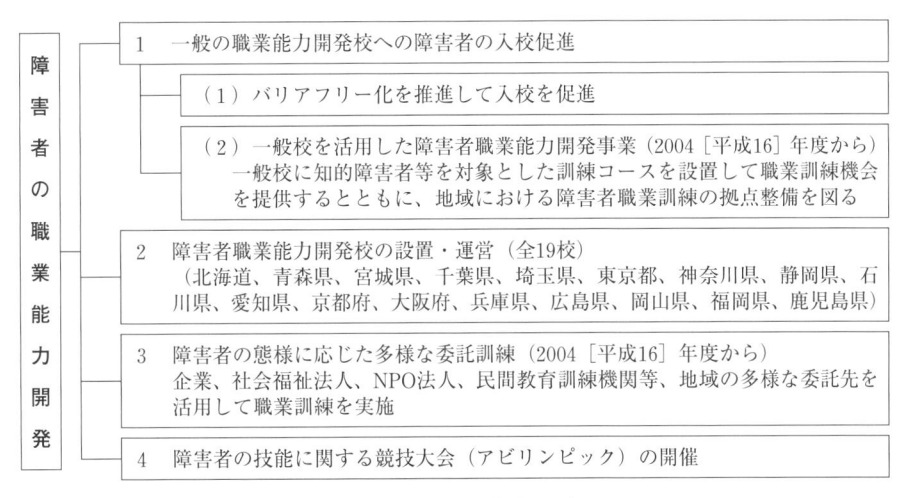

図3－2　障害者の職業能力開発について

資料：厚生労働省「障害者の職業能力開発について」を一部改変

経済的環境の変化による業務の内容の変化に対する労働者の適応性を増大させ、及び転職に当たつての円滑な再就職に資するよう、労働者の職業生活設計に配慮しつつ、その職業生活の全期間を通じて段階的かつ体系的に行われる」（第3条）ことを掲げている。

以上から、職業能力開発が、労働者の能力の発揮や地位の向上をはじめ、業務内容の変化に適応させるべく、職業生活の全期間を通じて行われることがわかる。障害者に対する職業能力開発では、これに加えて、障害種類や障害程度を含め態様に応じた対応が求められる。障害者の職業能力開発の全体像は図3－2の通りである。

(2)　障害者の職業訓練を実施する施設と配置される主な専門職

法において、障害者の職業能力開発を行う施設は、職業能力開発校、障害者職業能力開発校、および民間で障害者の能力開発訓練を行う施設に分けられる。

1）職業能力開発校

職業能力開発校とは、「普通職業訓練で長期間及び短期間の訓練課程のものを行うための施設」（法第15条の6第1項）とされている。また、厚生労働省による「第9次職業能力開発基本計画」では、「一般の職業能力開発校については、知的障害者や発達障害者等を対象とした職業訓練コースを設けるとともに、施設のバリアフリー化を推進し、障害者の入校を促進することにより、障害者の職業訓練機会の拡充を図ることが求められている」としている。一

般の職業能力開発校において、知的障害者や発達障害者を受け入れている都道府県は、北海道、宮城県、東京都、新潟県、山梨県、滋賀県、鳥取県、島根県、愛媛県、熊本県、沖縄県などであり、訓練コースは、知的障害者を対象とした販売実務、事務実務、介護サービス、発達障害者を対象としたオフィスワーク、身体障害者を対象としたOA事務[*15]があげられる。

2） 障害者職業能力開発校

障害者職業能力開発校は、「身体又は精神に障害がある者等に対する職業訓練は、特にこれらの者の身体的又は精神的な事情等に配慮して行われなければならない」（法第3条の2第4項）という理念のもと、「職業能力開発促進法に基づき、ハローワーク、障害者職業センター等の関係機関との密接な連携のもとに、訓練科目、訓練方法等に特別の配慮を加えつつ、障害の態様等に応じた公共職業訓練を実施」[1]している。また、「企業に雇用されている障害者に対して、多様な職務内容の変化にも迅速に対応できるよう、在職者訓練を実施」[2]している。

障害者職業能力開発校は全国19か所（国立13校、都道府県立6校）に設置されており（2015［平成27］年3月現在）、国立の13校のうち2校は独立行政法人高齢・障害・求職者雇用支援機構に、11校は都道府県に運営が委託されている。

訓練科目は、機械加工、電子機器、経理事務、CAD[*16]、DTP[*17]、服飾など多岐にわたり、身体障害者、高次脳機能障害者、精神障害者、発達障害者および知的障害者を対象に訓練が行われている。知的障害者を対象とする訓練科目には、作業実務、生産実務がある。

3） その他の能力開発施設

事業主、社会福祉法人などが運営する民間の能力開発施設が、障害者の職業に必要な能力を開発し、向上させるための教育訓練事業（厚生労働大臣の定める基準に適合するもの）を実施している（2015年［平成27］年3月現在、18施設）。この事業は、障害者雇用促進法に基づく障害者雇用納付金制度による助成金を受給して、設置、運営されている。

訓練科目には、視覚障害者を対象とした情報処理、OA事務、ビジネス実務、身体障害者を対象とした自動車運転、CAD／CAM[*18]、システム設計、知的障害者を対象とした食品加工、園芸、物流販売技術のほか、精神障害者に対する食品加工・厨房サービス、販売実務の科目がある。

---

*15 OA事務
一般的な事務およびOA機器操作の基礎的な知識・技能を習得するほか、ワープロ・表計算ソフトを活用した資料作成、簿記および給与計算に関する知識・技能を習得する訓練コース。

*16 CAD
コンピュータを使って、機械、電気製品などの設計を行うこと。

*17 DTP
コンピュータを使って、原稿作成、レイアウト、版下作成など、出版に必要な一連の作業を行うこと。

*18 CAM
コンピュータを使って製品の製造の自動化を図ること。コンピュータにより工作機械の選択、加工手順の決定などを行う。

4） 障害者職業能力開発校に配置される主な専門職

ここでは、障害者の職業訓練を実施する施設のなかから障害者職業能力開発校を取り上げ、そこで働く専門職の役割について述べる。

▼職業訓練指導員

職業訓練指導員は、障害のあるまたはない訓練生の就職に必要な技能・技術の指導や就職支援を行っている。職業訓練指導員になるためには、職業訓練指導員免許を取得したうえで、職業能力開発施設を運営する機関が実施する採用試験を受験し、採用されることが要件になる。職業訓練指導員免許は、①職業能力開発総合大学校が実施する指導員養成訓練を修了する、②都道府県で実施する職業訓練指導員試験に合格する、③上記①②と同等以上の能力を有すると認められ、厚生労働大臣指定の講習を受講するなどにより取得することができる。

障害者を対象とした職業訓練では、各人の障害状況や企業ニーズに合わせて、職業に就くために必要な知識・技能を付与することが求められる。

▼就労支援の担当者

就労支援の担当者は、障害のある訓練生（以下、「訓練生」）に対して、適切な職業選択、効果的な就職活動、職業人としてのマナーや良好な人間関係の確立に関する指導のほか、求人情報の収集と提供、就職面接会のスケジュールの把握と参加手続きの実施や、必要な場合は就職面接会への同行を行う。

障害者の雇い入れに関する事業主への支援としては、訓練生の採用を希望する事業主が校内で訓練生を対象に事業内容や求人職種に関する会社説明会を開催する機会を設けたり、障害者の雇い入れ計画の作成や雇用管理に関する相談を行ったりしている。

また、訓練生の就職後も、必要に応じて職場を訪問したり、地域の就労支援の機関と連携したりして、定着支援（フォローアップ）を行っている。

▼健康管理面の担当者

健康管理面の担当者としては、看護師や精神保健福祉士があげられる。看護師は、訓練生の心身両面に関する相談に応じ、精神保健福祉士は、精神面の相談に対応する。また、訓練生の職業訓練の継続あるいは就労支援の実施にあたって、健康管理面で留意する点についての情報が必要な場合は、職業訓練指導員あるいは就労支援の担当者が、健康管理面の担当者に助言を求めることがある。

●事例：障害者職業能力開発校における実際の業務

　Ａ障害者職業能力開発校は、身体障害者、高次脳機能障害者、精神障害者、発達障害者を対象に、機械製図、電子機器、建築設計、DTP・Webデザイン、作業実務など10の訓練科目を設けています。訓練時間は曜日によって異なりますが、9時から15時または16時までです。ここでは、就労支援の担当者の一日を追ってみましょう。

　就労支援の担当者は、訓練生の就労支援を組織として円滑に進めるため、朝一番に校内ミーティングを開き、就職に向けて支援を行っている訓練生の経過について、情報共有を行います。このミーティングが、その場で有効な助言を相互に得られるよいケース検討の機会にもなっています。

　日中、就労支援の担当者は、担当する訓練生の就職に向けた相談や、電話やメールによる訓練生の就職に関する関係機関・事業主との連絡調整、それにかかわる校内の連絡調整の業務をほぼ毎日行います。また、毎日ではないですが、校内で開催される訓練生のケース会議への出席、訓練生の実習先や就職先である企業への訪問、それにかかわる関係機関への訪問、訓練生の採用を希望する企業の来校への対応などを行います。

　これらの業務の合間に、あるいは一日の業務が終了した時点で、その日の支援に関する事務処理を行います。

　就労支援の担当者は、就職に向けた訓練生への支援だけでなく、訓練生の採用を希望する企業への支援や、地域の就労支援機関との連携のほか、校内の専門職との連携が必要となる点で、コーディネーター的な専門職といえるでしょう。

●第5節の学びの確認

・職業能力開発が実施される各施設の機能について整理してみよう。

6. 特別支援学校

● 学びのねらい

> 「教育」から「雇用」への切れ目のない支援を実現するために、特別支援学校高等部卒業生の雇用を支える連携体制の構築・強化が求められている。就労支援機関等は特別支援学校との連携（引き継ぎ）が重要となるため、本節の学びを通して特別支援学校について理解してほしい。

(1) 特別支援学校の対象

　特別支援学校は、視覚障害、聴覚障害、知的障害、肢体不自由、病弱の児童を教育するための学校で、2006（平成18）年までは障害別に分かれ、それぞれ盲学校、ろう学校、知的障害養護学校、肢体不自由養護学校、病弱養護学校という名称であった。文部科学省の統計によると、2014（同26）年5月1日現在、特別支援学校は全国に1,096校あり、在籍幼児児童生徒数の合計は13万5,619人である。知的障害が最も多く、次に肢体不自由が多い。特別支援学校には、幼稚部・小学部・中学部・高等部・専攻科（視覚障害、聴覚障害、知的障害）がある。

(2) 特殊教育から特別支援教育への転換

　2007（平成19）年4月、学校教育法の改正により従来の「特殊教育」が通常学級に在籍する障害のある児童・生徒も対象とした「特別支援教育」に変わった。特殊教育では障害の種類に応じて、特別な場で指導を行えばよいという考え方であった。2007年4月1日付けの文部科学省通知「特別支援教育の推進について」では、「特別支援教育は、障害のある幼児児童生徒の自立や社会参加に向けた主体的な取組を支援するという視点に立ち、幼児児童生徒一人一人の教育的ニーズを把握し、その持てる力を高め、生活や学習上の困難を改善又は克服するため、適切な指導及び支援を行うものである」としている。また、従来の特殊教育が対象としていた障害だけでなく、学習障害（LD）、注意欠陥多動性障害（ADHD）、高機能自閉症など発達障害を含めることにした。

　特別支援学校では、本人や保護者の希望をふまえて、教育・保健・医療・福祉等が連携して児童生徒を支援していくための長期計画である「個別の教育支援計画」を作成し、乳幼児期から学校卒業までの一貫性のある支援を行っ

ている。具体的な指導としては、職場見学や仕事体験、職場実習などの職業教育や進路指導などがあげられる。

(3) 特別支援学校高等部での職業教育

特別支援学校の職業教育として、どのような教育が行われているのだろうか。そこでここでは、特別支援学校高等部学習指導要領の第1章総則第4款「教育課程の編成・実施に当たって配慮すべき事項」の一部を以下に抜粋する。

---

4 職業教育に関して配慮すべき事項
（3）学校においては、キャリア教育を推進するために、地域や学校の実態、生徒の特性、進路等を考慮し、地域及び産業界や労働等の業務を行う関係機関との連携を図り、産業現場等における長期間の実習を取り入れるなど就業体験の機会を積極的に設けるとともに、地域や産業界等の人々の協力を積極的に得るよう配慮するものとする。

5 教育課程の実施等に当たって配慮すべき事項
（6）生徒が自己の在り方生き方を考え、主体的に進路を選択することができるよう、校内の組織体制を整備し、教師間の相互の連携を図りながら、学校の教育活動全体を通じ、計画的、組織的な進路指導を行い、キャリア教育を推進すること。その際、家庭及び地域や福祉、労働等の業務を行う関係機関との連携を十分に図ること。
（16）家庭及び地域や医療、福祉、保健、労働等の業務を行う関係機関との連携を図り、長期的な視点で生徒への教育的支援を行うために、個別の教育支援計画を作成すること。

---

(4) 連携体制の構築・強化

2014（平成26）年3月31日、障害者雇用を支える連携体制の構築・強化について、厚生労働省職業安定局長から文部科学省初等中等教育局長宛に通達[19]が出されている。その通達の概略を以下に示す。

[19] 平成26年3月31日付け職発0331第9号「障害者の雇用を支える連携体制の構築・強化について」

「福祉」「教育」「医療」から「雇用」への流れを一層促進するため、障害者就業・生活支援センターや就労移行支援事業所等の地域で障害者就労支援を行う機関、特別支援学校、企業や医療機関を巻き込んで、地域全体で障害者の雇用を支えるため、都道府県労働局や公共職業安定所が中心となって、地域障害者職業センターと連携を図りつつ、次の取り組みに重点をおいて実施する。

1）就労支援セミナーの実施等による企業理解の促進や職場実習の推進
　①就労支援セミナー、事業所見学会、障害者就労アドバイザーによる助言等による障害者やその保護者、就労支援機関、相談支援事業所等、特別支援学校、医療機関、発達障害者等への就職支援に課題を抱えている高等学校および大学等の教職員等に対する企業理解や就労支援に関する理解の促進
　②障害者やその保護者、就労支援機関、特別支援学校、医療機関等と企業の不安を解消し、相互理解を促進するため、障害者が企業において就労体験を行う職場実習の推進
2）企業が障害者を継続して雇用するための支援の実施
　①雇入れから定着過程の段階においては、公共職業安定所が中心となって障害者支援機関と連携し、就職の準備段階から職場定着までの一連の支援を実施する
　②職場定着後の段階においては、障害者就業・生活支援センターが中心となって、公共職業安定所や障害者支援機関等による適切な役割分担のもと、継続した職場定着の支援を実施する
3）ネットワークの構築・強化
　①労働局や公共職業安定所は、協議会等へ積極的に参画するとともに、地方自治体と連携して、障害者就業・生活支援センターや地域の特例子会社および重度障害者多数雇用事業所、事業主団体の参画も勧奨する
　②地域障害者職業センター、障害者就業・生活支援センター、就労支援事業所、医療機関等、関係機関が連携を強化する

　文部科学省の統計によると、特別支援学校高等部（本科）卒業者の就職率は、1980（昭和55）年度が42.7％であった。その後、2013（平成15）年度に過去最低の19.4％まで低下したが、2013（同25）年度には27.7％までに上昇した。障害別では、知的障害が30.2％、肢体不自由が18.0％であった。障害者自立支援法（現：障害者総合支援法）が2006（同18）年4月に施行され、就労支援が強化されたが、2007（同19）年度の高等部卒業者の就職率は23.1％で、障害者自立支援法施行後の就職率の改善はおよそ5％ということになる。このことから、「教育」から「雇用」への流れは促進されているとは言えない。これは「障害者の雇用を支える連携体制の構築・強化について」で指摘されている、企業理解の促進や職場実習の推進、継続した職場定着の支援、関係機関のネットワークの構築・強化が不十分であることが原因と考えられる。より一層の連携体制の強化が求められている。

●事例：特別支援学校における実際の業務

　福岡市立福岡中央特別支援学校には、2014（平成26）年5月現在、知的障害のある児童生徒224名（小学部77名、中学部50名、高等部97名）が在籍しており、122名の職員で指導支援にあたっています。この職員のなかには進路支援専科2名が配置されており、①高等部生徒の現場実習や進路学習の実施、②保護者・職員対象の進路研修会の実施、③実習先や就労支援センター等の支援機関との連絡調整、④進路支援に関する計画・推進を主な業務としています。

写真3－6　福岡中央特別支援学校の外観

　本校の小・中学部では、児童生徒が「自分の役割を実行しようとする」「将来の夢や職業への憧れを持つことができる」を目標に、高等部では「将来の生活や仕事に向かって目標を持ち、自分の希望や適性に合った進路を選択・決定できるようにする」ことを目指して進路支援に取り組んでいます。中学部では職場見学や仕事体験の学習を通して、生徒は「やってみたらできた」ことに喜びを見出し、「働く」ことへの関心をもつようになっていきます。高等部では、さまざまな福祉サービス事業所や一般企業を見学し、そこで働く先輩の姿や講話から、「働くためには報（報告）・連（連絡）・相（相談）が大事である」等、就労に向けて必要な力を意識できるようになっていきます。また、作業学習では、より丁寧で正確な作業を行ってスキルの向上を図るとともに、製品の販売活動を通して「働く意欲」を、挨拶や接客活動によって「社会性」を身につけていきます。

　年2回実施される「現場実習」では、校内実習と校外実習を設定しています。校内実習では、生徒は各作業班に所属し、担当職員や班員と連日作業に取り組みます。この間、進路支援専科は学習の状況や生徒の様子の把握に努めます。校外実習では、生徒が自宅から直接職場に出向き、1〜2週間程実際に働く体験をします。進路支援専科は、まず生徒・保護者の希望に基づいて福祉サービス事業所や企業に実習の依頼をし、実習先の担当者と協議して実習時間や期間、作業内容等を決めます。そして、保護者や担任と連携して、実習の事前学習を行います。実習中は、

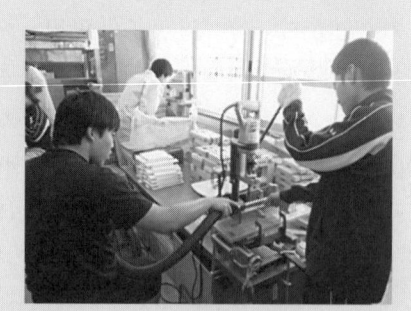

写真3－7　校内実習の様子

実習先から生徒の様子を聞き取り、必要な支援を保護者や担任に伝える等を行います。実習後は、実習を通してみえてきた「良さや課題」を生徒とともに振り返ります。ある生徒は「実習先で『挨拶や笑顔が良い』と褒められて嬉しかったことが自信になりました。苦手なことにもチャレンジしたいので、『体力をもっとつける』ためにウォーキングを始めます」と述べるなど、多くの生徒に実習の成果がみられます。

写真3-8　校外実習の様子

その後、定期的に生徒、保護者、担任、進路支援専科で進路懇談会を設け、本人の希望や適性を明らかにし、次の実習先や進路について協議します。

以上のことを繰り返し、高等部3年生後半の進路懇談会で、進路先を決定していきます。そして、卒業までの間、担任と進路支援専科は、生徒・保護者の福祉サービス利用や企業就労に関する手続きの支援、「個別の移行支援計画」の作成等、社会人としての生活にスムーズに移行していけるよう支援を行っていきます。

●第6節の学びの確認

・特別支援学校と福祉などの他分野の機関が連携する際の留意点について調べてみよう。

7．ジョブコーチ

●学びのねらい

ジョブコーチによる支援は、障害のある人が働く職場に一定期間入り、職場の従業員と連携し、障害のある人が安定して働ける職場環境を調整する就労支援の方法論である。わが国では、2002（平成14）年に障害者雇用促進法のもと、「職場適応援助者」という名称で制度化された。本節ではジョブコーチの役割、ジョブコーチ制度の基礎を学ぶ。

(1) ジョブコーチとは

ジョブコーチによる支援は1980年代よりアメリカを中心に発展した就労支

援の方法論である。一般にジョブコーチと呼ばれる就労支援の担当職員が、職場に数日から数か月間とどまり、障害のある人に直接仕事を指導したり、従業員に障害のある人とのかかわり方を助言したり、適した業務や要求水準を調整するなどして、職場の従業員との連携のもと、障害のある人が働きやすい職場環境を整える。ジョブコーチの支援内容は画一的ではなく、対象者の障害特性や職場の状況によって変化する。アメリカのみでなくヨーロッパやアジア諸国においても、それぞれの国の状況に応じて、ジョブコーチの方法論を実行するための制度が設けられている。

(2) 日本のジョブコーチ制度

わが国では、2002（平成14）年に障害者雇用促進法の改正により、職場適応援助者という名称でジョブコーチが制度化された。現在、ジョブコーチには以下の3つの種類がある。

▼配置型ジョブコーチ
　地域障害者職業センターに配置されるジョブコーチ
▼第1号ジョブコーチ
　障害者の就労支援を行う社会福祉法人等に所属するジョブコーチ
▼第2号ジョブコーチ
　障害者を雇用する企業に所属するジョブコーチ

　配置型ジョブコーチは地域障害者職業センターに所属し、地域障害者職業センターが直接派遣するジョブコーチである。第1号ジョブコーチと第2号ジョブコーチは、それぞれ就労支援を行う社会福祉法人等、および障害者を雇用する企業に所属する者で、地域障害者職業センターが認める支援計画のもと、職場適応援助者助成金[20]を受けて活動するものである。第1号ジョブコーチおよび第2号ジョブコーチは、業務遂行に必要な相当程度の実務経験と能力を有し、第1号または第2号職場適応援助者養成研修を修了することが要件とされている。職場適応援助者養成研修は、独立行政法人高齢・障害・求職者雇用支援機構が行うもののほか、厚生労働大臣が定める研修を行う民間の研修機関において実施されている。

　ジョブコーチの数は、2013（平成25）年度の段階で、配置型ジョブコーチは310人、職場適応援助者助成金のもとで活動している第1号ジョブコーチは781人、第2号ジョブコーチは139人である。

(3) ジョブコーチ支援の対象

　図3-3は2013（平成25）年度における障害種別にみた配置型ジョブコー

[20] 職場適応援助者助成金
第2章p.59参照。

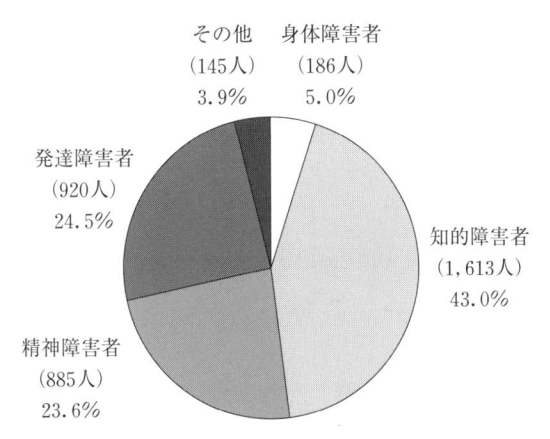

図3－3　障害別にみた配置型ジョブコーチの支援対象者（2013［平成25］年度）
出典：厚生労働省「障害者雇用の現状と課題について」2014年

チ支援の対象者を表したものである。知的障害者が43％と最も多く、続いて発達障害者の24.5％、精神障害者の23.6％となっている。2005（同17）年度においては、知的障害者が75％を占めていたが、近年、精神障害者および発達障害者の支援が増加しており、その分、知的障害者の割合が減る傾向にある。精神障害者や発達障害者の支援が増えるにつれて、ジョブコーチが直接仕事を教えるのではなく、従業員の障害理解を促したり、対象者にとってのストレス要因を発見して軽減したりするなど、職場の環境調整にかかわる支援が重要性を増している。

(4) ジョブコーチ支援のプロセスと内容

　ジョブコーチ支援の申し込みは、原則として地域障害者職業センターが窓口となる。地域障害者職業センターにおいてジョブコーチ支援の必要性が認められた場合、ジョブコーチ支援計画が作成され、本人（およびその家族）、事業所の同意を得た後、実際の支援が開始される。

　ジョブコーチによる支援期間は1～7か月の間で個別に設定されるが、通常は2～4か月程度である。支援期間は集中支援期、移行支援期間の2つに大きく分けられる。集中支援期においては、ジョブコーチは職場にとどまり、仕事の支援、人間関係の調整、従業員に対する助言、環境の調整などを集中的に行う。一定期間、集中支援を行った後、移行支援期においては、ジョブコーチは職場にいる時間を徐々に減らしていき、ジョブコーチに代わって従業員が必要なサポートを行えるよう、ナチュラルサポート[※21]の形成、職場に対する助言や調整に重点を移していく。

　移行支援期が終了しても、ジョブコーチ支援は終了するものではなく、定

※21　ナチュラルサポート
職場の従業員がジョブコーチに代わって、障害のある人の就労継続に必要なサポートを行うこと。ジョブコーチは職場から退いていくので、直接支援だけでなくナチュラルサポートの形成を行って、定着支援（フォローアップ）に移行していく必要がある。

着支援（フォローアップ）を継続する。フォローアップ期においては、数週間から数か月に一度、ジョブコーチが職場を訪問したり、本人や家族から聞き取りを行うなどして課題の確認を行う。問題の状況によっては再度職場に介入して支援を行うこともある。フォローアップは長期にわたるため、ジョブコーチによる直接のフォローアップのほか、障害者就業・生活支援センター、就労移行支援事業所、相談支援事業所等と連携し、地域のネットワークで長期に職業生活を支えていくことが重要である。

●事例：ジョブコーチの実際の業務

> Aさん（男性・20才）は、自閉症と診断され療育手帳（B2）をもっています。特別支援学校卒業後、就労移行支援事業所を1年間利用し、このほど衣料品量販店にて2週間の実習をすることになりました。
> 　実習に先立ち、就労移行支援事業所のジョブコーチ（第1号ジョブコーチ）は、2日間の職場アセスメントを実施し、Aさんの業務として想定される清掃やバックルームでの商品整理等の課題分析を行いました。また、休憩時の過ごし方、店内での立ち振る舞いも教わり、これらを業務分析にまとめました。その結果、Aさんの理解度に応じた教示が必要であることがわかりました。そこで、店長と打ち合わせを行い、適切な手順や一従業員としてのマナーについて、ジョブコーチがAさんに伝えることになりました。アセスメントで作成した業務分析・課題分析は、Aさんの理解度に応じたスケジュールと手順書に作り替え、実習時に使用しました。

ジョブコーチが作成した手順書

> 休憩室掃除（朝礼後の作業）★10：30までの仕事です★
> ①【準備】掃除機（本体、コード、ノズル）、ハンドモップ（黄）
> ②【ホコリ取り】
> 　①流し・ゴミ箱下・レンジ、②ロッカー上、③入り口壁、④棚、⑤奥の部屋、⑥ホワイトボード
> ③【掃除機掛け】床の隅、机の下などのゴミを吸い取る
> ④【流し拭き】流し台・シンクのなかを流し用フキンで拭く
> ⑤【床拭き】流し台の周りだけ拭く、10：20にはゴミ出しに移ります。
> ⑥10：20【ゴミ出し】可燃ゴミ・不燃ゴミ・ペットボトル類の袋を新しいものと交換
> ⑦【片づけ】掃除機（本体、コード、ノズル）、ハンドモップ（黄）

手順書は、具体的な手順や留意点を文章等で示しています。Ａさんが作業する際、ジョブコーチは、手順書とシステマティック・インストラクション（わかりやすく教える技術）[*22]を使って教えました。また、質問や報告があれば、従業員に直接行うよう促し、Ａさんと従業員との接点をつくりました。実習４日後、Ａさんが職場に慣れるにしたがって、ジョブコーチは徐々に距離を離し（フェイディング）、Ａさんがスケジュールや手順書を手がかりに、１人で過ごす時間を増やしていきました。そして、Ａさんが従業員に質問や報告ができているかを確認したり、従業員がＡさんへのかかわり方で心配なことはないかなどを聞き取ったりしながら、半日、１日とフェイディングを進めていきました。

写真３－９　ジョブコーチによる支援の様子

*22 システマティック・インストラクション
直訳すると「系統的教授法」となるが、本事例では「わかりやすく教える技術」としている。

　Ａさんの実習評価は高く、晴れて就職することとなりました。ジョブコーチは、さらに従業員とＡさんの接点を増やすため、かかわり方シートを作成しました。

ジョブコーチが作成したかかわり方シート

○○店　御中

　Ａさんに伝わりやすい指示・かかわり方について【ご参考】

◆**耳で聞くより、目で見て理解することの方が得意です。**

　新しく取り組む作業や、動きを有する作業内容については、言葉で説明するだけでなく、動きや完成品のお手本を見せていただけると、理解が進みます。

例）ハンガー掛けの手順について指示していただくとき

　×…「襟からハンガーを入れるのではなく、裾から入れてください。襟が広がりにくくなるから」と、言葉だけで伝える。

　○…「こうやって、下からハンガーを入れるとやりやすいです」と、動作を実際に見せて伝える。

　→動作のお手本をメインに、言葉はあくまでも動作の補助的な手段としてシンプルに伝えていただけると、より理解が進みます。

　これは、実習中に従業員から実際に受けた質問と、ジョブコーチが答えたＡさんへのかかわり方を書面にしたものです。従業員がＡさんの特性を理解したうえでかかわることをねらいとしています。このように、ジョブコーチは、業務習得やかかわり方に配慮が必要な障害者に対して、職場との橋渡しを行い、一従業員として自立できるようさまざまな支援を実施しています。

● 第7節の学びの確認
・ジョブコーチの3つの種類を整理し、ジョブコーチによる支援プロセスをまとめてみよう。

8．企業

● 学びのねらい

民間企業における障害者雇用数の伸びを支えているのは、就労支援を行う側の努力だけではなく、法定雇用率など企業に課されている義務や努力の上に成り立つ部分も大きい。では、企業はどのような努力をしているのだろうか。本節では、就労支援において企業が果たす役割と専門職のかかわりについて理解する。

(1) 民間企業における障害者雇用

1) 企業が障害者雇用をする理由

わが国ではここ数年、民間企業における障害者雇用数や実雇用率が年々増加の傾向にある[23]。なぜこのような動きになっているのだろうか。企業が障害者雇用をする理由は、①コンプライアンス（法令順守）[24]、②企業の社会的責任（CSR）[25]、③企業イメージ向上、④安定した労働力確保、などがあげられる。コンプライアンスを含む企業の社会的責任に関心が高まっていることに加えて、近年の障害者雇用促進法の改正による法定雇用率の上昇が障害者雇用数の伸びを支えていること、さらには労働力人口が減少傾向[26]にあることも雇用を後押ししていると考えられる。

2) 企業が障害者雇用を進めるうえでの課題

社会からの要請が高いとはいえ、企業にとって障害者雇用の推進は容易ではない。2009（平成21）年に東京都産業労働局が実施した「障害者雇用実態調査」では、採用の際に配慮していることとして「労働条件の調整や健康管理に対する配慮」「経営者の理解」「作業方法の工夫」があげられ、採用予定がない理由としては「適切な担当業務を確保できないため」「社内環境を整備できないため」「余裕のなさ」があげられている。このように、①職務の切り出し、②適切な雇用・労務管理、③業務指導、④社内の理解・調整が、多くの企業に共通する課題であることがわかる。また、2012（同24）年に厚生労働省が実施した「障害者の雇用に関する事業所アンケート」では、精神障害者の雇用における要配慮事項として、「業務量」「短時間勤務など勤務時間」「配

[23] 第2章p.45図2-1参照。

[24] コンプライアンス（Compliance）
企業が、法律や内規などの基本的なルールに従って活動すること。障害者雇用においては、主に雇用率制度を順守しようという動きがあげられる。

[25] CSR（Corporate Social Responsibility）
企業が、利益の追求だけでなく、組織活動が社会へ与える影響に責任をもち、社会の一員としての役割を果たすこと。2009（平成21）年に東京都産業労働局が実施した「障害者雇用実態調査」では、採用の経緯についておよそ6割の企業が「CSRを果たすことができるから」と回答している。

[26] 第1章p.15表1-2参照。

置転換など配置」を回答した企業が多く、精神障害においては特に②の雇用・労務管理が課題になりやすいことがわかる。さらに近年その必要性が叫ばれている産業メンタルヘルス対策との兼ね合いも、今後の課題となるだろう。

(2) 民間企業における障害者雇用の形態

1） 通常の職場での雇用

障害者雇用の形態で最も多いのは、通常の職場における雇用である。厚生労働省の「平成26年障害者雇用状況の集計結果」によれば、50人以上規模の民間企業に雇用されている障害のある人の数は43万1,225.5人（身体障害者31万3,314.5人、知的障害者9万203.0人、精神障害者2万7,708.0人、いずれもカウント数）で、うち特例子会社での雇用数は2万2,309.0人とわずか5％（身体障害者3％、知的障害者12％、精神障害者6％）である。また産業別では、製造業、卸売・小売業、サービス業、医療・福祉の順に多いが、これは一般の就業構造の状況と変わらない。多くの障害のある人の就労は、通常の労働環境のなかで成り立っていることがわかる。

2） 重度障害者多数雇用事業所

障害者雇用納付金に基づく各種助成金を活用し、物理的・人的な配慮のもと、一事業所に複数の障害のある人を雇う雇用形態がある。一定の環境整備がなされるため、重度身体障害、知的障害、精神障害など、職業的に重度の障害のある人の雇用促進には有効な手段である。

図3－4　ハートフルマーク

代表的なものに「重度障害者多数雇用事業所施設設置等助成金」があり、この助成金受給事業所を重度障害者多数雇用事業所と呼ぶ。また、多数の重度障害者等を雇用している会員事業所が集まって結成した団体である「公益社団法人全国重度障害者雇用事業所協会」では、障害者雇用に積極的な企業の証に「ハートフルマーク」（図3－4）を制定し（文化庁登録）、会員等企業に交付している。

3） 特例子会社

障害者の雇用に特別な配慮をし、一定の要件を備えてハローワークの所長から認定を受けた企業の子会社を、特例子会社という（図3－5）。企業は別でも、親会社の一部門と同様にみなし、子会社の雇用する障害者を親会社の雇用数に合算することが認められる。この特例子会社制度は、とりわけ大企

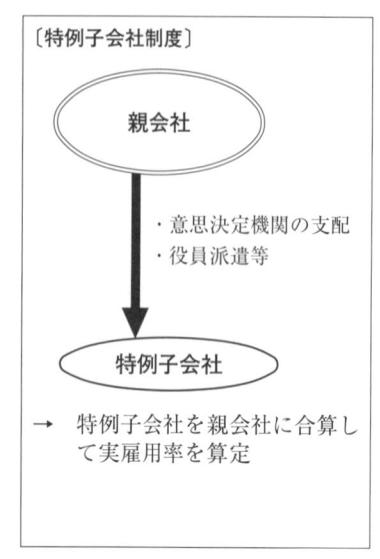

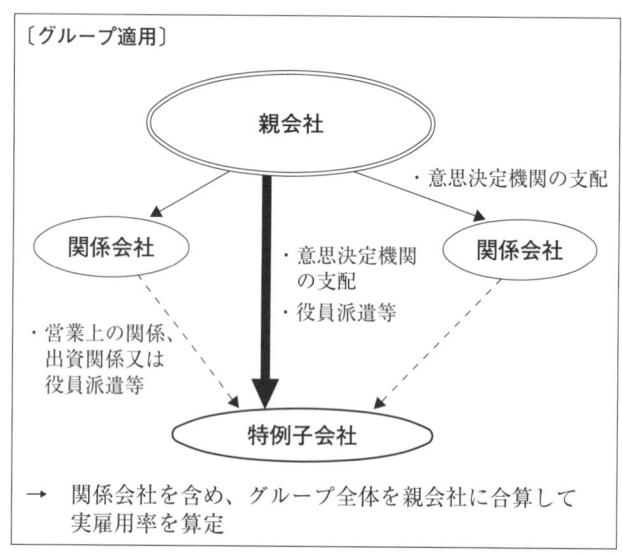

図3-5 特例子会社制度の概要
出典：厚生労働省資料

業が法定雇用率を達成するための仕組みとして大きな役割を果たしている。さらに障害特性に応じた仕事の確保、環境整備、雇用管理を可能とし、特に重度障害のある人の雇用機会の拡大に寄与する。一方で、社会環境との統合性の弱さや親会社との関係（経営的に依存せざるを得ない、一体感の乏しさ、設立以降の時間経過による理解・認識の低下）などの留意点も指摘される。

特例子会社制度は1977（昭和52）年から身体障害者を対象として始まり、2002（平成14）年の関係会社特例制度（グループ特例）の実施を経てその企業数は年々増え続け、2014（同26）年5月末日現在で391社となっている。

特例子会社の認定要件は、親会社の要件として、当該子会社の意思決定機関（株主総会等）を支配していること、子会社の要件として、①親会社との人的関係が役員派遣などで緊密であること、②雇用される障害者が5人以上で、全従業員の20%以上であり、雇用される障害者に占める重度の身体障害者、知的障害者および精神障害者の割合が30%以上であること、③障害者の雇用管理を適正に行う能力があり、障害者の雇用促進と安定が確実に達成できると認められること、となっている。

(3) 企業が担う就労支援と障害者雇用にかかわる主な専門職

1) 職親（知的障害者職親委託制度）、精神障害者社会適応訓練事業

社会生活や就労に必要な能力・経験の習得やリハビリテーションを目的とし、企業が国・自治体の補助のもとに、障害のある人を一定期間受け入れ、

作業や指導訓練を実施する事業がある。知的障害者を対象にしたものは、知的障害者福祉法に定めがあり、受け入れ事業所を「職親（しょくおや）」と呼ぶ。精神障害者を対象としたものは、「精神障害者社会適応訓練事業」として以前は精神保健福祉法に定めがあったが、障害者自立支援法の改正に伴い廃止となった。企業が主体的に担う就労支援の意義を継承すべく、現在は一部地域で自治体事業として継続している。

2） 障害者の態様に合わせた多様な委託訓練

障害のある人が暮らす身近な地域において、地域の実情と障害の状況に応じた職業訓練を実施することを目指した事業で、国が都道府県に委託して実施され、「委託訓練」と呼ばれる。都道府県に配置された障害者職業訓練コーディネーター等の訓練支援員が、企業も含めた多様な委託先を活用し、実地的な職業訓練をコーディネートする。座学を中心とした知識・技能習得訓練コースや、企業における職場体験実習を主体とした実践能力習得訓練コースなど多様な場が用意され、訓練期間も柔軟な設定が可能である。一方で、訓練先の確保や訓練内容には地域格差が存在し、働きたい障害のある人のニーズの多様化に対応するには個別の就労支援との連動が欠かせず、効果的な運用には課題も存在する。

3） 障害者雇用にかかわる主な専門職

▼第2号職場適応援助者（第2号ジョブコーチ）

企業に所属し、所属企業で働く障害のある同僚を支援するジョブコーチが第2号ジョブコーチであり、一定の経験に加え国が指定する養成研修を受講することにより認定される。その活動に応じ、障害者雇用納付金に基づく助成金（第2号職場適応援助者助成金）[*27]の活用も可能である。実際に助成金を活用している企業は多くはないものの（2012［平成24］年度末時点で139人）、特例子会社設置数や障害者雇用数の増加に伴い、研修を受講したうえで類似の役割を果たす企業の従業員は増えている。

第2号ジョブコーチは、採用・職場定着から時には離職まで幅広い範囲で障害者雇用に関与し、その役割は、障害特性に応じた職務の用意・業務指導・雇用管理、同僚・上司の理解促進（ナチュラルサポートの形成）、関係機関との連携など多岐に渡る。実務については、企業の状況および従事者の職位や職務範囲（管理者か現場指導員か）によって異なるものの、障害のある人が長きに渡って働き続けるためのさまざまな調整を、企業内外に向けて行うという点では共通した役割を担う。

*27 第2号職場適応援助者助成金
第2号職場適応援助者の配置を行う場合に、その費用の一部が助成される。

▼障害者職業生活相談員

　障害者雇用促進法では、障害のある従業員を5人以上雇用する事業所において「障害者職業生活相談員」を選任し、障害のある従業員の職業生活に関する相談・指導を行うよう義務づけている。この職業生活相談員は、企業から推薦を受け厚生労働省令で定める要件（主には資格認定講習の受講）を満たした者が、ハローワークへの届出により認定される。選任後は職場において障害のある従業員に対し、①職務内容、②作業環境の整備、③職場生活、④余暇活動、⑤その他職場適応の向上にかかわる相談や指導を担うとされているが、選任後の実務については企業に一任されている。

●事例：企業での就労支援にかかわる実際の業務

　私は、㈱ブリヂストンを定年退職した後、㈱ブリヂストンの特例子会社であるブリヂストンチャレンジド㈱で会社設立から5年間、業務本部長を務め、その後、㈱レオパレス21の特例子会社である㈱レオパレス・スマイルで会社設立から3年間、業務部長として障害者雇用についての実質的な責任者を務めました。

　特例子会社は親会社と密接な関係を保ちながら会社としては利益の確保と障害者の雇用を同時に達成しなければなりません。したがって、障害者社員といえども一人の社員として業績に寄与することが求められます。その点がいわゆる"福祉的就労"とは異なっており、「働いて成果を出すことがより強く期待されている」ということを理解しておく必要があります。

　仕事の種類は会社によってまちまちですが、ブリヂストンチャレンジドでは清掃をメインにして名刺印刷、社内メール、パソコン入力などがあり、レ

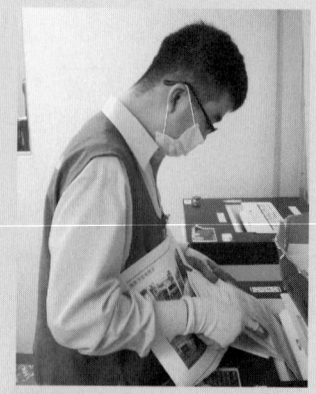

写真3-10　レオパレス・スマイルでのシュレッダー作業

写真3-11　レオパレス・スマイルでのメール作業

オパレス・スマイルでは廃棄書類のシュレッダー作業、社内メール、名刺を含む印刷業務などがあります。

障害者社員を指導する指導員は、障害者社員が的確な作業ができるように指導・育成を担当することになります。その際、最も大切なことは指導員自らが正確な作業手順をマスターしておくことです。海軍軍人であった山本五十六（いそろく）の言葉に「やってみせ、言って聞かせて、させてみて、ほめてやらねば人は動かじ」がありますが、まさにこの通りであり、特に、"やってみせ"というところが極めて重要だと考えています。自ら作業を行うことでその作業のポイントを体得することができ、それが核心をついた指導に結びつくことになります。単にマニュアルを頭に入れるだけでは効果的な指導を行うことはできません。

障害のある方は健常者に比べて理解したり体で覚えるのに時間がかかることはありますが、根気よく教えればできるようになることも多くあります。教える側の根気次第といってもよいと思います。覚えたら健常者以上の仕事ができる社員も数多くいます。もし、うまくいかないときは「相手がダメだ」と考えるのではなく、指導の仕方を振り返り「指導のやり方を変えてみる」ことが必要です。そのためにはどうしたらうまくいくかを自分自身で考えなければなりません。そのようにして効果を上げることができたら指導者としてのノウハウができたことになり、周りの人たちからも信頼され、評価されることになります。

「課題」に取り組むうえでは会社以外の関係者である保護者や障害者就業・生活支援センターなどの関係者の方の支援を受けることも大事なことです。特に、家庭内での問題が会社の仕事へ影響することもありますので、その場合は関係者からの支援を得て家庭で責任をもって対応してもらうようにしなければなりません。障害のある方たちに「仕事をする場所を提供する」だけでなく、「就労を通じて社会人として自立する」ことを目指すなら、会社だけで対応するのではなく、多くの社会資源を活用することも大切なことです。もちろん、その場合は上司を含め会社全体として対応することになります。

最後にこれから支援者を目指すみなさんに対して、私のこれまでの経験から感じたことをいくつか述べておきます。

①「障害のある方にはできない」と諦めてしまわないこと。

伸びる余地はたくさんある。「何としてでも良くしよう！」と思ったら必ず良いやり方が見つかります（見つかるまでやり遂げるという気概が必要です）。

②障害特性を把握したうえで指導すること。

障害（または本質）を変えることは困難としても、繰り返し指導することで「行動」を変えることはできます。

学生時代に障害特性をしっかり勉強してどのような対応が必要になるかを理解しておくことは基礎的な知識として大事ですし、指導する際には必ず活かせます。ただし、似たような障害特性であっても、一人ひとりをよく見るとすべて異なっているので、個別の対応が必要となることを理解しておく必要があります。

③障害者とともに「育つ」ように意識すること。

　特に知的障害者は上司の指示に忠実に従う特性があるので「上から目線」での対応になりがちです。もし、間違って指示してもそのまま受け入れることが多いので、指示する内容については責任をもつようにしてください。そのためには自分自身の力をつける必要があります。

④社員が成長するために全力を傾注する。

　そのためには指導員がすぐに答えを教えるのではなく、社員自身が「気づく」ように仕向けることと、「考える習慣」を身につけさせることが大切になります。これを繰り返すと、障害があってもできることはたくさんあり、成長できることがわかります。

　以上のことを実践した結果、多くの成果がありましたのでその一部を紹介します。

①普通自動車免許の取得

　指導員がテキストの1ページごとにふりがなをふり、1年半の期間をかけて勉強を続け、見事合格しました。現在ではフォークリフトの運転も行っています。

②アルファベットを勉強して外国からの郵便物の仕分けを担当

　AからZまでのアルファベットの3分の1くらいしかわからなかった社員が、毎日指導員と勉強を重ね、数か月後にはAからZまでマスターしました。現在では英文の宛先を見て的確に仕分けができています。

　このほかにも数多くの成果がありました。指導・育成の仕方によって社員が大きく伸びることは間違いありません。みなさんが将来現場に出た際には、障害のある方とともに課題を乗り越えることを通じて、支援者として成長されることを期待しています。

●第8節の学びの確認

・あなたの身近な企業がどのような方法や形態で障害のある人を雇用し、そこでは専門職がどのような役割でかかわっているのか、その実際を調べてみよう。また、就労支援において企業が果たす役割について整理しよう。

COLUMN

企業が支援者に求める役割

　障害者雇用をしている企業には色々な形態があります。障害のある社員を主に採用している特例子会社や一般雇用枠で障害者を採用している企業、個人事業所に近い小規模な企業などです。そして、企業形態の違いで支援者に求められる役割も違ってきます。

　本来、企業は障害者雇用においても一般社員の雇用と同じように、教育、指導、福利厚生などを行うことが自然なように思います。しかし、現状では障害のある社員の職場定着と教育には、会社として一工夫、二工夫が必要になっています。一般社員用の雇用管理の方法やマニュアルを障害種別に合わせて改定することは容易ではありませんし、障害者雇用の対象が知的障害、精神障害、発達障害へと拡大することで、一人ひとりに対してより複雑で高度な支援手法が必要とされるようになっています。

　このように、障害のある社員を雇用している企業にはさまざまな状況があるため、企業は支援者による支援を必要としています。そのために、支援者には下記の理解と役割が必要です。

１．信頼関係を構築することが基本です

　支援者と企業や障害のある社員との間に信頼関係がなければ、企業や障害のある社員の立場に立った支援はできません。日頃から障害者雇用情報等の提供や訪問、面談を行い、信頼関係を構築していくことが必要です。そのうえで、職場環境や教育、報連相（報告・連絡・相談）の仕方まで、企業が障害のある社員教育に活かせるノウハウをアドバイスしていくことが必要です。

２．企業の文化・社風等を理解することが必要です

①企業文化の理解

　最低限のビジネスマナーを学んでおくことが必要です。なぜなら、企業は営利を目的とした経営体ですから、顧客との信頼関係を重視します。つまり、「おもてなし」の心が必要です。そのためにはマナーや身だしなみが不可欠となります。皆様もこのような企業文化のなかに入り支援をしていくのですから、最低限のマナーや身だしなみなどが必要になってくるのです。

②企業の社風や社員属性を知る

　企業にはさまざまな業態があります。どんな仕事があるのか、仕事の難易度はどのくらいなのかを知っておくことが必要ですし、同僚など働く仲間の様子からも社風がわかります。では、なぜ企業の仕事や同僚の様子を知ることが重要なのでしょうか。それは、支援する障害のある社員がスムーズに職場に溶け込めるように導くことができるからです。これらの情報を把握し、障害のある社員が働くことに喜びを感じ、笑顔が見られる支援を心

がけましょう。
3. 調整能力がある支援員をめざしましょう

　課題に応じて、社会資源と連携できるネットワークを構築するために、ボランティアなどを通じて理解し合える仲間を増やしましょう。

　企業は障害のある社員の課題を支援者に相談する場面が多くあります。その時に自分が所属する組織の範囲にとどまらず、関係する行政機関や医療機関、特別支援学校などと連携する必要があります。そのためには日頃から企業、行政、福祉の枠を越えたコミュニケーションを図っておくことが大切です。

4. スピリット（熱意）をもって仕事に取り組みましょう

　全体的には、信念や想い、根性、気力、体力などを常に維持している方が輝いてみえます。

　就労支援が好きだからといっても、仕事として成功するとは限りません。好きなこととできる仕事は違います。でも、両立できれば素敵です。そのためには努力が必要ではないでしょうか。私はその要因の一つがスピリット（熱意）ではないかと考えています。特に障害者雇用にかかわっている方と話しをすると信念と想いを強く感じます。仕事はうれしいことばかりではありません。大変なことやつらいことも多いです。そんなときでも信念や想いが強い方は、苦難を喜びに変える力をもち、前向きに仕事と向き合っていけると思います。

5. 支援者をめざすあなたへのメッセージ

　学生時代にしかできないことがあります。それは所属にとらわれない経験ができるということです。就職をするとどうしても所属を意識してしまいます。学生時代には、学業はもちろんですが、アルバイトなどで働くことを経験していただきたいと思います。できればボランティア制度などを利用し、さまざまな施設（就労移行支援事業所や就労継続支援事業所など）で支援の実際を学んでください。よい支援とはどんなことなのか、人間的にはどんな方が望まれているのかなどを自分の宿題とするとよいと思います。そしてその経験は就職後の自分の助けになると思います。また、遊ぶことも大切ですし、さまざまな経験を積むことも大事なことです。施設にもよりますが、イベントの企画や実行にも活かせると思います。

【第3章引用・参考文献】
第1節
【参考文献】
・厚生労働省職業安定局「公共職業安定所（ハローワーク）の主な取組と実績 平成26年10月」2014年
・独立行政法人高齢・障害・求職者雇用支援機構編『平成26年度版就業支援ハンドブック』独立行政法人高齢・障害・求職者雇用支援機構編　2014年
・独立行政法人高齢・障害・求職者雇用支援機構編『平成26年度版障害者職業生活相談員資格認定講習テキスト』独立行政法人高齢・障害・求職者雇用支援機構　2014年

・独立行政法人労働政策研究・研修機構編『日本労働研究雑10月号（No.639）』独立行政法人労働政策研究・研修機構　2013年
・内閣府第19回雇用ワーキング・グループ資料1「ハローワークの取組等」2014年
・内閣府編『平成26年度版障害者白書』勝美印刷　2014年
・福祉、教育等との連携による障害者の就労支援の推進に関する研究会第5回資料「就労支援を担う人材について」2006年

第2節
【参考ホームページ】
・厚生労働省　http://www.mhlw.go.jp/（平成27年2月1日閲覧）

第3節
【参考文献】
・独立行政法人高齢・障害・求職者雇用支援機構『平成26年版　障害者職業生活相談員資格認定講習テキスト』2014年

第4節
【参考文献】
・厚生省「今後の障害保健福祉施策の在り方について（中間報告）」1997年
・厚生労働省「障害者就業・生活支援センターの指定と運営について」2002年
・障害者職業総合センター職業リハビリテーション部編『障害者雇用支援センター＆障害者就業・生活支援センター指導員研修テキスト』2004年
・独立行政法人労働政策研究・研修機構編『日本労働研究雑誌』No.639　独立行政法人労働政策研究・研修機構　2013年

第5節
【引用文献】
1）厚生労働省・独立行政法人高齢・障害者雇用支援機構編『事業主との障害者のためのガイド　障害者の雇用促進のために』独立行政法人高齢・障害者雇用支援機構　2011年　p.25
2）同上書1）p.25

【参考文献】
・中央法規出版編集部『六訂　社会福祉用語辞典』中央法規　2012年
・国立職業リハビリテーションセンター『国立職業リハビリテーションセンター　平成26年度ごあんない』2014年

【参考ホームページ】
・厚生労働省　http://www.mhlw.go.jp/（平成27年2月1日閲覧）
・職業能力開発総合大学校　http://www.uitec.jeed.or.jp/（平成27年2月1日閲覧）

第7節
【参考文献】
・小川浩編『障害者の雇用・就労をすすめる　ジョブコーチハンドブック』ジエンパワメント研究所　2012年
・独立行政法人高齢・障害・求職者雇用支援機構障害者職業総合センター編『ジョブコーチ支援制度の現状と課題に関する調査研究』独立行政法人高齢・障害・求職者雇用支援機構障害者職業総合センター　2013年

【参考ホームページ】
・厚生労働省　http://www.mhlw.go.jp/（平成27年2月1日閲覧）

第8節
【参考ホームページ】
・厚生労働省　http://www.mhlw.go.jp/（平成27年2月1日閲覧）
・総務省統計局　http://www.stat.go.jp/（平成27年2月1日閲覧）
・東京都産業労働局　http://www.sangyo-rodo.metro.tokyo.jp/（平成27年2月1日閲覧）
・独立行政法人高齢・障害・求職者雇用支援機構　https://www.jeed.or.jp/（平成27年2月1日閲覧）
・公益社団法人全国重度障害者雇用事業所協会　http://www.zenjukyo.or.jp/（平成27年2月1日閲覧）

第4章 障害者への就労支援における連携と実際

1．障害者への就労支援のプロセス

● 学びのねらい

> 本節では、インテークから定着支援（フォローアップ）に至るまで、障害者を対象とした就労支援の基本プロセスを学ぶ。各プロセスにおいて関係機関がどのような役割をもつのか、また関係機関がどのように連携するのか、基本的なイメージをつかみながら学んでほしい。

(1) 就労支援の起点

就労支援の起点は、対象者の障害状況、成育歴や教育歴、その他の要素によってさまざまである。就労支援の起点は画一的ではなく、多彩な組織・機関が就労にかかわる相談を受け、就労支援の初期の方向づけを行う。その後、さまざまな関係機関がかかわりながら、基本的には以下の（2）〜（7）で述べる流れに沿って就労支援のプロセスは進められていく。したがって専門的な就労支援機関以外に、教育機関、医療機関、相談支援機関など、幅広い分野の専門職に就労支援にかかわる基礎知識が求められる。以下に就労支援の起点となる関係機関について、代表的な例を示す。

- ハローワーク、地域障害者職業センターなどの労働関係機関
- 障害者就業・生活支援センターや地方自治体が行う就労支援事業
- 市町村等の障害福祉の窓口、相談支援事業
- 発達障害者支援センター等、障害種別の相談支援機関
- 特別支援学校高等部の進路指導担当者
- 医療機関の医療ソーシャルワーカー（MSW）や精神科ソーシャルワーカー（PSW）

(2) インテーク

インテークとは、基本的には「相談の受理」を意味するが、実際には相談の主訴を把握し、どのような方向性で支援を始めるか判断することを含む。

就労支援のプロセスにおいては、関係機関ごとにインテークが行われるが、ここでは特に就労支援プロセスの起点でのインテークについて述べる。

　初期の就労相談は、雇用就労に向けて支援をすぐ開始できるもの、職業評価や職業準備性の支援が必要なもの、生活面の課題解決が先決であるもの、さらには就労が困難と考えられるものなど、多様な内容が含まれる。したがって、各機関で行われるインテークでは、本人や家族の希望、教育歴や職業歴、職業能力、生活面・医療面の情報などを総合し、第一次の主訴の整理が必要である。一口に就労相談といっても、それが一般就労を目指すべきものか、福祉的就労やその他の就業形態を目指した方がよいのかなどの違いがあるため、まずは現実的な目標に向けて本人や家族と方向性の調整を行う。

　インテークの後には、その機関で就労支援が開始されたり、他の適切な機関にケース紹介が行われたりする。一般に、就労支援は単独の機関で支援が完結することはまれであり、関係機関の連携によってプロセスが進められる。したがって、就労相談を担当する専門職は、就労支援の関係機関の役割と特徴を知り、ネットワークをもっていることが重要である。

(3) アセスメント

　就労支援におけるアセスメントは、対象者に関する情報を総合的に収集し、その人に適した職業的方向性を明らかにし、どのような支援が必要であるかを把握する一連のプロセスである。またアセスメントは、支援者が対象者を一方的に理解するのではなく、本人が自分の職業能力の特徴、適性、支援の必要性などを理解するためのプロセスでもある。簡易なアセスメントは各機関でのインテーク時に行われるが、詳細なアセスメントは地域障害者職業センター、障害者就業・生活支援センター、就労移行支援事業などが一定の時間をかけて総合的に行う。

　アセスメントの内容は組織・機関によってさまざまであるが、代表的な内容は表4-1に示す通りである。ハローワーク、障害者就業・生活支援センター、相談支援事業などは作業場面をもたないため、面接、書類、他機関からの情報収集などが中心となる。また地域障害者職業センターでは、作業場面の観察、各種検査、ワークサンプル[*1]、職場実習など、総合的で専門的なアセスメントが行われる。近年では、就労移行支援事業においても、作業場面の観察を中心に、ワークサンプルや職場実習を組み合わせたアセスメントが行われるようになってきている。

---

*1　ワークサンプル
仕事に必要とされる要素を抽出した模擬的作業課題による評価ツール。障害者本人はさまざまな仕事を模擬的に体験でき、支援者側は簡易に職業能力の特徴や課題を把握することができる。高齢・障害者・求職者雇用支援機構によってワークサンプル幕張版（MWS）が開発され、広く用いられるようになってきている。

表4-1 アセスメントの方法と内容

アセスメントの方法
面接、書類による紹介、他機関からの情報収集、作業場面の観察、各種検査、ワークサンプル、職場実習など
アセスメントで必要な情報
・本人の希望（職種、雇用形態、労働時間、通勤時間、給与、職業文化・雰囲気など） ・職業経験や資格（教育歴、職業歴、訓練歴、資格、免許など） ・職業能力（心理的・身体的耐久性、労働意欲、作業能力、コミュニケーション力、社会性、集中力・持続力、協調性、パソコン等の具体的技能など） ・基本的生活習慣（生活リズム、健康管理、金銭管理、身だしなみ、社会的マナーなど） ・障害理解（障害についての理解と受容、他者からの支援の受け入れ、代償手段の活用など） ・家族の支援（家族の希望、本人の障害の理解、支援・協力の体制など） ・支援機関の状況（支援機関がかかわっているか、支援機関の体制はどうかなど）

(4) プランニング

アセスメントに基づいて、どのように支援を行うかを計画することがプランニングである。就労支援は場当たり的に行うのではなく、アセスメントに基づいて計画的に行うことが重要である。プランニングには、総合的な情報をもとに就労支援プロセス全体を考える中長期的なプランニングと、中長期なプランのもとで「今、何をすべきか」を明確にする短期的なプランニングの2つの視点が必要である。単独の機関で支援が完結される場合には、その機関が中長期、短期のプランニングを行う。複数の関係機関が連携して支援を進める場合、中長期的なプランニングのもとに各機関が短期的なプランニングを行う。一般には、障害者就業・生活支援センターが中長期的なプランニングを行い、そのもとで、就労移行支援事業やジョブコーチ等が短期的なプランニングに基づいて具体的な支援を行う。連携のあり方は対象者や地域によってさまざまである。

(5) 職業準備性の支援

職業準備性とは、一般就労において必要とされる能力を包括的に指す言葉である。それには、意欲、心理的・身体的耐久性、基礎的な労働習慣、特定の職業技能、ソーシャルスキル（コミュニケーション能力、社会性）など、さまざまな内容が含まれる。一般に職業準備性の支援は、地域障害者職業センターや就労移行支援事業などにおいて、前述のアセスメントと表裏一体で行われる。職業準備性の支援にかかわる内容は組織・機関によってさまざまであるが、大きく分けて、①受注作業や自主製品の生産・販売などの生産活動、②パソコンなどの技能講習、③履歴書、面接スキルなどの就職活動準備、

表4－2 職業準備性の支援にかかわる内容

職業準備性の支援
・生産活動の経験（受注作業、パン・弁当・その他自主製品の生産・販売、清掃やクリーニング等のサービス業系の自主事業など） ・職業技能講習（パソコン、簡易事務など） ・就職活動準備（履歴書作成、面接の受け方等を個別またはグループで学習する） ・施設外就労（企業等の実際の職場で請負契約に基づいて仕事を行う） ・体験実習（企業等の実際の職場で実習として短期間仕事を体験する） ・その他のグループワーク（ソーシャルスキル、障害理解・自己理解、金銭管理など、さまざまなテーマでのグループワーク、グループ学習活動）

＊2 施設外就労
就労移行支援事業等において、当該施設内における作業だけでなく、企業等の実際の職場において仕事を行うこと。複数の障害者に職員がついて、実際の職場で個別の雇用契約ではなくグループでの請負契約で仕事を行う。一般就労と福祉的就労の中間として、または一般就労に向けた職業準備支援のために活用される。

＊3 職業紹介事業
職業安定法第4条第1項において、「求人及び求職の申込みを受け、求人者と求職者との間における雇用関係の成立をあっせんすることをいう」と定義されている。ハローワーク以外の就労支援機関は、原則として直接雇用関係のあっせんを行うことはできない。

④施設外就労[＊2]や体験実習、⑤ソーシャルスキル、自己理解などに関するグループワークなどから構成される。職業準備性の支援は、アセスメントに基づいて目的的・計画的に行われることが必要であり、それぞれの機関において個別支援計画に沿って実施される（表4－2）。

(6) 職業紹介とマッチング

障害のある人に合った職場を探し、人と仕事のマッチングを図るプロセスは、ハローワークが中心となる。求人者と求職者の紹介および斡旋は、職業安定法のもと、ハローワークまたは厚生労働大臣の認可を得た職業紹介事業者が行うことと定められている[＊3]。したがってその他の関係機関は、ハローワークに協力して、障害者のアセスメント情報等を提供したり、障害者に同行する形でさまざまな支援を行う。地域障害者職業センター、障害者就業・生活支援センター、就労移行支援事業所などの関係機関は、ハローワークとの連携のもと、障害者に適した業務の提案、従業員のかかわり方に関する助言、労働条件の確認など、障害者が働きやすい職場環境の調整を行う。

障害者と企業に対する手厚い支援が必要な場合、ジョブコーチ（職場適応援助者）が一定期間職場に入り、障害のある人に対する直接支援や企業に対する助言のほか、両者の間に入ってさまざまな調整を行う。外部から派遣されるジョブコーチは、地域障害者職業センターから派遣される配置型ジョブコーチ、福祉施設等から派遣される第1号ジョブコーチの2種類がある。特例子会社等の場合は、その企業に所属する第2号ジョブコーチを活用することもある。

(7) 定着支援（フォローアップ）

初期の職場適応支援が終了した後も、就労支援のプロセスは終結しない。職場環境、障害者自身の状況や家族の状況は常に変化するため、環境要因の

変化やさまざまに生じる課題に対応するため就労支援機関は状況把握を続け、必要に応じて再介入を行うことが必要である。一般に、就職後の集中的支援が終了した後、障害者の就労を長期的に支えるさまざまな活動を包括的して定着支援（フォローアップ）と呼ぶ。定着支援は、主に職場に対して行われる就業面の支援と、本人や家族に対して行わる生活面の支援に分けられる。就労移行支援事業は就職につなげた後6か月間は定着支援を行うことになっている。また、第1号ジョブコーチは、集中支援終了後1年間は職場適応援助者助成金のもと定着支援を行うことができる。長期の定着支援をどの機関が行うかは制度上明確ではなく、通常、個別の状況に応じて、障害者就業・生活支援センターや就労移行支援事業等が中心となって、関係機関の連携で行うことが多い。

●第1節の学びの確認

・インテークから定着支援（フォローアップ）に至る就労支援プロセスについて、段階を追って整理してみよう。また、実際の事例（本章第2節）を通して、就労支援がどのように進められるか復習してみよう。

2．事例で学ぶ障害者への就労支援の実際

(1) 就労移行支援事業所における就労支援の実際

●学びのねらい

就労支援全体のプロセスのなかで就労移行支援事業所は多くの役割を担っている。ここでは、就労移行支援事業を利用して就職をした利用者とその支援の実際を紹介し、そのなかから就労移行支援事業所が担う役割と支援者に求められる専門性とは何かということを、イメージをつかみながら理解を深めてほしい。

1) 事例の概要

▼本人のプロフィール

○A子（38歳・知的障害）

A子は三人姉妹の長女で、母親（69歳）、妹（次女・37歳）、妹（三女・36歳）と4人暮らし。中学3年次に、特別支援学校の高等部への進学を考え療育手帳（知的障害B1判定）を取得。特別支援学校卒業後は、障害福祉施設に通所し、施設の授産活動に参加して過ごしている。母親はパーキンソン病を発症し体調が優れないことが多く、三女にも知的障害があるため、次女が

中心となり家族を支えている。A子は温厚で、マイペースな性格である。現在は、障害基礎年金2級を受給している。

▼支援者のプロフィール
○Bサービス管理責任者（31歳）
　C就労移行支援事業所に勤務している。
○D就労支援員（28歳）
　C就労移行支援事業所に勤務している。

▼支援に至る経緯
　ある日、C就労移行支援事業所に1本の電話が入った。相手は以前からかかわりのある福祉施設の職員だった。就職をしたいと話す利用者（A子）がおり、C就労移行支援事業所の就労移行支援事業に入れないかとの内容であった。A子は現在38歳で特別支援学校を卒業してから約20年間ずっと障害福祉施設に通所しているという。そして、最近行った個別面談でA子から就職してみたいという要望があり、就労移行支援事業を行っている施設へ移ってはどうかという結論になったという。

2）支援の過程
▼A子へのアセスメント
　C就労移行支援事業所のBサービス管理責任者はA子と面談を行い、情報収集をすることにした。まず、どうして就職したいと思ったのかということを聞いた。するとA子は「就職している友だちがいるから」と答えた。どんな仕事かわからないが工場で勤めているという。そして、A子に企業実習の有無や希望する職種など、就職に関することを聞いた。しかし、A子の返答にはどれも具体性がなく、希望職種については「ネジの袋詰め」だった。担当職員に確認をすると、ずっと障害福祉施設での作業活動でネジの袋詰めや梱包をしていたようで、職種と言っても多くを知らない状況だった。Bサービス管理責任者は面談を終え、就職に必要なA子に関する情報をもっと分析する必要があると考えた。そこで、就労移行支援事業の利用をふまえ、C就労移行支援事業所で体験実習を行い、A子の様子や支援の方向性を検討することにした。

▼C就労移行支援事業所の体験実習
　C就労移行支援事業所の体験実習では、就労移行支援事業のプログラムに参加して適性を検討している。A子にとっても、参加することでどんなサービスなのかを体感し、利用に至る不安を軽減できるメリットがある。3日間の体験実習では、施設内での軽作業（箱折りや梱包作業）を中心に取り組み、

手指の巧緻性、指示の理解力や集中力といった作業にかかわる能力と、時間の管理や挨拶・返事の仕方、言葉使いなど、働くための準備性の確認を行った。A子は手先も器用な方で作業中の集中力にも問題はなかったが、丁寧語を使用することに慣れておらず、職場で求められる立ち振る舞いに課題を感じた。そして、正式に就労移行支援事業を利用することになれば、さまざまな作業体験から適した職種や環境を考えていくこと、言葉使いや立ち振る舞いについて随時職員から助言を行うことなど、支援の内容について説明した。A子からは「とりあえず頑張ってみたい」と返答があり、正式な利用となった。

▼C就労移行支援事業所の利用

利用開始間もなく、朝の通所時にA子と一緒だった職員からBサービス管理責任者が相談を受けた。通所時のA子の服装が幼く、働くことを前提に考えると良い印象を与えないのではという内容だった。確認してみると、ミニスカートやキャラクターの上着、ぬいぐるみをたくさんつけた鞄を身に着けていた。そこで、支援プログラムとして設定しているビジネスマナー講座のなかで、出勤に適している服装について具体的な例をあげて、変化を促した。それからは、ヘアアクセサリーや小物についても、A子から職員に「何色が良いと思いますか」「これはどうですか」と相談に来るようになり、職員への信頼も深まったように感じた。

利用開始から2か月が経過した頃、A子が膀胱炎になったとのことで施設を休んだ。施設でのA子の様子を振り返っても、トイレに行く回数が増えたり、トイレに行きたいと申し出たりすることはなかった。そこで後日、回復して通所したA子に担当職員が「トイレは我慢しなくていいから、作業中は報告をしてトイレに行ったらいいですよ」と助言した。その後、A子は少しずつ報告ができるようになり、体調を崩すこともなく、順調に施設内での基礎訓練をこなしていった。また、施設内の清掃業務にも取り組み、道具の使い方や品質に問題がないことから、清掃業務の適合性もあると見込めた。A子はまだ言葉使いに課題は残るものの、作業に対するモチベーションも上がってきているため、Bサービス管理責任者は今後の支援として、①施設外作業への参加、②企業への体験実習、③就職活動という流れの個別支援計画を策定した。

▼施設外作業

施設外作業の現場は、環境衛生用品を取り扱う工場での作業で、毎日8名ほどの利用者が参加している。作業内容は回収された使用済の環境衛生用品を洗浄・加工し、再出荷する工程を担っている。ここでは、毎日のノルマが

あるため作業スピードが求められたり、複数名で取り組むため周囲の状況を確認したり、声を掛け合うなどのコミュニケーションが必要となる。そのため、施設内とは違った環境や緊張感のなかで、利用者の様子を見ることができる。

　この作業を通して、Ａ子が就職する際に配慮する点が把握できた。それは、周囲が慌ただしく、指示や声掛けが飛び交う環境では萎縮してしまい、マイペースかつ丁寧に作業をこなす彼女には適していないということだった。また、このような環境ではトイレに行きたいことが言えず、膀胱炎が再発した。そこで通院の結果を妹に確認すると、トイレを我慢して膀胱炎になったため、炎症がひどくならないように利尿作用を促す薬を服用しているとのことだった。薬の作用でトイレが近くなってしまい、言い出せず我慢することでまた膀胱炎が再発するという悪循環を把握したＢサービス管理責任者は、施設外作業の担当職員とも話し合い、予めトイレに行く時間を設定し、Ａ子とも確認をした。すると、トイレの回数が増え、膀胱炎になることもなくなった。このことから、スケジュールのなかにトイレに行く時間があれば、安定して働けることもわかった。

　その後、Ｂサービス管理責任者は、また別の環境での施設外作業への参加を設定した。作業内容は、特別養護老人ホームでの介護補助業務で、洗濯作業や配膳作業、喫茶業務の補佐である。これらの作業は丁寧かつ穏やかに取り組めるもので、そこでのＡ子の様子を把握することを参加の目的とした。初めて取り組む作業に不安な様子を見せるＡ子であったが、すでに参加している先輩利用者の話などから興味をもっていたようで、参加に対しては積極的であった。そしてＡ子はこれまで以上に楽しそうに取り組み、喫茶業務では適切な身だしなみを意識し、洗濯業務では確実に作業をこなし、担当者からも戦力になっていると評価を受けた。Ｃサービス管理責任者は、このときのＡ子の様子を見て、仕事に対する自信がつき、就職に対する意欲も高まっていると感じた。

　さらにＡ子は、清掃業務での企業実習に参加した。スピードは速くないものの丁寧に作業に取り組む姿が評価され、就職の話も出たが、Ａ子の「清掃だけの仕事は嫌です」という思いもあり、実習のみで終えた。担当している職員やＢサービス管理責任者も、Ａ子の意外な反応に驚いた。

▼再アセスメント

　そこで、このタイミングで改めてＡ子と面談し、就職に対する気持ちを整理することにした。Ｂサービス管理責任者と担当職員は、Ａ子に「就職したいと思う職場の条件」を聞いた。すると、Ａ子はしばらく考え全部で８つの

項目をあげた。そのなかから3つに絞ってもらうと、①清掃以外の仕事、②土曜・日曜・祝日は休み、③朝9時から夕方5時くらいの勤務時間がよいとのことだった。これらの理由を聞くと、②と③については具体的な返答はなく、これまでの生活リズムしかイメージがないためと考えられた。しかし、①についてはA子の考えをしっかりと聞いてみると、清掃作業自体が嫌なわけではなく、企業実習で体験したような緊張感があり厳しい雰囲気の職場に苦手意識があることがわかった（A子が掃除業務の実習で参加した企業が、緊張感のある雰囲気であったため）。

この面談での情報やこれまでのA子の様子に起因する環境から、Bサービス管理責任者は、A子に適した職場環境を外的環境と人的環境に整理して検討した。まず外的環境としては、①シフト勤務ではなく固定勤務であること、②作業ペースより品質重視であること、③トイレの時間等を含めた作業スケジュールの提案が可能であることをあげた。次に人的環境としては、①報告や質問をする相手が決まっていること、②緊張感の高いオフィスの雰囲気より、気さくに話しかけてもらえるアットホームな雰囲気であることは欠かせないと考えた。そして、この内容をD就労支援員とも共有し、職場探しを進めることになった。利用開始から1年半が経過していた。

▼就職活動支援

C就労移行支援事業所での就職活動支援は、ハローワークや障害者就業・生活支援センターなどの関係機関と連携し、職場開拓を行っている。A子の場合も、障害者雇用を考えている高齢者施設等を運営する社会福祉法人の情報をハローワークから受けたことに始まった。最初の人事担当者との打ち合わせで、その業務内容からA子に適しているとD就労支援員は確信した。また、打ち合わせでは、清掃業務を想定しているとのことであったが、それ以外の業務も提案可能であること、高齢者施設ということもありアットホームな雰囲気が推測できること、勤務日や時間は調整が可能であることが確認できた。そして、実際の職場の様子を知るために、D就労支援員が事前に見学を行い、業務体験をさせてもらった。この業務体験を通して、D就労支援員は清掃業務以外でA子にできそうな業務を見つけ出し、職場の雰囲気や指示系統の確認などを行った。

その結果、1日の作業スケジュールを固定すること、その際に清掃業務に加えて配膳作業の補助やトイレに行ける時間を設定しておくこと、作業で使用する道具や手順の確認が必要であると考えた。後日、Bサービス管理責任者はD就労支援員とともにこの職場に出向き、人事担当者や施設長と再度打ち合わせを行った。この打ち合わせでは、ある程度のA子のプロフィールや

状況を伝え、まずは実習を依頼することと、それに向けた作業スケジュールの確定や清掃道具の整備を提案した。そして、人事担当者や施設長からも了承を得たうえで、A子の採用までの流れを確認し、実習期間で改めて見極めの機会を設定することとした。

採用に向けた実習は2週間行うことになった。勤務シフトやコスト面の関係で常にA子のそばで作業指導をすることが難しい施設スタッフに代わり、D就労支援員が作業指導をすることにした。この方がA子にとっても緊張せずにスムーズに仕事を覚えられる利点があった。また、A子の自宅から職場に向かう経路も確認し、安全に職場に通勤できるよう通勤練習も実施した。そして、D就労支援員は施設スタッフや施設長とA子との関係づくりをするため、さりげなくA子の趣味の話を持ち出したり、A子が直接施設スタッフに報告や質問をできるよう促したりした。そのうちにA子は、自発的に施設スタッフに作業の確認や困ったときに指示を仰げるようになった。それと同時に、施設スタッフからA子に「掃除をしてくれてありがとう」などと声を掛けてもらえる機会も増え、A子の表情も明るくなっていった。このような結果からA子は正式採用となった。

今現在、A子が勤めて2年が経とうとしている。Bサービス管理責任者やD就労支援員は、正式採用から今日に至るまで、A子の障害特性について説明する機会を設定したり、作業スケジュールの再調整を行ったり、A子が職場で安定して働き続けられるように定着支援を行っている。そして、この定着支援は働くモチベーションの維持や向上、職場のことを相談できる機会の提供としての役割もある。C就労移行支援事業所では、OB会を結成して日帰り旅行や食事会などを行っており、A子も参加をしている。ある日、定着支援として久々に職場を訪問したD就労支援員は、玄関に掲示されているスタッフの紹介ボードに目を止めた。そこには、清掃スタッフとして紹介され、穏やかな笑顔を見せるA子の写真があった。

写真4－1　職場で働くA子

3）事例の考察

就労移行支援事業では、就職前の準備訓練や職業適性を図るために、さまざまな支援プログラムを提供している。20年間、施設での作業に取り組んでいたA子が約2年で就職を実現できたポイントは3つあると考察する。1つ

目は得意なこと・適した環境など就職に必要なＡ子の情報収集（アセスメント）をしたこと、２つ目は職場とのマッチングを図るための調整を行ったこと、３つ目は２年間のプランニングを的確に行い効果的に支援を進めたことである。今回の事例に限らず就労支援の現場においては、このポイントを意識して支援を進めることが大切である。

●事例(1)の学びの確認

・就職に必要なアセスメントとは、どのようなものでしょうか。具体的にあげてみましょう。

(2) 相談支援事業所における就労支援の実際

●学びのねらい

企業で働き続けるためには、職場での支援だけではなく、生活面も一体的に支援する必要がある。本事例では、相談支援事業所の相談員が本人と家族の意向をふまえながら、どのような関係機関と連携したり障害福祉サービスの利用を調整したりするのかについて学ぶ。

1） 事例の概要

▼本人のプロフィール

○Ａ子（19歳）

　Ａ子は、父と義母と姉の４人家族である。知的障害Ｂ２判定を受けているＡ子は、特別支援学校を卒業して隣の市の会社に就職し、保育園に併設された会社が運営する給食室で、食材を切ったり揚げたりする調理補助業務を担当している。現在、定期的な通院、服薬はしていない。卒業前に相談支援事業所のＢ相談員と特別支援学校のＣ先生が同席して、圏域の障害者就業・生活支援センターに登録手続きをしている。

▼支援者のプロフィール

○Ｂ相談員（55歳）

　相談支援事業所の相談支援専門員である。

○Ｃ先　生（50歳）

　特別支援学校で進路担当をしている。

○Ｄ就業支援担当者（42歳）

　障害者就業・生活支援センターの職員である。

▼支援に至る経緯
　ある日、会社の担当者から障害者就業・生活支援センターのD就業支援担当者に電話が入った。「A子が頭痛を訴えてきたので話を聞いてみると、市内に住んでいる友人から迷惑行為を受けて困っているとのことだった。また、体調不良で早退したときに、そのことが家族にわかると怒られるということで、しばらく会社の休憩室で休んでから帰宅したことがあった。先日も義母からの電話で、給与明細書に記載してある勤務日数と時間数が少ないことについて問い合わせがあったが、義母は早退していることを知らなかった。私たちは家庭にA子の居場所がないのではないかと心配しているので、一度A子から話を聞いてほしい」とのことだった。A子は特別支援学校を卒業して1年目ということもあり、D就業支援担当者はB相談員とC先生に連絡して一緒にA子と面談することにした。

2）　支援の過程
▼C先生からの聞き取り
　A子との面談の前にB相談員が電話でC先生から話を聞くと、A子の離職の可能性を心配しているとのことだった。家庭環境に課題があり生活リズムが乱れやすく、家庭のサポートも受けにくいことがその理由であった。B相談員もA子が特別支援学校に通っている頃からC先生と連絡を取り合っており、家庭の状況や問題点を把握していた。A子の性格は淋しがりやで自分にかまってほしいタイプで、自分にかまってほしい人や気に入った人には手紙を書いて渡すことが度々あったので、学校時代には手紙のやり取りを禁止していた。また、人間関係でトラブルが起きやすく、最初は意気投合して仲良く過ごしているが、合わない部分や気に入らない部分が出てくると相手を嫌いになることがあった。職場ではチーフと2日に一度職場に来る担当者しか話し相手がいない状況であった。

▼A子との面談
　D就業支援担当者はB相談員とC先生を交えて本人と面談した。最初に職場の状況や仕事内容などを確認した後、友人関係のトラブルの話を聞いた。A子は今でも会社が休みの日に、特別支援学校在学中に体験実習をした就労移行支援事業所に行ってボランティアをすることがあるが、そのときに利用者のE男からDVDを借り、A子もE男にDVDを貸した。E男はA子がDVDを返してくれないので、会社の帰りに待ち伏せをしたり自宅に行ったりしていたらしい。A子はDVDを返したにもかかわらず、E男に付きまとわれるので困っていたとのことだった。

この日の面談は最後に次の点を確認して終了した。
①B相談員が就労移行支援事業所に状況を確認すること
②家庭の状況を把握するため義母と面談すること
③A子とB相談員が当面1か月に一度定期的に面談をして、状況を把握したり本人の悩みを聞いたりすること
④会社の担当者の希望もあり、D就業支援担当者の提案で3か月に一度、本人、家族、B相談員、C先生、D就業支援担当者が、職場で打ち合わせを行い、情報を共有するとともに、今後の目標を設定して振り返りをすること
⑤生活面の困りごとは会社の担当者ではなく、B相談員に相談すること

　D就業支援担当者は、この面談の内容を会社の担当者に伝えるとともに、本人と適度な距離を取ってもらうよう依頼した。担当者の話では、仕事面はまったく問題ないので、生活面の支援をしてもらうと助かるとのことだった。

　後日B相談員が就労移行支援事業所の職員に状況を確認すると、お互いにDVDを返却していないことが判明したため、就労移行支援事業所職員の立会いのもと、お互いに返却してこの問題は解決した。

▼**義母との面談**

　1週間後にB相談員が義母と面談して家庭の状況を聞き取り、今後の進め方について話し合った。A子は夕食後自室で過ごすことが多く、父も義母も仕事をしていることもあり、本人と話す時間を取ることが難しい様子だった。また、夜遅くまで携帯電話を使って友人に電話やメールをして料金が毎月2万円くらいかかっていたり、帰宅途中でスーパーマーケットやコンビニエンスストアに寄って毎日買い物をしていることもわかった。金銭管理に課題があることもわかり、将来的にはグループホームに入った方が望ましいことも確認できた。

▼**グループホームへの入居**

　その後グループホームの入居枠に空きが出て、入居者を募集しているという情報が相談支援事業所に入ったため、相談支援事業所内で打ち合わせしてA子と家族に打診することになった。まず、B相談員はA子と面談して、グループホームの間取りや入居者などの情報を提供した。入居についての希望を確認したところ、「家にいても家族と話をするわけではないし、家にいたくない。グループホームに見学に行ってみたい」とのことだった。次にB相談員は義母との面談を実施した。義母はグループホームへの入居には賛成であるが、金銭管理と携帯電話の使用が心配なので、グループホームの担当職員に話を聞いてみたいとのことだったため、見学の日程を調整した。

グループホーム見学後、A子も義母も早期の入居を希望した。合わせて金銭管理の方法についても打ち合わせを行い、A子がレシートを貼り付けた小遣い帳を毎週金曜日にグループホームの世話人に見せることにした。また、給料の管理については義母が行い、毎月定額を義母がA子の口座に振り込むことも確認した。携帯電話の使用については、料金の明細書を見ながらグループホームの世話人と話し合っていくことにした。

D就業支援担当者は会社の担当者にグループホームの入居の経緯や時期などについて伝え、入居にあたって必要な住所変更や通勤経路変更の届け出をA子とともに職場で行った。そして、グループホームから会社までの通勤経路をA子と一緒に確認した。また、3か月に一度の職場での定期面談を予定より早めて、グループホームでの取り組みや支援者の役割分担を確認した。

現在グループホームに入居してから3か月経過したが、早退もなくなり順調に進んでいる。

3) 事例の考察

本事例でA子に対する支援が一定の成果をあげた要因は、次の2つの点が考えられる。1つ目は企業担当者からの連絡を受けて、すぐにD就業支援担当者が、B相談員とC先生を交えて本人や家族と面談し、定期的な面談や職場での振り返りにつなげるなどの対応を取ったことである。2つ目はB相談員がA子が特別支援学校に通っている頃からC先生と連携して、A子の家庭の状況や課題を把握していたことである。これによりグループホームの利用者募集に対して、本人や家族と面談したりグループホームを見学したりするなど、迅速に対応することができた。

今後グループホームの世話人や他の利用者との人間関係や余暇活動、金銭管理などの面で課題が出てくると思われるため、B相談員が中心となってグループホームや特別支援学校と連携しながら支援していく必要がある。また、必要に応じてその支援内容をD就業支援担当者と会社の担当者が共有し、課題の早期発見、早期解決を図ることが重要である。

●事例(2)の学びの確認

・企業で働いている障害のある人を支援するために、相談支援事業所の相談員は、いつ、誰（関係機関含む）から、どんな情報を収集する必要があるのか、そして、収集した情報をいつ、誰に伝える必要があるのか考えてみよう。

(3) 障害者就業・生活支援センターにおける就労支援の実際

● 学びのねらい

> 障害者が就労した後、発生する課題や必要となってくる支援は何か。本事例では障害者就業・生活支援センターにおける支援の実際と課題解決のためのチーム支援・連携について学ぶ。また、特別支援学校の生徒への支援で在学中に行えることは何か、卒業後に行うことは何かを考える。

1） 事例の概要

▼本人のプロフィール

○Aさん（20歳）

Aさんは療育手帳（知的障害B2判定）を取得しており、また、地域障害者職業センターで職業上の重度判定も受けている。Aさんの家庭は母子家庭で、母親、姉と同居している。母親と姉は働いているが、母親は定期的に精神科を受診している。

▼支援者のプロフィール

○B就業支援担当者（40歳）

障害者就業・支援センターの職員である。

▼支援に至る経緯

Aさんが特別支援学校在学中にC社で実習を行い、卒業と同時に障害者雇用で入社したが、Aさんが20歳の時に会社が倒産したため離職。その後、ハローワークの障害者相談窓口を通じて、障害者就業・生活支援センターに再就職のための支援体制の構築と就業生活の相談先として支援依頼があった。

2） 支援の過程

▼2012年3月

B就業支援担当者がAさんとハローワークで初回面接を行い、Aさんの就職に関する希望や情報収集を行った。また、B就業支援担当者は特別支援学校の元担任へ連絡し、Aさんの在学中の状況や実習先での様子を情報収集した。

さらにB就業支援担当者は、再就職のための支援体制を構築するため、Aさん、母親、ハローワーク、地域障害者職業センターで構成する関係者会議を開催し、支援の方向性と役割について確認した。

▼2012年4月

その後、地域障害者職業センターにて、特別支援学校在籍時に行っていた

職業評価を再度実施し、職業評価後に職業評価のフィードバックのため、再度関係者会議を開催した。

評価自体は、卒業前に比べて能力が高くなっているという結果であった。しかし、報告や質問などの意思表示や積極的に話しかけることが苦手であることがわかった。Ａさんは、Ｃ社に障害者雇用で入社したが、ジョブコーチ支援を活用せず、健常者と同じ業務内容で働いていた。箱詰めや梱包の仕事をフルタイムで休み無くこなしていたが、同じことを上司や同僚に何回も聞くことがあり、仕事の覚えが悪いという理由で無視されたり、陰口を言われることもあったという。そのため今後就労する場合には、母親の希望もあり、ジョブコーチ支援の活用を検討することになった。

就労に関して母親は、すぐに収入が見込め、安定して通所できる就労継続支援Ａ型事業所を希望していたが、Ａさんは、少し時間がかかってもよいので、障害者雇用での一般就労を希望した。今回の離職は、雇用保険の失業等給付の対象となり、300日の受給資格があったため、Ａさんと母親の希望をすり合わせ、就労移行支援事業所を活用し、生活のリズムを保ちながら就職の機会を待つこととした。そしてＢ就業支援担当者は、Ａさんが就労移行支援事業所の見学、体験をできるよう調整を進めていった。また、ハローワークへの失業等給付の認定手続きについても、Ａさんは言語での指示を理解することが難しく、手続きの流れを覚えられないため、認定日の同行など、Ｂ就業支援担当者が支援することとなった。

さらに、Ａさんの生活面での課題が発生した際、相談先として連携するため、Ｂ就業支援担当者が相談支援事業所との顔合わせを行った。

▼2012年5月

ＡさんとＢ就業支援担当者で、数か所の就労移行支援事業所の見学と体験を行った。見学した施設のなかで、Ｄ就労移行支援事業所は、就労継続支援Ａ型事業所も併設する多機能型であったため、母親も安心し、ＡさんをＤ就労移行支援事業所へ通所させることを希望した。

そしてＢ就業支援担当者がＤ就労移行支援事業所とＡさん、母親との会議を調整し、Ａさんが暫定支給決定として数週間の体験通所をすることになった。その後体験通所を終えたＡさんは、サービス利用申請を行い、正式に通所が始まった。

なお、母親自身が自分自身の体調面や生活面の不安を抱えており、相談支援事業所の利用を希望していたので、Ａさんのサービス利用申請の際に、Ｂ就業支援担当者が調整を行い、母親と市役所の障害福祉課の担当者との顔合わせを行った。

▼2012年7月

　AさんのD就労移行支援事業所の通所が開始され、D就労移行支援事業所の就労支援員が職業準備性を確認していった。訓練の内容は、職場で必要とされる言葉遣いや対人マナーを習得すること、正確に作業を行うために自己チェック等の工夫を検討し習得すること、そして目標は、自分に合った仕事を検討することである。

　Aさんが通所してから3週間が経った後、B就業支援担当者が就労移行支援事業所での訓練の様子を共有するため、定期関係者会議を開催した。会議のなかでは、Aさんの施設への到着時間が早くなっていること、作業内容の修正に時間がかかること、細かい作業が苦手であること、報告・連絡・相談は少ないが、コミュニケーション自体は多いことなどが明らかとなった。また、D就労移行支援事業所内で、異性に対して一方的にメールを送るなどの課題もあり、これについては就労支援員が注意を促した。

▼2013年2月

　D就労移行支援事業所での訓練は一段落し、就労に向けた関係者会議が開かれた。雇用保険の失業等給付の支給は終了したが、Aさんの生活面は落ちついてきていることが確認された。一方で母親は、Aさんの就労に対して不安が強く消極的であったため、B就業支援担当者が母親の話を聞き、不安に感じるポイントに対して説明をしていくことになった。

▼2013年4月

　さらに2か月が経過し、いくつかの就職先について、具体的な検討が始まった。障害者就業・生活支援センターでは、ハローワークや就労移行支援事業所、地域障害者職業センターなどの就労支援関係機関と就労支援ネットワークを構築しており、地域の雇用状況などについても情報交換を行っているため、就労支援ネットワークがもつ企業情報のなかから、Aさんの希望と職業的特性を照らし合わせ、物流や販売店でのバックヤードを中心に候補を絞り込んでいった。

　そのようななかで、ハローワークを通じて、近年障害のある人の雇用に取り組んでいたE家具販売店にバックヤードの仕事で採用予定があることがわかった。そこで、AさんとD就労移行支援事業所の就労支援員で、E家具販売店の見学をした。Aさんは、周囲の職員が明るく説明してくれたことに好印象をもち、実習を調整していくこととなった。

▼2013年5月

　E家具販売店の担当者とD就労移行支援事業所の就労支援員が打ち合わせを行い、Aさんの特性などを伝え、E家具販売店のバックヤードで2週間の

実習を開始した。実習中、Ｄ就労移行支援事業所の就労支援員は、Ａさんの仕事の種類と内容、仕事量、作業遂行能力、職場での人間関係について確認した。Ｂ就業支援担当者は職場側から、指導方法やかかわるうえでの不安点などを聞き、従業員が必要に応じてＡさんをサポートできるよう助言を行った。

　また、Ｂ就業支援担当者は、実習中にＥ家具販売店の担当者との打ち合わせを行った。Ｅ家具販売店では、担当者が現場に常時いることが不可能で、現場での指導はそれぞれ現場にいる者が担当していた。このことが職場環境の課題点として残った。

　実習終了後、ＡさんとＥ家具販売店の担当者、Ｄ就労移行支援事業所の就労支援員、Ｂ就業支援担当者が実習の振り返りを行った。現場の担当者が毎日変わることによる報告・連絡・相談のタイミングが課題として残ったが、職場側の評価は低くなく、採用を前向きに検討していきたいということであった。

　後日、Ｂ就業支援担当者にＥ家具販売店の採用担当者より、Ａさんを採用していく方向で話を進めていきたいとの連絡があり、Ｄ就労移行支援事業所の就労支援員とＢ就業支援担当者で勤務時間などの細かい雇用条件を調整し、ハローワークを通じて採用の段取りを行った。

▼2013年6月

　その後、ハローワークの担当者が求人票の準備、Ｄ就労移行支援事業所の就労支援員がＡさんの面接同行、採用後の雇用手続きを行った。

　Ｅ家具販売店の現場担当者が一定しない点、職場での報告・連絡・相談が苦手な点については、ジョブコーチ支援を活用することで解消していくこととなった。ジョブコーチは、職場による指示の方法の工夫やフィードバックを有効に活用することで、現場担当者がかかわり方のコツをつかめるよう支援していった。

　また、就業生活全般の支援についてはＢ就業支援担当者が継続していくこととなった。生活面の直接的な支援は、相談支援事業所が中心となるため、情報交換を密にし、対応していった。

▼2013年7月

　Ｄ就労移行支援事業所は、就労などで事業所への通所を終了した方を中心に、仲間づくりや分かち合いの場として、当事者会を年に数回企画しており、Ａさんもその当事者会に参加した。そしてそのなかで、職場での不安や自信のなさなどをＤ就労移行支援事業所の就労支援員に話した。

▼2013年8月

　D就労移行支援事業所にて、関係者会議が開催された。現場では、言語指示よりモデリングなどを活用し指導を受けることや頻繁にフィードバックを受けることで仕事を覚えるようになっていること、残る課題として、報告・連絡・相談がうまくできていないことが確認された。

▼2013年9月

　関係者会議で確認された通り順調に業務を行っている様子のAさんであったが、ある日、E家具販売店から勤務態度が良くないとのことで、ジョブコーチに連絡が入った。そこでジョブコーチが職場を訪問し、E家具販売店の職員とAさんとの面接に同席し状況を確認した。

　E家具販売店の職員の話では、Aさんは職場でやる気がないと感じられる返事をしたり、休憩時間から仕事に入る際に遅れてくることが目立つようになっているとのことだった。その理由をAさんに尋ねると、収入が増えてきたことにより、携帯電話を購入し夜間に友人と連絡を取り合い入眠時間が遅くなっていることや、休日に友人と外出する機会が増えてきており、しっかりと休めていないことが明らかとなった。そこで、B就業支援担当者が生活支援として、帰宅から入眠・起床、週末の過ごし方も記載できるスケジュール帳を作成することになった。Aさんが毎日記載し、B就業支援担当者が定期な面接でフィードバックし、母親やE家具販売店の職員にも見せられるツールとして活用していった。

▼2014年3月

　E家具販売店にて、ジョブコーチの支援終了の打ち合わせが行われた。E家具販売店の職員からは、AさんはB就労支援担当者が作成したスケジュール帳の効果もあり、その後勤務態度も改善され、今では何も心配することがなく業務を行っていることが伝えられた。

3）事例の考察

　本事例は、特別支援学校では課題も見当たらず就職できたが、離職を機に再就職、自立に向けた生活支援が必要となったケースである。現在では、特別支援学校で就職の見込みのある生徒が実習などを展開する場合には、卒業後に職場や家庭で課題が発生した際に、すぐに介入できるよう、フォローアップを見込んで早期に障害者就業・生活支援センターがかかわりをはじめることが多い。

　この事例のケースでは、障害者就業・生活支援センターがかかわる前の離職の情報は十分に収集できなかったが、再就職の際には、障害特性からくる

課題について、支援チーム（関係機関）と職場が連携して取り組むことができた。
　また、今後は母親の体調など家庭の変化もＡさんの就業生活に大きくかかわってくるため、就業支援だけでなく、母親の相談先や支援先の確保、Ａさんの自立を図るための生活支援を継続していかなくてはならない。

●**事例(3)の学びの確認**

・障害者が就業生活を継続していくうえで必要な支援と、支援を提供する機関についてまとめてみよう。

第5章　低所得者等への就労支援

1．生活保護制度における就労支援

●学びのねらい

> この節では、働く能力（稼働能力）をもつ低所得者に対してわが国の社会保障制度がどのような取り組みを行っているのかについて概観していく。
> 　低所得者の生活を支える制度の中核をなすのが生活保護法であるが、稼働能力をもつ生活保護受給者に的を絞った自立支援策が近年になって急速に専門分化し、高度な内容のものへと変化してきている。このような変化の背景にあるのは、社会保障の役割を単に生活に必要な金銭を支給するだけの「所得保障機能」にとどめるのではなく、本人が自分の力で収入をあげ、やがて保護から自立していけるように支援していく「ケースワーク機能」を重視した考え方である。生活保護法と併せて学ぶ生活困窮者自立支援法は、そのような考え方に立って制定された法律である。
> 　生活困窮状態に陥る失業者が増加するなかで、生活保護制度に求められる役割が、金銭の給付という「結果の平等」から、本人が潜在的にもっている力を発揮させる「機会の平等」へと移行しつつあることに着目しながら学びを進めてほしい。

(1) 働く能力をもつ低所得者に対する援護のあり方

1) 公的扶助制度の誕生

　私たちが暮らす社会は、国民一人ひとりが自分自身の生活維持のために働くという「自助努力」を前提として成立している。国民は皆、自己利益の最大化に向けて働いており、努力をした者はその分だけ報酬などの面で報われるべきであるし、逆に努力しない者が生活レベルにおいて差をつけられるのは当然であると考えられている。このような意味において、「働かざる者食うべからず」という古くからの諺は、いつの時代にも当てはまる人類共通の真理であるといえるだろう。

　しかし、自分自身の力では最低限度の生活を維持することができない者がいるとき、そのような貧困問題を本人の「自己責任」として片づけてしまってよいかどうかは、また別の問題である。たとえば、身寄りのない高齢者や重篤な病気をもつ単身者など、自助努力で生活を維持することが困難な者がいる場合には、国家が公費（税金）によってそれらの者の最低限度の生活を

保障することが必要である。このような問題に対応するための救貧制度が17世紀初頭のイギリスで始まったが、やがてこの制度は近代国家において「公的扶助制度」（日本では「生活保護法」。以下、単に「法」と表記することもある）として発展を遂げ、現代の社会保障制度のなかで重要な位置を占めている。

2） 公的扶助制度における「稼働能力を有する者」の扱い

それでは、貧困を理由として国家からの援護を求めてきた者が、稼働能力をもっていたとしたら、国家はその者に対してどのように対応するべきなのか。すなわち、年齢も若く、特段の病気や障害がないにもかかわらず、なかなか職に就くことができない者に対して、国の責任で生活費を支給するべきなのか、という問題である。公的扶助制度における「稼働能力を有する者」の扱いに関しては、大きく分ければ2つの考え方が存在する。一つは、稼働能力保持者を公的扶助の対象から除外する「制限扶助主義」と呼ばれる考え方であり、わが国においても戦前の救護法[*1]（1929［昭和4］年）まではこの立場を採用していた。それに対して、稼働能力を有するか否かにかかわりなく、すべての貧困者を保護の対象とする考え方を「一般扶助主義」と呼ぶ。現在の生活保護法（1950［同25］年）は後者の立場に立つ制度である。各国の制度の変遷をごく大づかみにとらえるならば、「制限扶助主義から一般扶助主義へ」という流れを見て取ることができるだろう。その背景には、資本主義社会における失業問題というものが、失業者自身の自己責任だけで説明できない、社会的な原因によって発生するという歴史的な経験に基づく理解が存在する。

しかし、現代の先進国の制度においても、稼働能力をもつ低所得者に対してまったく無条件に公的扶助が適用されるというわけではなく、一般扶助主義であっても保護を行う際に何らかの制限や交換条件を課すのが普通である。公的扶助制度が一般扶助主義を採用すれば、「何もせずにお金をもらえるのはずるい」という素朴な納税者感情からの攻撃にさらされやすいし、そのような市民からの不満を放置することは、ひいては国民全体の労働意欲の低下や福祉制度への過剰な依存を招くと考えられているからである。

そこで次に、一般扶助主義のもとで稼働能力をもつ者に公的扶助を適用するに際して、どのような条件を設定しているのか、また保護開始後にどのような支援を行っていくのかについてみていくことにしよう。

[*1] 救護法
第一次世界大戦後の物価高騰等の社会不安の高まりのなかで、1929（昭和4）年に制定された公的扶助立法。救護の対象者を①65歳以上の高齢者、②13歳以下の児童、③妊産婦・障害者・傷病者等稼働能力のない者に限定しているので、制限扶助主義に立った制度であるといえる。

(2) 「稼働能力を有する者」に対する生活保護制度上の仕組み

現行生活保護法および厚生労働省による各種通知のなかで、稼働能力をもつ者の保護に関連する主な規定を抜粋してみると、以下の通りとなる。

1) 無差別平等の原理

法第2条は「この法律の定める要件を満たす限り、この法律による保護を無差別平等に受けることができる」と規定しており、生活困窮に至った原因やその者の過去の暮らしぶりがどのようなものであったかに関係なく、今現実に困窮状態にあるのならば保護を行うという考え方を示している。しかし、この無差別平等の原理が直ちに失業者の保護につながるとは言い切れない。なぜならば、法は他方で稼働能力をもつ者に的を絞って、一定の義務を課しており、そのような条件を満たさなければ保護を受けることができないからである。

2) 能力活用義務

上述の「義務」にあたるのが、法第4条の「保護の補足性」の原理である。法第4条第1項では「保護は、生活に困窮する者が、その利用し得る資産、能力その他あらゆるものを、その最低限度の生活の維持のために活用することを要件として行われる」と定めているので、稼働能力をもつ者は、まず自らの力で精一杯収入をあげるための努力をし、それでも足りない部分があればその不足分についてのみ保護を受けることができるのである。逆にいえば、このような努力をしていると認められたならば、自らの収入の不足分を生活保護で補いながら暮らすという「部分就労」の形態も可能となる。

ある保護申請者(受給者)がどの程度の稼働能力をもつかは、その人の年齢・健康状態・学歴・資格や技能などの条件を総合的に勘案して、個別的に判断することになる。また、子どもや高齢者などを自宅で監護しなければならない等の家庭環境上の制約も、稼働能力の判定に影響する場合がある。なお、働くことを要求される年齢の下限は、原則的には中学校卒業時であるが、全日制の高校に進学した場合には、高校在学中は能力活用義務がないとされている。

ここでいう「能力の活用」とは、必ずしも現実に収入を得ているということを意味するわけではなく、たとえば失業者が一生懸命に求職活動を続けているとか、就職に必要な技能の修得のために研修や訓練に励んでいるということでもよいとされている。つまり、生活保護法によって生活費を受給しな

がら、就職に向けた準備活動を行っていくことが認められているのである。そして、このような就職準備期にある生活保護受給者への指導を、より組織的・計画的に実施していこうという考え方が、後述の「自立支援プログラム」なのである。

3） ケースワーカーによる相談援助活動

　法第1条は「国が生活に困窮するすべての国民に対し、その困窮の程度に応じ、必要な保護を行い、その最低限度の生活を保障するとともに、その自立を助長する」と規定している。すなわち、生活保護制度は低所得世帯に対する経済的な支援だけでなく、生活保護受給者の自立に向けた非貨幣的な援助（ケースワーク）も同時に行っている。この「自立の助長」とは、必ずしも仕事によって増収を図るという「経済的自立」に限定されるものではなく、心身の健康を維持しながらできるだけ自らの力で生活の管理を行えるようにする「日常生活自立」や、本人の社会的なつながりの回復・維持を目指す「社会生活自立」も、このなかに含まれると考えられている。稼働能力をもつ者の場合、ケースワーカーは前述の能力活用義務を履行できるように、就職・増収に向けた指導・助言を行っているが、このような援助活動の法的な根拠となるのが法第1条なのである。

　なお、2013（平成25）年の法改正により、保護の実施機関（福祉事務所）が生活保護受給者からの相談に応じて就労に必要な情報提供等を行う「被保護者就労支援事業」が規定され（法第55条の6）、就労に向けて積極的な姿勢を示している者に対して集中的に支援を展開していくことになった（2015〔平成27〕年4月施行）。

4） 生業扶助

　生活保護法では、自らの資産や能力等を活用してもなお生活に困窮する者に対して8種類の扶助[*2]が支給されると規定している。その扶助の一つに「生業扶助」がある（法第17条）。これは、たとえば生活保護受給者が小規模の事業を開始する際の備品を購入する費用とか、就職に必要な資格を取得するための勉学に要する費用などを、普段の生活費とは別枠で支給するものである。前述の通り、生活保護制度が現在の生活の保障という静的な機能にとどまらず、将来の自立の助長という動的な機能も担っていることから、このような扶助が用意されているのである。

*2　8種類の扶助
①生活扶助、②教育扶助、③住宅扶助、④医療扶助、⑤介護扶助、⑥出産扶助、⑦生業扶助、⑧葬祭扶助

5） 勤労控除

　生活保護法における扶助額の算定の基本的な考え方は、「国が定める最低限度の生活費（生活保護基準）－収入認定額」で示すことができる。そこで、図5－1のように、保護受給中の者が稼働収入aをあげているが世帯の生活保護基準には届かず、引き続き保護を受けなければならないという場合を想定してみる。このとき、bのように手取り収入全額を保護基準から減額して扶助額を決定したのでは、収入と扶助を合計した金額が常に一定（保護基準通り）に保たれることになり、本人の働く意欲が損なわれる可能性がある。そこで、生活保護制度では、手取り収入額aとそれに対応する扶助額cの合計がわずかに保護基準を超えるように調整を行うことになっている（ただし、このような調整を行うのは稼働収入に限る）。このときの「c－b」の部分のことを「勤労控除」と呼んでいる。この控除によって生み出される生活費の「ゆとり」分は、稼働に伴う出費（通勤用の服を購入する等）に対応するというだけでなく、これを得ることを目指して生活保護受給者が奮起するのを期待するという意味も含んでいる。

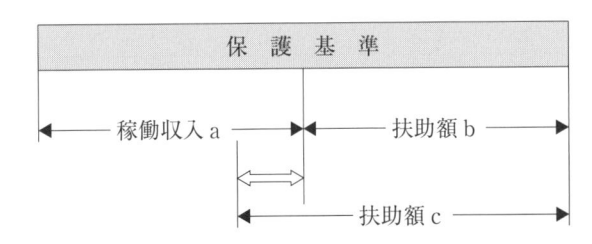

図5－1　稼働収入がある場合の扶助額の算定方法

6） 授産施設

　授産施設は、身体上もしくは精神上の理由または世帯の事情により、就業能力の限られている要保護者に対して、就労または技能の習得のために必要な機会および便宜を与え、その自立を助長することを目的とする施設である。授産施設利用者には生業扶助が適用される。

(3) 生活保護受給者に対する具体的な就労支援の方法

1） 保護の動向

　表5－1の年齢階級別人員保護率（その年齢層に該当する全人口のなかで生活保護を受給している者の割合）について、戦後最も生活保護受給者数が少なかった1995（平成7）年と2011（同23）年を比較してみると、最も保護率の増加が顕著な年齢層は20～29歳で、次いで30～39歳であることがわかる

（0～5歳についても保護率が大きく増加しているが、これは20～39歳の親に養育されている子どもの貧困化が同時に進行していることをうかがわせる）。すなわち、この16年間に20～39歳の若年層の貧困化が急速に進んでいることが、ここから読みとれる。

さらに、表5－2で2012（平成24）年度における世帯主の年齢階級別保護開始理由をみていくと、一般的には最も就職において有利とされている20～39歳層についても、「稼働収入の減少・喪失」が原因で生活保護開始となる割合が、中高年層と同じ程度に高くなっていることがわかる。このことから、経済の低迷の影響で稼働能力をもつ若年層が職を失い、生活困窮状態に陥っていく姿が浮かび上がってくる。

表5－1　1990（平成2）年以降の年齢階級別人員保護率の変化

	年齢階級別被人員保護率（％）										
	0～5歳	6～11歳	12～14歳	15～19歳	20～29歳	30～39歳	40～49歳	50～59歳	60～64歳	65～69歳	70歳～
1990（平成2）年	4.16	8.26	11.02	7.32	1.50	4.07	6.98	10.71	12.92	15.70	19.56
1995（同 7）年	3.50	6.10	7.85	5.19	1.23	2.79	5.34	8.99	12.45	13.14	16.83
2000（同 12）年	4.87	7.95	8.87	5.95	1.57	3.54	5.72	9.55	14.80	16.82	17.37
2005（同 17）年	6.81	11.73	13.79	8.84	2.32	5.18	7.27	12.18	18.51	22.36	21.22
2010（同 22）年	8.78	13.30	16.92	12.85	3.85	7.05	11.02	16.20	21.40	25.87	24.84
2011（同 23）年	9.58	14.01	17.71	14.13	4.50	7.64	12.27	17.26	23.61	27.34	25.97
1995年と対比したときの2011年の人員保護率の増加割合	2.74倍	2.30倍	2.26倍	2.72倍	3.66倍	2.74倍	2.30倍	1.92倍	1.90倍	2.08倍	1.54倍

出典：国立社会保障・人口問題研究所のデータをもとに筆者作成

表5－2　保護開始世帯の世帯主の年齢階級別保護開始理由（2012［平成24］年度）

	総　数	傷病	急迫保護	要介護状態	稼働者の死亡・離別	稼働収入の減少・喪失	（左の割合）	社会保障給付金・仕送り等の減少	その他
総　数	239,511	63,936	12,105	1,291	9,003	52,459		77,463	23,254
19歳以下	1,686	277	54	5	151	192	11.40%	421	586
20～29歳	13,893	3,245	434	8	1,727	2,767	19.90%	3,950	1,762
30～39歳	28,162	7,960	1,065	30	2,300	5,840	20.70%	7,986	2,981
40～49歳	40,992	12,874	1,859	45	1,716	9,194	22.40%	11,501	3,803
50～59歳	48,334	16,345	2,883	67	882	10,527	21.80%	13,576	4,054
60～64歳	34,711	11,406	2,936	91	583	6,925	20.00%	10,025	2,745
65～69歳	25,968	5,535	1,614	116	554	6,973	26.90%	8,906	2,270
70歳以上	45,765	6,294	1,260	929	1,090	10,041	21.90%	21,098	5,053

出典：総務省統計局のデータをもとに筆者作成

2） 自立支援プログラムについて

▼自立支援プログラムとは

　社会保障審議会福祉部会「生活保護制度の在り方に関する専門委員会」は、2004（平成16）年12月に提出した報告書のなかで「自立支援プログラム」の考え方を提示しており、これが2005（同17）年度から全国の生活保護実施機関（福祉事務所）で実施されている。自立支援プログラムは、生活保護受給中の者がそれぞれの年齢・健康状態・家庭環境等に照らして、その人らしく充実した生き方を実現できるように支援していくという考えに立って、金銭給付以外のケースワークの機能を重視するものである。ただし、従来のケースワークよりも地域のさまざまな関係機関との連携や組織的・計画的な取り組みを行う点が強調されている。プログラムの策定にあたっては、後述する生活保護受給世帯の自立阻害要因を類型化し、それぞれの類型ごとに求められる支援の内容を個別に考えていくことになる。このプログラムでいう「自立」とは、前述の通り経済的（就労）自立に限定されない広い概念（日常生活自立、社会生活自立を含む概念）であるが、本項では主に「経済的自立」に焦点を当てて考えていくことにする[*3]。

　専門委員会報告書では、生活保護制度の改革の方向性として「利用しやすく、自立しやすい制度」を目指すべきであると述べている。これは、上記のような近年の若年層の貧困化という現実を受けて、「精魂尽き果て、すべてを失った人」が長期にわたって保護を受給するという、硬直化した生活保護制度のイメージを打破していく必要があるということを意味している。すなわち、稼働能力をもつ低所得者が健康を害し、住まいや家財を失い、借金等が原因で生活が破たんしてしまう前に、保護を適用すべきであるということである。生活保護を受給している間に、将来の経済的自立の前提となる日常生活・社会生活のすべての面にわたって「自立のための力」を醸成していくのである（報告書では、このような生活保護の役割のことを指して、「バネとしての働き」と表現している）。このような考え方は、現場実務では以下のような具体的な実践として現れてくる。

▼個別支援プログラムの策定

　稼働能力が十分に活用されていない生活保護受給者と対面した場合、ケースワーカーは本人の生活環境を総合的に観察しながら、「能力不活用の原因がどこにあるのか」について本人とともに考え、解決の方法を探る。同時に福祉事務所に配置された「就労支援員（ハローワークOB等の非常勤職員）」が本人と面談して、その人の年齢・能力・適性等から考えて最も自立につながりやすいと思われる就労のイメージを固めていく。このようなアセスメント

[*3] 就労支援プログラム以外にも、日常生活自立支援プログラム、社会生活自立支援プログラム等の自立支援プログラムが策定されている。

の過程で浮かび上がってきた問題点のことを「就労阻害要因」と呼ぶこともある。たとえば、中国帰国者にとっては日本語の能力が不足していることが就労阻害要因となることが多く、子どもを家庭で養育しているシングルマザーにとっては、保育所未入所であることが就労阻害要因であるといえる。

　このような個別的支援プログラムの策定にあたっては、その内容が生活保護受給者の参加と同意に基づくものであることが重要な前提となる。つまり、生活保護受給者自身が希望する自立の方向に向かって、ケースワーカーが対等な立場に立って支援していくのである。プログラム策定をめぐる生活保護受給者とケースワーカーとの関係は、決して「命令・服従」といった権力関係でとらえられるべきではない。ただし、プログラムへの取り組み状況が不十分であるとか、合理的な理由なく参加自体を拒否しているといった場合には、文書による指導・指示（法第27条）を行ったうえで、保護の停止・廃止などの不利益処分が行われる場合もあること（法第62条）には注意を要する。

▼生活保護受給者等就労支援事業

　2005（平成17）年度からの自立支援プログラムの一環として、生活保護受給者等就労支援事業が実施された。これは福祉事務所とハローワークが合同で「就労支援チーム」を編成し、生活保護受給者の就労を連携して支援していくものであり、全国の福祉事務所には「就労支援コーディネーター」が配置され、ハローワークには「就職支援ナビゲーター」が配置された。

　就労支援コーディネーターは福祉事務所側の調整役となる職員で、就労阻害要因が本人の日常生活に深く根ざす問題から発生している場合に、長期的な視点に立ってその問題の克服に向けた福祉的援助を展開していく。たとえば、不登校の小学生が家にいるために安心して仕事に出かけられない等の家庭的な問題がある場合、あるいは多額の負債の取り立てに怯えていて仕事に専念できない等の法的な問題を抱えている場合においては、ハローワークでの就労支援と並行して（または求職活動を開始する前に）これらの課題を解決していくための福祉サイドからの支援（前者については学校や児童相談所との連携、後者については自己破産等の司法的解決）が不可欠となる。このように、保護受給中に当該世帯の家庭的・身体的・精神的な生活基盤をしっかりと整え、そのうえで就労自立を目指して歩んでいくというのが「保護を利用した自立」の考え方である。比喩的にいうならば、「病気の対症療法ではなく、病気の原因そのものを根本的に治療する取り組み」と表現できるかもしれない。

▼自立支援プログラムの成果

　この自立支援プログラムの実施によってもたらされた一つの大きな成果は、

上記の例のような重層化した問題を抱える者に対して、福祉行政と労働行政が緊密に連携しながら組織的・計画的に本人の能力活用の方策を練る体制が整備されていった点にある。また、生活保護受給者自身にとっても、自らが参加するプログラムの策定過程を通じて、「自分の課題はどこにあるのか」ということを客観的にとらえ直し、努力目標を明確に認識できるようになった点に、重要な意義があるといえるだろう。

(4) 近年の就労支援をめぐる生活保護制度の動き

1) 問題の背景

　企業の国際競争が厳しくなってきた1990年代以降、企業が人件費削減を重視する傾向が一段と顕著になり、今や全被用者の4割近くがアルバイト・パート等の非正規雇用の形で働いている[*4]。企業はこれらの非正規雇用労働者を人件費支出調整のための「安全弁」と位置づけ、不景気に突入したときには簡単に解雇してしまう。しかも、短時間労働者のなかには雇用保険に加入していない者も多くいるので、そのような者は失業したその日から、その後の生活費に困窮することになる。したがって、「次は簡単にクビにならないように安定した仕事に就きたい」と切望していても、じっくりと適職を探したり、再就職に向けて技能習得に励んだりする時間的・経済的な余裕がない。特に職業経験が短く、技能の蓄積が浅い若年労働者においては、このような傾向が顕著であり、彼らは明日からの生活のために「不本意ながらも」再び過酷な労働条件の非正規雇用に戻らざるを得ないのである。こうして、これらの若年労働者は「就労→失業→就労」を繰り返す不安定な生活を継続することを強いられ、やがて年齢とともに完全に労働市場から排除されて貧困層を形成していくことになる。

　このようななかで、アメリカで発生した金融危機が発端となって世界的な経済不況が2008年に発生した。日本でも非正規雇用の若年層を中心に、大量の失業者が発生し、住居を失った多数の若者が行政機関の提供する施設等に一時的に身を寄せる「年越し派遣村」の様子がマスコミ等で報道され、社会から大きな注目を浴びた。ここに至って、稼働能力がありながら貧困に陥るという問題に、わが国も本格的に直面させられることになったのである。このような事情を背景として、生活保護法も「ワーキングプア」の問題に正面から取り組まざるを得なくなった。

2) ハローワークとの連携の強化

　前述の通り、2005（平成17）年度からの自立支援プログラムを一つの契機

*4 第1章p.16図1-1参照。

として、ハローワークと福祉事務所との連携を強化する「生活保護受給者等就労支援事業」が行われたが、さらに就労支援を強化するために2011（同23）年からは事業名称を「『福祉から就労』支援事業」に変更して実施された。

また、2012（平成24）年度からは、就労自立に向けた意欲そのものに課題を抱える者を対象として、基本的な生活習慣等に焦点を当て、その改善・向上を目指す「就労意欲喚起等支援事業」が実施されている。この事業では、社会福祉法人やNPO等の民間組織と連携した取り組みも試みられている。

なお、「『福祉から就労』支援事業」については、2013（平成25）年度から「生活保護受給者等就労自立促進事業」[*5]へと名称を変更したうえで、福祉事務所にハローワークの常設窓口を設置して生活困窮者に対する就労支援をより早い段階からスタートさせるなどの体制の強化が図られている。

*5　生活保護受給者等就労自立促進事業
第6章p.153参照。

3）2013（平成25）年の生活保護法改正

2013（平成25）年の生活保護法の改正内容は、親族による扶養義務履行の強化等多岐にわたるが、就労支援との関係で注目されるのは、「就労自立給付金」という給付メニューが創設されたことである（2014［同26］年7月施行）。

これまでの勤労控除の制度は、仕事をしていない世帯との比較では若干の生活費の余裕をもたらしていたとはいえ、基本的に「働いた分は扶助額から差し引く」という仕組みであることに変わりはなかった。しかし、就労自立給付金は、保護受給中に働いて得た収入のうち、収入認定分（図5－1の「保護基準－c」に相当する部分）の最大30％を仮想的に福祉事務所の会計に貯蓄したものとみなし、将来就労収入の増加で生活保護が廃止となった場合には、10万円を限度としてこの「貯蓄分」のなかから一時金の形で本人に現金給付するというものである。

これによって保護から自立する際に一定のストック（資産）を所持することが可能となるので、その後の生活の安定に大いに役立つことになり、「もう少しで就労収入が保護基準に到達しそうだ」という位置にいる者にとっては、「このお金を得ることを目標にさらに頑張ろう」という強いインセンティブが働くことになると期待されている。

4）生活困窮者自立支援法の制定

ベヴァリッジ報告[*6]（1942年・イギリス）以来、先進諸国における所得保障制度の基本的な構造は、「2段階のセーフティネット」から成ると考えられてきた。すなわち、稼働収入による安定した生活を維持できなくなったとしても、多くの場合雇用保険（求職者のための手当等）をはじめとする社会保

*6　ベヴァリッジ報告
第二次世界大戦中、ベヴァリッジ（Beveridge, W.）を委員長とする委員会によってまとめられた報告書。社会保険、税による扶助、任意保険（国民の自助努力）という3つの手段の組み合わせによって国民生活が維持されるという考え方を示している。日本をはじめとする戦後の各国の社会保障制度に大きな影響を与えた。

険給付(第1次的なセーフティネット)によって生活が保障されるので、公的扶助(生活保護法)の適用を受けるのは、社会保険への加入から漏れてしまった(あるいは社会保険給付だけでは最低生活に不足する)ごく少数の者に限定されるという考え方である。

　しかし、稼働能力をもつ失業者の増加という状況のなかで、「1枚目のネット」である社会保険から抜け落ちてしまうことは、必ずしも少数の「例外的な出来事」とはいえなくなってきた。かといって、雇用保険法による求職者給付を受けられない者にとって、その下に張ってある「2枚目のネット」の生活保護制度への心理的な抵抗感は依然として強く、気軽に福祉事務所の相談窓口を訪れる者は多くない。やがて健康を害するなどのやむを得ない状況に至って、ようやく生活保護の適用を受け、そこから法第1条の「自立の助長」に向けた支援がスタートするが、労働市場への復帰という観点からいえば、そのような段階での支援はもはや「手遅れ」であることが多い。むしろ、もっと早い段階、すなわち生活保護を必要とするよりもずっと前の時点で就労に向けた支援を開始する方が、失業者をもっとスムーズに、効果的に労働市場にカムバックさせていくことができる。

　そこで、伝統的な「2枚のネット」の中間に相当する部分に、新たな「3枚目のネット」を挿入するという発想に立ち、この「中間ネット」の上で失業者への就労支援を集中的に展開していくという考え方に基づいて創設されたのが、2013(平成25)年制定(2015［同27］年4月施行)の「生活困窮者自立支援法」である。この法律では生活保護を受給していない生活困窮者を

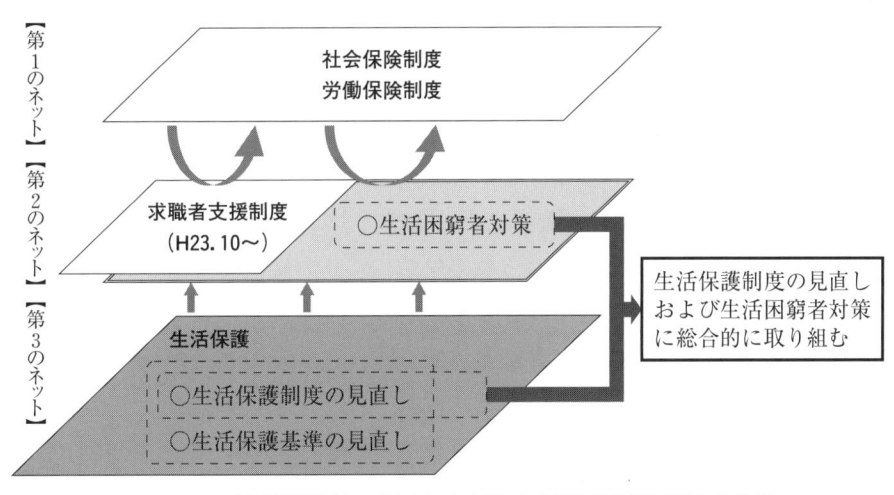

図5-2　生活保護制度の見直しと新たな生活困窮者対策の全体像
出典：厚生労働省「新たな生活困窮者支援制度の創設」p.8を一部改変

対象として、「防貧的な」就労支援策を展開していくことになっている（図5－2）。

　この法律の実施主体は福祉事務所を設置している地方自治体であり、対象者に対して具体的にどのような支援を行っていくかは各自治体の裁量に任されている。また、一部の事務をNPO等の民間団体に委託して実施することも可能とされている。この新しい法律は、「結果の平等から機会の平等へ」というワークフェアの考え方を最も端的に現わすものであるともいえ、今後の成果が大いに注目されるところである。

●第1節の学びの確認

・わが国では、パート、アルバイト、派遣等の「非正規雇用」の形で働く者の割合が近年急速に増加している。このような不安定な状態で就労する者の生活を困窮させないためには、どの段階で、どのような支援を行っていけば良いのか考えてみよう。

2．若年就職困難者への就労支援

●学びのねらい

　若者たちの学業生活から職業生活への移行は、本人たちの人生にとっても、社会にとっても重要なことである。ところがこの移行において困難を抱え、ニートやフリーター、ひきこもりといった状態になり、それが長引く者も少なくない。本節では、若年者を取り巻く雇用の状況と、フリーターやニート、ひきこもり、そして就職や雇用継続に困難を抱えやすいとされる発達障害について理解する。

(1) 若年者を取り巻く雇用の状況

1) 職業生活への移行

　大学や短期大学、専門学校等を卒業する頃には、多くの学生たちは就職活動をし、卒業後は就職をして職業生活へと移行する。高学歴化した現代であっても、若者はやがて学業生活から職業生活へ移り、結婚したり家族を得たりと、社会のなかでの役割を変化させる。この移行は個人にとってももちろん重要なことであり、また、社会にとっても一人ひとりの能力が社会のなかで活かされるために重要なことである。

　しかし、若者たちの職業生活への移行は容易なものではない。近年日本では高等学校等進学率は95％を超え、大学・短期大学進学率も50％を超えている。また、新規学卒就職率をみると、大卒者が94.4％（2014［平成26］年4

月1日現在)^{*7}、高等学校卒業者が98.2%（2014〔同26〕年3月末現在）である^{*8}。しかし、厚生労働省の調査によると、就職後3年以内の離職率は2009（同21）年で大卒者が28.8%と、早期に離職する者も多い。高等学校や大学・短期大学等を「学校生活・学業不適応」や「進路変更」などの理由で中途退学する者たちもいる。中途退学には「早く学校を離れる者ほど、失業しやすく、フリーターにも無業にもなりやすい」[1]との指摘もある。これらは自分の適性に合った職業の模索と考えられ、一概に否定されるものではない。職業生活への移行にはさまざまな道があるが、誰にとっても容易なものであるとは限らないのである。

2）若者の失業率等

総務省統計局の「労働力調査」によると、日本の完全失業率は、2012（平成24）年が4.3%、2013（同25）年は4.0%であった^{*9}。2013（同25）年の完全失業率を年齢階級別にみると、15〜24歳が6.9%と最も高く、25〜34歳が5.3%となり、若い年代の失業率が高い。また、日本では労働者に占める非正規雇用の労働者の比率が1990年代から増加し、2013（同25）年には36.7%となった^{*10}。これを年齢階級別に1991（同3）年から2013（同25）年の推移でみると、35〜44歳では20.2%から29.0%への増加であったのに対し、15〜24歳では9.5%から32.3%へと大幅な増加をみせている。この結果から、非正規雇用は若者においてより拡大したと考えられる。非正規雇用は、「正規雇用に比べて、雇用が不安定、賃金が低い、能力開発の機会が乏しいなど様々な課題があり、非正規雇用の労働者の増加は、所得格差の拡大や生活不安の増大の一因」[2]とされている。

2010（平成22）年に厚生労働省が実施した「就業形態の多様化に関する総合実態調査」によると、非正規雇用が選択されるのには「自分の都合のよい時間に働けるから」などの肯定的な理由もあるが、「正社員として働ける会社がなかったから」を理由にあげる者も多い。非正規雇用の労働者のうち「正社員に変わりたい」とするものの割合をみると、男性では、20〜24歳で50%を超え、25〜29歳では70%弱、30〜34歳では約50%となっている。また女性ではそれぞれ30%前後となっている。

多くの若者たちが、フリーターやニート、ひきこもりなどと呼ばれる状態で雇用社会の周辺的な状況に置かれているのである。

*7 厚生労働省・文部科学省の共同調査である「平成25年度大学等卒業者の就職状況調査」による。調査対象は、全国の大学、短期大学、高等専門学校、専修学校のなかから、設置者や地域などを考慮して抽出した112校、6,250人。

*8 厚生労働省「平成25年度高校・中学新卒者の求人・求職・内定状況取りまとめ」による。調査対象は、学校や公共職業安定所からの職業紹介を希望した生徒。

*9 第1章p.15表1-2参照。

*10 第1章p.16図1-1参照。

(2) 就職に困難を抱える若者たちと支援機関

1） フリーター

　「労働力調査」において「フリーター」とは、年齢が15〜34歳で、男性は卒業者、女性は卒業者で未婚の者とし、①雇用者のうち勤め先における呼称が「パート」か「アルバイト」である者、②完全失業者である者のうち探している仕事の形態が「パート・アルバイト」の者、③非労働力人口[*11]で家事も通学もしていない「その他」の者のうち、就業内定しておらず、希望する仕事の形態が「パート・アルバイト」の者をいう。

　「労働力調査」によるとフリーターの数は2013（平成25）年で182万人であった。また、2012（同24）年に独立行政法人労働政策研究・研修機構が発表した『大都市の若者の就労行動と意識の展開−「第3回若者のワークスタイル調査」から−』によると、フリーター期間別にみた「正社員になれた割合」[*12]は、フリーター期間6か月以内の男性が72.5％、女性が56.5％、全体で64.0％となっているが、3年を超えると男性が57.0％、女性が38.3％、全体で48.9％となる。フリーター期間が長くなると正社員になるのが難しくなると考えられている。

2） ニート

　ニート（NEET：Not in Education, Employment or Trainingの頭文字）とは、1999年にイギリスの内閣府社会的排除防止局が作成した調査報告書に由来する言葉で、厚生労働省では、「15歳から34歳で、非労働力人口のうち、家事も通学もしていない者」と定義している。

　総務省統計局では、「15〜34歳の非労働力人口のうち家事も通学もしていない者」を若年無業者とし、「35〜44歳の非労働力人口のうち家事も通学もしていない者」を中年無業者として統計を出している。それによると、2002（平成14）年から2012（同24）年にかけて若年無業者は63万人前後で推移をしているが、中年無業者は2002（同14）年の28万人から2012年（同24）には44万人と徐々に増加している。これは若年無業者が就労に結びつかないままに年齢を重ねたためと考えられている。

　また、総務省の「平成24年就業構造基本調査」によると、若年無業者が就業を希望しない理由は、「病気・けがのため」が29.7％で最も多く、「特に理由はない」が15.8％、「学校以外で進学や資格取得などの勉強をしている」が12.1％と続いている。

[*11] 非労働力人口
収入になる仕事を少しもしなかった人のうち、休業者および完全失業者以外の人をいう。

[*12] 2011（平成23）年に東京都の20〜29歳を対象（正規課程の学生、専業主婦を除く）とした調査結果。

3）ひきこもり

　内閣府が2010（平成22）年2月に、15～39歳の5,000人を対象に実施した「若者の意識に関する調査（ひきこもりに関する実態調査）」では、「普段は家にいるが、近所のコンビニなどには出かける」「自室からは出るが、家からは出ない」「自室からほとんど出ない」に該当したものを「狭義のひきこもり」と定義し、その推計数は23.6万人であった。

　また、「普段は家にいるが、自分の趣味に関する用事のときだけ外出する」に該当したものを「準ひきこもり」と定義し、その推計数は46.0万人であった。「狭義のひきこもり」と「準ひきこもり」を合わせた「広義のひきこもり」は、69.6万人となる。

　ひきこもりのきっかけとしては、「職場になじめなかった」「病気」がそれぞれ23.7％、「就職活動がうまくいかなかった」が20.3％と多い。次いで「不登校（小学校・中学校・高校）」「人間関係がうまくいかなかった」が11.9％となっている。

　厚生労働省では、精神保健的立場から「ひきこもりの評価・支援に関するガイドライン」を出しており、そのなかでひきこもりを次のように定義している。

> 　様々な要因の結果として社会的参加（義務教育を含む就学、非常勤職を含む就労、家庭外での交遊など）を回避し、原則的には6ヵ月以上にわたって概ね家庭にとどまり続けている状態（他者と交わらない形での外出をしていてもよい）を指す現象概念である。なお、ひきこもりは原則として統合失調症の陽性あるいは陰性症状に基づくひきこもり状態とは一線を画した非精神病性の現象とするが、実際には確定診断がなされる前の統合失調症が含まれている可能性は低くないことに留意すべきである。[3]

　このガイドラインでは、ひきこもり状態にある子どもや青年がすべて社会的支援や治療を必要としているわけではないと確認しつつ、ニート状態の人のなかには、ひきこもり問題を抱え専門的な支援を要する人が少なからず含まれているとの見方を示している。また、ひきこもりの大半の事例には精神障害が関与しており、発達障害もまれではないともしている。さらに、ある精神保健福祉センターでのひきこもり相談来談者の調査から、全体の30％弱ほどに発達障害の診断がされたとの報告を紹介している。

4）発達障害

　発達障害は、法的には発達障害者支援法によって「自閉症、アスペルガー

症候群その他の広汎性発達障害、学習障害、注意欠陥多動性障害その他これに類する脳機能の障害であってその症状が通常低年齢において発現するものとして政令で定めるもの」と定義されている。一般的には「発達途上に生じた発達の道筋の乱れ」[4]と考えられ、それにより社会的な適応が損なわれているもののみが障害とされている。

　発達障害の特徴について田中康雄は、自閉症スペクトラム障害の症状をもつ方の場合について、「幼少時期からある不安感と感覚過敏により、安定した生活を営むことがむずかしい。対人場面で衝突し、集団場面への参加を忌避しやすい。思うような安心が得られないか、思ったような流れで生活が営めないときには、激しく困惑する。なので、そのような不確実な生活に困惑しないために、心の安定を保障する拘（こだわ）りの世界に没頭し、なんとか平静を得ようとする。マニアックな知識や、ある程度限定した世界の博識ぶりは、かれらに満足感や、劣等感、あるいは孤独感を抱かせる。これは周囲の受け止め方による」[5]と表している。「精神科疾患の診断と統計のためのマニュアル第5版（DSM-5）」では、自閉症スペクトラムの診断基準は、「社会的コミュニケーション及び相互関係における持続的障害」および「限定された反復する様式の行動、興味、活動」の2つの領域にまとめられている。こうした特徴に対しての雇用者側の配慮事項等についてのノウハウは蓄積されつつあり、一般社団法人雇用問題研究会では職場での望ましい対応について「発達障害のある人の雇用管理マニュアル」を公開している。

　しかし現状では、発達障害の可能性のある人がすべて診断を受けているというわけではない。診断があれば障害者福祉による支援や発達障害者支援法に基づく支援、職場での支援を活用できる可能性があっても、障害のために困難を抱えている人が「発達障害かもしれない」と感じて受診することには躊躇される場合も多い。まずは一つひとつの困りごとを相談機関で相談してみることが大事であるため、専門職には、さまざまな困りごとをもつ人の「生きづらさ」と強さを理解し、本人の気持ちに寄り添った支援を行っていくことが求められている。

5）若年就職困難者のための支援機関

　就職に困難を抱える若者たちの就職や職場定着を支援する機関には、大学などの教育機関のほか、ハローワークや地域若者サポートステーション、ジョブカフェ等がある。これらについては第6章で取り上げる。
　就職の機会が得られなければ、就業経験を積めず、能力開発の機会も乏しくなるなど、より一層就職が困難となることが考えられ、社会的排除にもつ

第5章　低所得者等への就労支援

ながりかねない。職業生活への移行を社会で支援することが必要である。

●第2節の学びの確認

・フリーター、ニート、ひきこもりとはそれぞれどのような状況をいい、どのくらいの人数がいるのか、また本人や社会にとって何が問題となるのか整理してみよう。

COLUMN

大きくなったら何になる？

　皆さんは大きくなったら何になりたいですか。子どもの頃は無邪気に答えられるこの問いも、青年期に（大きく）なってくると単純ではありません。「何になりたいか」は憧れの職業のランキングをつくることではなく、社会のなかでの自分の役割を探す活動になってくるからです。就職活動では、私たちは自分の好きなことや得意なことなどを考えたり、自分はどんな人に見えているのか親しい人たちと話をしたりします。また、社会のことやさまざまな職業を調べたり、それらのどこに関心があるのか、適性はどうか等を考えたりします。自分と自分を取り巻く世界の両方を見つめることになるのです。

　「何になりたいか」は、相手に笑顔になってもらいたい、安心してもらいたい、確実な仕事をしたい、独創的なものを提供したいなど、「どんな人になりたいか」とも関連します。相手に笑顔になってほしいとソーシャルワーカーになる人もいれば、歌手やパティシエを目指す人もいることでしょう。就職活動は、なりたい自分になるために、どんな仕事をしていこうかと、自分の生き方を考えることでもあります。

　けれども難しいことばかりではありません。誰でもいろいろなことができますし、特定の誰かにしかできない職業などほとんどありません。みなさんのなかには接客や事務、テレフォンアポインターなどいくつかのアルバイトをしてみて、それなりにやれると自信を得た人もいることでしょう。産業構造が第3次産業へとシフトしたために、「コミュニケーション力」が強調されますが、「コミュニケーション力」がなければダメということでもありません。学校生活から職業生活への移行は、よく調べたり考えたりして、悩みながらも一歩を踏み出す決心をするときなのです。

　職業生活は大切ですが、それ以外でも「家庭」や「学校」「地域社会」などで私たちは社会的な役割を担って生活しています。家庭人としての生活や、PTAの活動、町内会や商店街での活動、ボランティア活動など、複数の場面での役割で私たちの人生は彩られます。どこに重心を置くのかもまた、人それぞれのことです。社会参加の観点からみれば、就労

だけが大切なのではなく、社会のなかで役割をもつことやバランスが取れていることが、ソーシャルインクルージョンやワーク・ライフ・バランスとして重視されているところです。

　ソーシャルワークは、本人を主役とし本人の自己決定を尊重します。自己決定のためには情報を集め整理し考えることが必要です。自分自身の就労支援をするつもりで、励まし、背中を押し、就職支援課などを活用してみましょう。

【第5章引用・参考文献】
第1節
【参考文献】
・埋橋孝文編『比較のなかの福祉国家』ミネルヴァ書房　2003年
・布川日佐史『生活保護の論点』山吹書店　2009年
・岡部卓「生活保護における自立支援」『社会保障法』日本社会保障法学会誌　第24号　2009年

第2節
【引用文献】
1）小泉哲雄、小杉礼子、津富宏、東條吉邦『資料シリーズNo.39　就職困難な若年者の就業支援の課題に関する研究』独立行政法人高齢・障害者雇用支援機構障害者職業総合センター　2008年　p.19
2）厚生労働省編『平成25年度版　厚生労働白書』日経印刷　p.20
3）厚生労働科学研究費補助金こころの健康科学研究事業『ひきこもりの評価・支援に関するガイドライン』2010年　p.6
4）杉山登志郎「発達障害の概念」発達障害者支援法ガイドブック編集委員会編『発達障害者支援法ガイドブック』河出書房新社　2005年　p.30
5）田中康雄「発達障害の特徴だけを持つ成人の思いと生活について」『精神科臨床サービス』第14巻3号　星和書店　2014年　p.289

【参考文献】
・アメリカ精神医学会『精神科疾患の診断と統計のためのマニュアル第5版（DSM－5）』2013年
・厚生労働省『平成25年版　厚生労働白書』日経印刷
・厚生労働省『平成26年版　厚生労働白書』日経印刷
・厚生労働省発達障害雇用促進マニュアル作成委員会編『発達障害のある人の雇用管理マニュアル』2006年

【参考ホームページ】
・文部科学省　http://www.mext.go.jp/　（平成27年2月1日閲覧）
・総務省統計局　http://www.stat.go.jp/　（平成27年2月1日閲覧）

第6章 低所得者等への就労支援に係る支援機関と専門職の役割

1．ハローワーク

● 学びのねらい

> ハローワーク（公共職業安定所）では、生活困難者（生活保護受給者、児童扶養手当受給者、住宅支援給付者、生活保護の相談・申請段階の利用者等）の就労による自立を促進するために、他の機関と連携して就労支援を行っている。そこで本節では、ハローワークが他の機関と連携しながらどのような支援を行っているのかを理解する。

(1) ハローワークの役割と配置される主な専門職

1) ハローワークの役割

　ハローワーク（公共職業安定所）は、職業安定法に基づき設置運営されている国の機関であり、地域のなかで就労支援の中心的な役割を果たしている。

　2008（平成20）年のリーマンショック以降、非正規雇用の労働者や長期失業者が増加するなか、ハローワークを地域の拠点として、積極的な就労支援策を展開することの重要性が増した。2008（同20）年末から、「第二のセーフティネット」が創設されたが、これは、雇用の安定を図る雇用保険と、最低限度の生活を保障する生活保護制度という二つのセーフティネットの間を補完する仕組みとして整備された一連の施策の総称である[*1]。具体的な施策としては、①職業訓練受講給付金（求職者支援制度）、②住宅支援給付、③総合支援資金貸付、④臨時特例つなぎ資金貸付等があり、生活支援を行いつつ、就労を促すことを目的としている。これらの施策の実施機関が複数にまたがることから、ハローワークでは支援対象者を適切な施策につなげるために、各地域の福祉事務所や市町村社会福祉協議会等との連携を緊密にして、各種支援策のワンストップサービスの充実を図っている。

　生活保護受給者やこの「第二のセーフティネット」を利用する者が増加傾向にあるなかで、就職困難・生活困難者に対する就労支援を積極的に推進するために、ハローワークは地方自治体との協定等に基づく連携を基盤に、生活保護受給者等の就労促進を図る「福祉から就労」支援事業を発展的に解消

[*1] 第二のセーフティネット事業とは別に、生活保護に至る前段階の自立支援策を図るため、2013（平成25）年に「生活困窮者自立支援法」が成立した。これにより、生活困窮者の自立支援に関して、①自立相談支援事業、②住居確保給付金の支給が必須事業として、①就労準備支援事業、②一時生活支援事業、③家計相談支援事業、④学習支援事業が任意事業として、2015（同27）年4月より実施されることになった（第5章 p.138も参照のこと）。

し、2013（平成25）年度に就職困難・生活困難者を対象にした「生活保護受給者等就労自立促進事業」を創設した（同事業の詳細については、本章p.153を参照）。さらに、2014（平成26）年度には、福祉事務所に設置するハローワークの常設窓口を増設するとともに、「生活困窮者自立支援法」の2015（平成27）年4月からの円滑な施行に向けて、生活困窮者自立促進支援モデル事業実施機関への巡回相談を実施している。また、就職支援ナビゲーターによる就労支援（キャリア・コンサルティング、職業相談・職業紹介、職業準備プログラム等）を積極的に行い、支援対象者の就労の自立を促進している。

近年、求職者のなかには「育児や家庭と両立できる仕事を探したい」「出産・育児を機に退職したけれど、そろそろ再就職したい」といった要望が高まっている。そのため、子育てをしながら就職を希望している求職者に対しては、マザーズハローワークやマザーズコーナーで子ども連れでも安心して相談ができる環境を整え、就職に役立つ情報や保育所等の子育て支援に関する情報を提供している。

2）ハローワークに配置される専門職

▼就職支援ナビゲーター

早期再就職の可能性が高い求職者に対し、求人開拓から就職に至るまで、きめ細やかな就職支援を実施する専任の支援員で、全国のハローワークに配置されている。求職者ごとに担当者を決めて、原則として、1週間〜10日に1回面談を行い、セミナー受講、訓練受講、求人企業への応募時期等、就職活動の方法を決定する。また、履歴書や職務経歴書の個別添削、面接シミュレーションの実施、求人企業への同行紹介等、総合的な就職支援を行っている。

就職支援ナビゲーターは、次の①から③の要件を備える者のうちから、都道府県労働局長が採用する。なお、ハローワークにおいて複数名の就職支援ナビゲーターを配置する場合は、キャリア・コンサルティングの効果的な実施の観点から、少なくとも1名は①の資格保持者を採用することが望ましいとされる。

①産業カウンセラー、社会福祉士等の資格保持者、企業の人事労務管理に関する知識・経験を有する者または職業相談・職業紹介に関する知識・経験のある者

②社会的信望がある者

③就職支援ナビゲーターの職務を行うにあたって、必要な熱意と見識のある者

(2) ハローワークが窓口となっている就労支援策

ここでは、ハローワークが窓口となっている職業訓練受講給付金とトライアル雇用を取り上げる。

▼職業訓練受講給付金（求職者支援制度）

ハローワークの支援指示を受けて、無料の職業訓練を受講する者が、一定の要件を満たす場合に、訓練を受けやすくするための給付と貸付である。これを利用するためには、ハローワークの支援指示により、求職者支援訓練または公共職業訓練[*2]を受講すること等、いくつかの要件に該当する必要がある。支給期間は職業訓練受講期間中（原則として最長1年）で、支給額は受講手当が月額10万円、通所手当は通所経路に応じた所定の金額である。希望により、さらに「求職者支援資金融資」（要返済）を利用することができる。この貸付額は、同居または生計を一つにする別居の配偶者、子、父母のいる者は月額10万円（上限）、それ以外の者は月額5万円（上限）となる。

*2 公共職業訓練
本章p.156参照。

▼トライアル雇用

生活保護受給者、母子家庭の母、父子家庭の父、日雇労働者、季節労働者、中国残留邦人等永住帰国者、ホームレス、住居喪失不安定就労者等、就職の支援を行うにあたって、特別な配慮を要する者はトライアル雇用に応募することができる。これは、働いた経験が少ないことから、期間の定めのない雇用（常用雇用）での就職に不安がある場合、常用雇用への移行を前提として、原則3か月間その企業で試行雇用として働いてみる制度である。トライアル雇用の期間中は、仕事や企業について理解を深めることができ、また、労働基準法等の法律が適用され、賃金も支払われる。2014（平成26）年3月からは対象となる者の要件が見直され、より利用しやすくなっている。トライアル雇用期間終了時点で、会社が求める業務遂行能力を満たさない場合等は、常用雇用へ移行しないことがあるが、同制度を利用した者の約8割が常用雇用に移行している。

●事例：ハローワークにおける実際の業務

> ハローワークは、これまでも地域のなかで就労支援の中心的役割を果たしてきた。しかし、2008（同20）年のリーマンショック以降、仕事や住居を失った生活保護受給者等が急激に増加したことから、ハローワークでは、福祉事務所等の他の機関と連携し、これらの人々に対する支援策を活用しながら就労支援を行うようになっている。このような取り組みを行っているハローワークの一つとして、福岡県久留米市の「ハローワーク久留米」があるが、

そこで実際に行われている生活保護受給者等に対する就労支援の一端を紹介したい。

ハローワーク久留米では、来所した求職者に対して、「じっくり・安心・丁寧」を心がけ、そのなかでも生活保護受給者については、担当制による相談を実施している。担当制にすることで、信頼関係を構築したうえで、一貫した相談が実施できる。担当者（就職支援ナビゲーター）も求職者の実際の求職活動の状況やそれに伴う不安や焦り等を受け止めて、より適切なアドバイスを提供することができる。求職者のなかには単に仕事を失っただけではなく、生活上の問題も抱えている場合も少なくない。担当者は、求職者の話にじっくり耳を傾けることで、生活上の問題等、表面的にはわからない問題にも気づき、求職者と適切な支援策をつなげる橋渡しの役目を果たすことができている。なお、面談日は予約制となっており、待ち時間なく相談することができる。面談日は1週間～10日に1回程度実施し、相談時間は1回45分程度となっている。支援期間はおおむね3～6か月であり、支援期間の延長もできる。

写真6－1　ハローワーク久留米の様子

写真6－2　面談の様子

担当者は一人ひとりに寄り添って就労支援を行うことを心がけているが、その具体的な内容は以下のようなものである。

○就職にかかわる不安や悩みの相談窓口
○職業訓練に関する情報提供
○履歴書、職務経歴書の作成支援、添削
○面接対策
○求人検索機の利用方法、求人票の見方を丁寧に説明
○就職後のフォローアップ

なお、ハローワーク久留米では、久留米市役所の生活支援課内に相談窓口を常設しており、そこに常駐する「就職支援ナビゲーター」が就労相談や求人情報の提供等を行っている。その際、生活保護ケースワーカー（現業員）と連携して、就労支援者への適切な助言や指導を行い、本人の就労意欲を引き出しながら、能力・状況・希望に沿った職場になるべく早く就労できるように支援している。このような取り組みによって早期就職や経済的自立助長といった一定の効果を出している。

●第1節の学びの確認

・ハローワークが他の機関と連携しながら、どのような就労支援策を講じているのかまとめてみよう。

2．福祉事務所

●学びのねらい

福祉事務所では生活保護受給者に対する自立支援の一環として就労支援を行っている。そこで、本節では、生活保護制度における就労支援の目的をふまえながら、自立支援プログラムや生活保護受給者等就労自立促進事業等について理解する。

(1) 福祉事務所の役割と配置される主な専門職

1) 福祉事務所の役割

福祉事務所は、社会福祉法に規定される「福祉に関する事務所」であり、福祉六法[*3]に定める「援護、育成または更生の措置に関する事務」を司る社会福祉の中核的な第一線の行政機関である。町村は任意設置であるが、それ以外のすべての地方公共団体に必置義務がある。

福祉事務所では、生活保護受給者や児童扶養手当受給者などに対して、関係機関と連携しながら就労支援を行っている。

*3 福祉六法
生活保護法、児童福祉法、母子及び父子並びに寡婦福祉法、老人福祉法、身体障害者福祉法、知的障害者福祉法をいう。

2) 福祉事務所に配置される主な専門職

福祉事務所の所員は、所長、指導監督を行う所員（査察指導員）、現業を行う所員（現業員）、事務を行う所員（事務員）から構成されている。また、就労支援員や就労支援コーディネーターも配置されている。以下では、就労支援に関する専門職についてみていくことにする。なお、現業員と査察指導員は、社会福祉主事でなければならないとされている。

▼現業員

現業員は、それぞれに地区担当が決められ、所長の指揮監督を受けて、就労可能な生活保護受給者に対する就労指導、助言等の就労支援を行っている。「地区担当員」「ケースワーカー」と呼ばれることもある。本節においても以下「ケースワーカー」として述べていく。

▼査察指導員

査察指導員は、所長の指揮監督を受けて、ケースワーカーが行う現業事務

の指導監督を行っている。職員の定数は条例によって定められるが、数人のケースワーカーに対して1名以上の査察指導員が配置されている。現業事務の指導監督とは、ケースワーカーが事務を円滑に進めていけるように助言・指導・教育等の支援を行うことを意味している。

▼就労支援員

自立支援プログラムに取り組む福祉事務所では、就労支援に関する専門的知識を有する者を「就労支援員」として配置している。

就労支援員は、①生活保護制度に対する理解と関心をもち、積極的に活動できる者、②生活保護受給者の自立に向け、就労支援を行うための専門知識をもち、相談、指導および助言を適切に行う能力を有する者のうちから選任される。

▼就労支援コーディネーター

就労支援コーディネーターは、生活保護受給者と個別に面接を行う等により、生活環境などの状況を把握するとともに、本人の希望、経験、能力等を勘案しつつ、適切な就職支援メニューを選定して、就労意欲を促すようにしている。そのうえで、生活保護受給者のその後の活動状況をフォローアップするなどの指導・助言を行っている。

就労支援コーディネーターは、①福祉事務所のケースワーカー、査察指導員または就労支援員等、②地方自治体の生活保護・母子福祉等担当者の職員、③母子自立支援プログラム策定員、母子自立支援員または母子家庭等就業・自立支援センター等において母子家庭の就業支援に携わる職員、④地方公共団体の住宅支援給付担当の職員のなかから選任される。

(2) 生活保護制度における就労支援

生活保護法の目的は、国が生活に困窮するすべての国民に対し、最低限度の生活を保障しつつ、自立を助長することであり、現金給付を中心に最低生活を保障しながら、ケースワーカーが中心となって生活保護受給者の自立を支援していくことになる。この自立支援を、就労によって、生活保護を受給しないように働きかけるという狭い意味に理解してはならない。2004（平成16）年の社会保障審議会福祉部会「生活保護制度の在り方に関する専門委員会報告書」のなかで、自立支援が「就労自立支援」のみならず、「日常生活自立支援」「社会生活自立支援」の3つに大別されているように、単に就労による自立だけを指しているものではない。

1） 自立支援プログラム

　全国の福祉事務所では、社会経済情勢、家族形態の変貌等に対応するため、生活保護受給者に対する自立支援プログラムを策定し、関係機関（ハローワーク、保健所、医療機関等）を積極的に活用して、自立支援を組織的に実施している。現在、すべての福祉事務所において、就労支援プログラム、日常生活支援プログラム、社会生活自立支援プログラム等、多彩な自立支援プログラムを策定し、一定の効果をあげている（自立支援プログラムについては第5章p.135参照のこと）。

2） 生活保護受給者等就労自立促進事業

　生活保護受給者が増加するなかで、社会保障制度改革推進法に基づき、生活困窮者対策と生活保護制度の見直しに総合的に取り組むための一環として、ハローワークと地方公共団体との協定に基づく連携を基盤として、生活保護受給者等の就労促進を図る「福祉から就労」支援事業を発展的に廃止し、新たに「生活保護受給者等就労自立促進事業」が創設された。

　具体的には、生活保護受給者、児童扶養手当受給者、住宅支援給付受給者（旧住宅手当受給者を含む）に加え、生活保護の相談・申請段階の利用者等を含め広く生活困窮者を対象として、地方公共団体にハローワークの常設窓口を設置するとともに、ハローワークからの地方公共団体への巡回相談の実施などワンストップ型の支援体制を全国的に整備し、生活困窮者への早期支援の強化や支援規模の拡大など就労支援の抜本的な強化を図り、生活困窮者の就労による自立を促進するものである。

　同事業の具体的な内容として、地方公共団体が設置する福祉事務所その他の行政機関等の長からハローワーク所長に就労支援の要請があった者（支援候補者）のうち、就労支援チーム（ハローワークの就職支援ナビゲーターや福祉事務所の就労支援員などで組織）が本事業により就労支援をすることが適当であると認めた者（支援対象者）に対し、関係機関と連携を図りつつ、就労支援を行う。

●事例：福祉事務所における実際の業務

　全国の福祉事務所において生活保護受給者に対する就労支援は積極的に推進されているが、ここでは福岡県久留米市の福祉事務所の取り組みを紹介したい。

　久留米市福祉事務所では、生活保護受給者に対する就労支援として、主に、

①ケースワーカーによる支援、②就労カウンセラーによる「就労支援カウンセリング事業」、③ハローワーク久留米との連携事業である「生活保護受給者等就労自立促進事業」による就労支援を行っている。

上記3つの具体的な内容は次の通りである。

①ケースワーカーによる支援

毎月、求職状況申告書を提出してもらい、訪問、来所、電話連絡時などに、ケースワーカーが求職状況を確認して、指導、助言、激励を行っている。その際、ハローワークが開催している各就労支援講座の情報提供や求人案内チラシ等での求人情報の提供を行うようにしている。また支援対象者に②「就労支援カウンセリング事業」や③「生活保護受給者等就労自立促進事業」への参加を呼びかけて、本人の稼働能力を活用できるように支援している。

②就労カウンセラーによる「就労支援カウンセリング事業」

生活保護の申請時、あるいは生活保護開始時に、就労支援カウンセリングが必要だと判断した者や、生活保護の受給を継続中で、求職活動が思うような結果になかなか結びつかない者、求職活動が不十分な者に対しては、「就労カウンセラー」(民間より派遣、常時1名、交代制の計2名)により、その人の経歴等に応じたアドバイスや就労意欲の喚起および求職活動支援(履歴書の書き方から面接時の心得、模擬面接等)を行っている。

③ハローワーク久留米との連携事業である「生活保護受給者等就労自立促進事業」

「生活保護受給者等就労自立促進事業」(ハローワーク久留米との連携事業)では、就労意欲のある者に対して、福祉事務所内にある「ハローワーク久留米」の常設相談窓口に常駐する「就職支援ナビゲーター」が、カウンセリングからキャリアの棚卸(自分自身のスキルやこれまでの職歴を振り返ること)、職務経歴書の作成、面接の指導、就労相談から求人情報の提供、相手会社への電話連絡、フォローアップ等を、ケースワーカーと連携して重点的に行っている。

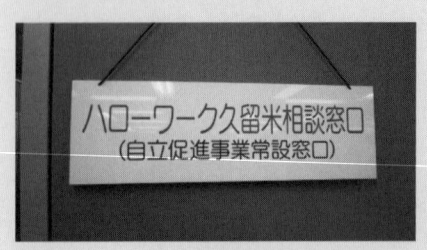

写真6－3　福祉事務所内にあるハローワーク久留米の常設窓口

写真6－4　面談の様子

●第2節の学びの確認

・生活保護制度を必要とする人々が増加した背景と生活保護受給者に対する就労支援にはどのようなものがあるのかまとめてみよう。

3．公共職業能力開発施設（職業能力開発校等）

●学びのねらい

　非正規雇用率の上昇による不安定な雇用環境への懸念が叫ばれる昨今にあって、公共職業能力開発施設（職業能力開発校等）を中心とした公共職業訓練の役割や重要性は一層注目を集めている。本節では、公共職業訓練の中心的な役割を担う公共職業能力開発施設（職業能力開発校等）と配置されている職業訓練指導員について学んでいく。

(1) 公共職業能力開発施設の概要

　国および都道府県は、その責務として「職業を転換しようとする労働者その他職業能力の開発及び向上について特に援助を必要とする者に対する職業訓練の実施」に努めなければならないこととされており（職業能力開発促進法第4条第2項）、この規定をふまえ、労働者のニーズに即した多様な職業訓練を実施するため、公共職業能力開発施設を設置している。

　これにより、全国に259校の公共職業能力開発施設がある（表6－1）。

表6－1　公共職業能力開発施設

区　分	職業訓練の実施	設置主体	設置数
職業能力開発大学校	高卒者等に対する高度な職業訓練を実施（専門課程） 専門課程修了者等に対する高度で専門的かつ応用的な職業訓練を実施（応用課程）	独立行政法人高齢・障害・求職者雇用支援機構	10
職業能力開発短期大学校	高卒者等に対する高度な職業訓練を実施（専門課程）	独立行政法人高齢・障害・求職者雇用支援機構 都道府県	1 13
職業能力開発促進センター	離職者及び在職者に対する短期間の職業訓練を実施	独立行政法人高齢・障害・求職者雇用支援機構	61
高度職業能力開発促進センター	中堅技術者を対象にものづくり分野を中心とした先端的かつ高度な職業訓練を実施	独立行政法人高齢・障害・求職者雇用支援機構	[1]
職業能力開発校	中卒・高卒者等、離職者及び在職者に対する職業訓練を実施	都道府県 市町村	154 1
障害者職業能力開発校	障害者の能力、適正等に応じた職業訓練を実施	国[注] 都道府県	13 6

注）運営は、独立行政法人高齢・障害・求職者雇用支援機構（2）及び都道府県（11）に委託している。
出典：厚生労働省『平成26年版 厚生労働白書』日経印刷　資料編　p.160

(2) 公共職業能力開発施設における職業訓練の概要と配置される主な専門職

1） 公共職業能力開発施設における職業訓練の概要

　公共職業能力開発施設では、主に雇用保険を受給している求職者を対象に、就職に必要な技能および知識を習得するための訓練（①離職者訓練）を無料（テキスト代等は自己負担）で実施している（図6－1）。また、在職労働者や高等学校卒業者などを対象として高度な技能および知識を習得するための訓練（②在職者訓練、③学卒者訓練）を原則として有料で実施している（①～③が公共職業訓練）。

　このほかに、2011（平成23）年10月より、雇用保険を受給できない求職者（たとえば非正規雇用労働者や就業経験のない者等）のために、民間の教育訓練施設等で就職に必要な技能および知識を習得するための職業訓練（④求職者支援訓練）を無料（テキスト代等は自己負担）で実施している（図6－1）。

　なお、公共職業訓練受講の流れは、図6－3の通りである。

　国（独立行政法人高齢・障害・求職者雇用支援機構）が設置している72の

公共職業訓練（離職者訓練）

○主に雇用保険受給者（例えば一定の職業経験を有し、基礎的な能力を有する者）に対して、実践的能力を習得する職業訓練を実施
〈施設内訓練〉
○国（（独）高齢・障害・求職者雇用支援機構）　※主にものづくり分野の訓練を実施
　訓練コース：制御技術科、テクニカル・オペレーション科、金属加工科等
　訓練期間：標準6か月
○都道府県　※地域の実情に応じた訓練を実施
　訓練コース：自動車整備科、溶接技術科、造園科等
　訓練期間：標準6か月～1年
〈委託訓練〉　（委託元は都道府県）
・委託先：民間教育訓練機関等
・訓練コース：介護サービス科、情報処理科等
・訓練期間：標準3か月（最長2年）

求職者支援制度における職業訓練（求職者支援訓練）

○雇用保険を受給できない人（例えば非正規労働者や就業経験の無い者等）に対して、基礎的能力から実践的能力までを一括して付与する職業訓練を実施
▶受講者の多様な状況に対応できるよう、基礎的能力のみを付与する訓練も実施
○実施機関：民間教育訓練機関等（訓練コースごとに厚生労働大臣が認定）
　訓練コース：ホームヘルパー養成科、Webプログラミング科等
　訓練期間：3～6か月
※訓練期間中、収入・資産など一定要件を満たす方に職業訓練受講給付金を支給
　・月10万円の他、訓練機関へ通うための交通費（通所経路に応じた所定の額）を支給
　・希望する方には貸付を上乗せ（月5万円、配偶者等がいる場合は月10万円）

図6－1　公的職業訓練の概要

出典：厚生労働省『平成26年版 厚生労働白書』日経印刷　p.306

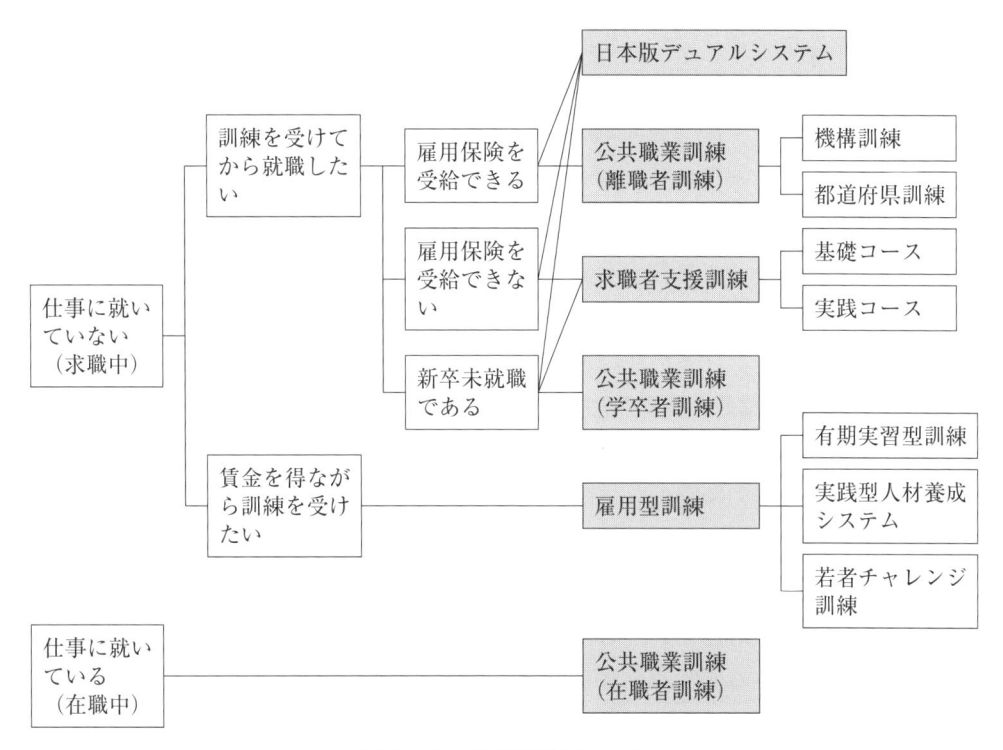

第6章 低所得者等への就労支援に係る支援機関と専門職の役割

図6-2 職業訓練チャート

出典:厚生労働省ホームページ「職業訓練(就職に向けてスキルを身につけたい方へ)」

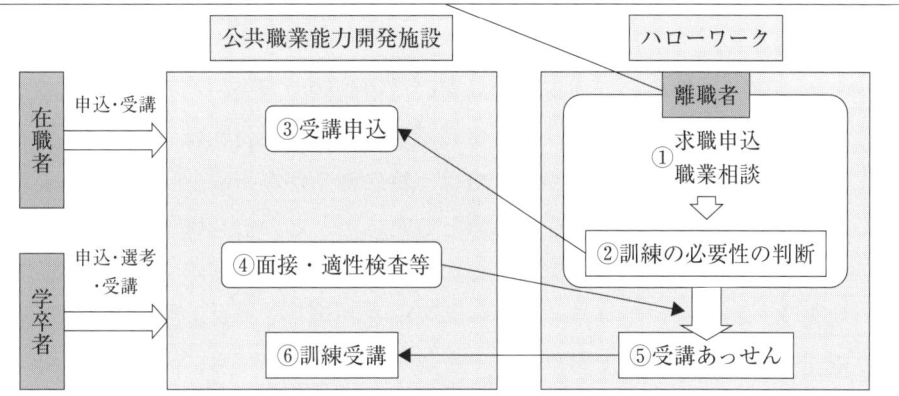

図6-3 公共職業訓練受講の流れ

出典:厚生労働省ホームページ「公共職業訓練の概要」を一部改変

公共職業能力開発施設（職業能力開発促進センター等）では、全国のどの施設で受講しても、訓練内容や仕上がり像が同じとなっており、訓練カリキュラムの標準化・職業訓練指導員の指導レベルの均一化が図られている。このため、たとえば阪神・淡路大震災や東日本大震災等の災害発生時には、災害の起こった地域で必要な職業訓練を実施するために、全国の職業訓練指導員が1か月〜6か月単位でその地域の公共職業能力開発施設へ赴き、訓練を実施し災害復興に協力することが可能であり、実際に大きく貢献している。

2）公共職業能力開発施設に配置される主な専門職
▼職業訓練指導員

公共職業能力開発施設に配置されている職業訓練指導員は、担当する訓練科に対応した職業訓練指導員免許が必要である（担当する訓練によっては、同等以上の資格取得者については必要としない場合もある）。

職業訓練指導員免許の取得方法として、①職業能力開発総合大学校の指導員養成に関する訓練等を修了する、②職業訓練指導員試験に合格する、③上記①②と同等以上の能力を有すると認められ、厚生労働大臣指定の講習を受講する等により、都道府県へ申請し取得する、がある。

職業訓練指導員は、担当する訓練科や職種に関する豊富な知識と高い技能を有しており、それを訓練生に効果的にわかりやすく適切に指導することが主な業務である。また、地域のニーズに基づく職業訓練計画の策定や訓練内容の評価・改善なども行っている。あいさつや5Ｓ（整理、整頓、清掃、清潔、躾）運動も職業訓練をするうえで大切なことであり、指導にも力を入れている。

さらに、訓練生の就職支援や最新の技術動向の調査のため、積極的に企業を訪問している。訓練生に対しての就職支援活動（履歴書・職務経歴書・ジョブカードの指導、面接指導等）では、特に細やかな指導を行っている。

また、職業能力開発校をはじめとしたほとんどの公共職業能力開発施設では、無料職業紹介業務を実施している。2014（平成26）年9月からは、厚生労働省への申請により、インターネットを利用してハローワークの求人情報を公共職業訓練施設でダウンロード等をすることができ、訓練生への求人情報の提供がリアルタイムで可能である。

●事例：公共職業能力開発施設（職業能力開発校等）における実際の業務

　A職業能力開発促進センターには、再就職を目指すさまざまな年代の200名の訓練生が通っており、20名の訓練生を1クラスとして6か月間学科・実習を中心に再就職に必要な知識・技能の習得のための訓練（離職者訓練）を開講しています（無料、ただしテキスト代等の実費負担あり）。

　訓練は「システム・ユニット訓練」という技法を用いて行われており、1ユニットは18時間（6時間×3日間）、1システムは6ユニット（108時間）で、6システムを受講することで修了となります。また、3か月ごとに一定の仕事の遂行ができる「仕上がり像」が定まっており、2つの仕上がり像を習得することができます。

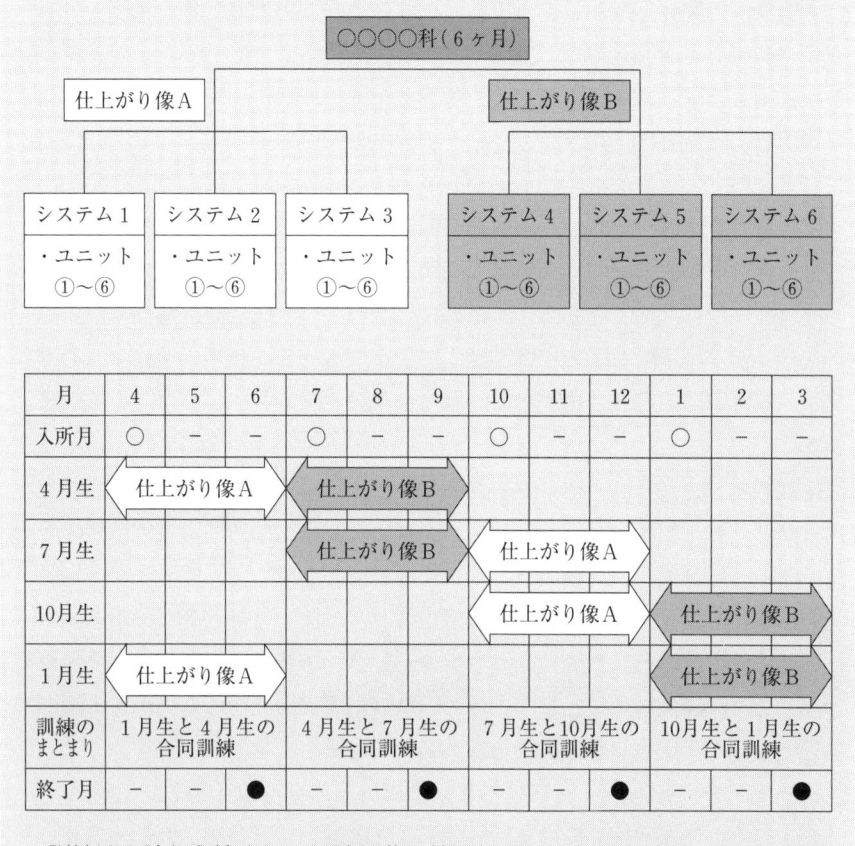

```
                    ○○○○科（6ヶ月）
            ┌──────────┴──────────┐
        仕上がり像A              仕上がり像B
      ┌────┼────┐          ┌────┼────┐
   システム1 システム2 システム3  システム4 システム5 システム6
   ・ユニット ・ユニット ・ユニット  ・ユニット ・ユニット ・ユニット
    ①～⑥   ①～⑥   ①～⑥     ①～⑥   ①～⑥   ①～⑥
```

月	4	5	6	7	8	9	10	11	12	1	2	3
入所月	○	－	－	○	－	－	○	－	－	○	－	－
4月生	仕上がり像A →			仕上がり像B →								
7月生				仕上がり像B →			仕上がり像A →					
10月生							仕上がり像A →			仕上がり像B →		
1月生	仕上がり像A →									仕上がり像B →		
訓練のまとまり	1月生と4月生の合同訓練			4月生と7月生の合同訓練			7月生と10月生の合同訓練			10月生と1月生の合同訓練		
終了月	－	－	●	－	－	●	－	－	●	－	－	●

　訓練は9時から始まり、16時30分に終了します。午前3時限・午後3時限（1時限は50分）です。訓練は主に実習場やパソコン教室で行われます。実習場やパソコン教室では、訓練生一人につき1台の割合で最新の機器が設置され、訓練が行われています。

　休憩時間には、訓練生ホールで休憩し、昼食等をとります。この休憩時間が訓練受講や再就職に関しての情報交換の場として非常に役立っています。

また、訓練でわからなかったことを調べたり、資格取得の勉強などのために訓練終了の16時30分以降に有志が集まり勉強会をすることもあります。

職業訓練指導員は、訓練が始まるときには必ず訓練生の出席を確認してから訓練を開始します。科目の単位認定にはその科目の訓練時間の80％以上の出席が必須だからです。また、訓練を受講することにより訓練生にはさまざまな手当（基本手当・受講手当・通所手当など）がハローワークを通じて支給されますが、その際にハローワークへ訓練生の出席状況の報告が必要だからです。出席状況が思わしくない訓練生とは個別に面談し、知識・技能の習得や再就職のためには休まず訓練を受講することの必要性を説明し支援していきます。

Ａ職業能力開発促進センターでは、訓練生全員が再就職できるよう、就職対策委員会を月1回開催し、施設一丸となって就職支援をしています。就職対策委員会では就職支援のためのスケジュール（就職講話や就職ガイダンス）を作成し、職員間の情報共有のため、訓練生の就職活動状況などを情報交換します。

就職講話では、①就職活動の成功事例の紹介、②都道府県内の産業動向、労働市場（雇用失業情勢）の現状の説明、③企業の経営者・採用担当者による離職者訓練に期待するもの・求める人材像および就職活動に関する講話などを行います。講話終了後には訓練生によるグループ討議やアンケートを実施し、就職意識の啓発や再就職に向けたクラス内の雰囲気づくりをしていきます。

就職ガイダンスでは、①就職活動スケジュールの説明、②就職希望職種と再就職に向けた目標の明確化の支援、③就職活動の進め方、④求人情報の収集方法、⑤履歴書・職務経歴書・ジョブカードの作成方法、⑥添え状・送付状の作成方法、⑦マナー指導、⑧面接指導、⑨模擬面接などを行います。

このようにＡ職業能力開発促進センターでは、職業訓練指導員と関係職員が協力し、訓練生一人ひとりへのきめ細かな就職支援を行っています。訓練生の再就職への支援も職業訓練指導員の大切な業務となっています。

さらに、未来を担う子どもたちを対象に、ものづくりの楽しさを教える「ものづくり体験教室」に職業訓練指導員が講師として参加し、ものづくり分野でのキャリア形成支援において、地域では重要な施設となっています。

●第3節の学びの確認

・就職支援のために職業訓練指導員が行っていることを整理してみよう。

4．地域若者サポートステーション

● 学びのねらい

> 地域若者サポートステーション（通称サポステ）の設置の経緯を把握し、設置形態や対象者の背景と提供する支援サービスについて理解する。

(1) 制度発足の背景

　文部科学大臣・厚生労働大臣・経済産業大臣・経済財政政策担当大臣を構成メンバーとする若者自立・挑戦戦略会議は、2003（平成15）年6月に「若者自立・挑戦プラン」を発表したが、後に内閣官房長官、農林水産大臣も加わり、「若者の自立・挑戦のためのアクションプランの強化」（2005［同17］年10月）が策定された。その後も2006（同18）年1月にプランが改訂されるなど精力的にプランが取りまとめられた。このプランの方針に沿って2006（同18）年度から「地域若者サポートステーション（通称サポステ）」が事業化された。

　すでに2004（平成16）年度からワンストップサービスセンター（通称ジョブカフェ）[*4]が事業化されていたが、仕事を探す以前の段階で課題を抱える若年無業者（いわゆるニート）[*5]は、そもそもジョブカフェのような支援の場に主体的に現れない可能性があり、そうした若者の潜在的なニーズに特化した事業を展開するために、2014（同26）年現在全国で160か所整備されている。

＊4　ジョブカフェ
本章p.164参照。

＊5　ニート
第5章p.142参照。

(2) 地域若者サポートステーションで行われている支援サービス

　ワンストップサービスセンター（通称ジョブカフェ）が経済産業省・厚生労働省の連携事業であり、都道府県が設置し、NPO法人や企業等に運営を委託するなどして開設される機関であるのに対して、地域若者サポートステーションは、厚生労働省が委託した組織（株式会社、NPO法人、社団法人など）が運営しており、地方自治体との協働と地域の若者支援機関とのネットワークによる多角的で専門的な支援が特徴とされる。キャリア・コンサルタントによる専門的な相談、コミュニケーション訓練や職場体験等の自立に向けた支援プログラムを提供するとともに、連携している支援機関の「利用支援」や学校・自宅等への「訪問支援」なども取り入れ、職業的自立を支援するサービスが展開されている。

●事例：地域若者サポートステーションにおける実際の業務

　ここでは、岐阜県若者サポートステーション（以下、「岐阜サポ」）を例にとり、地域若者サポートステーションが日々どのような支援の取り組みを行っているか紹介したいと思います。

　岐阜サポを利用する若者は年間延べ6,000名を超えています。彼らが抱える悩みや課題は人それぞれであり、必要なサポートの内容もそれぞれです。本来ならフルオーダーメイドの支援を行いたいのですが、人的・時間的に十分にできないため、ある程度メニューを組んだ、セミオーダーの支援を行っています。それが次の表です。

写真6-5　岐阜サポの外観

岐阜サポの1週間（平成27年3月時点）

	午　前	午　後
月曜日	SCT（ソーシャル・コミュニケーション・トレーニング）（コミュニケーション力アップ）	SKC（就活クラブ）（就活中の若者同士の情報交換等の場）
火曜日	就活サークル（自己分析や応募書類の作成）	メンタルセミナー（毎月第四火曜日）
水曜日	PCサークル（初歩的なPC操作の習得）	若者upプロジェクト（実務的なPC操作の習得）
木曜日	絵本読み聞かせサークル（表現力up）	若者親睦会（若者の主体的な企画・運営）
金曜日	ソーシャルサークル（ボランティア活動）	若者upプロジェクト（実務的なPC操作の習得）
定期開催	岐阜サポサタデー（毎月第一土曜日）	本音セミナー（偶数月の第一月曜日）
随時	ジョブトレ（受け入れ先により期間・時間は変わる）	キャリア・コンサルティング（個別相談）（1組50分　同時間帯は2組まで）

　岐阜サポでは、一人ひとりの課題や悩みを聞き、解決の方策を考え、就職へ向けたプランの作成を行う個別相談を毎日行っています。個別相談の利用だけで就労される方もいますが、社会経験の少ない方や、人とのかかわりに不安のある方には、サークルの参加を勧めています。

写真6-6　岐阜サポ内の様子

　サークルは月曜日から金曜日の毎日、午前中に行うグループワークです。曜日ごとにサークルの内容は変わり、金曜日から月曜日に上がるほど、より実践的な内容にしています。ボランティア活動を金曜日に設けているのは、

岐阜サポ内で行う作業もあり、意見や考えを求められることが少ないので、とにかく作業に集中し、他者と時間を共有することから始められるからです。もちろん、余裕のある人は、岐阜サポから外へ出て地域の清掃活動やイベント会場でのチラシ配りの手伝いを行ったり、慣れてない人のサポートについたりと、やれることはたくさんあります。

写真6-7　グループワークの様子

　このサークルの内容や運営は担当のスタッフがすべて行っていますが、2か月に一度行う本音セミナーでは、外部講師を招いて、これまでの人生経験や職業観について語っていただいています。サークルに参加された方には毎回振り返りを書いてもらい、自分自身の気づきと内容の整理に役立てています。スタッフはサークルや来所されたときのちょっとした雑談などで、自分が担当している若者だけではなく、利用されるすべての若者とかかわり、岐阜サポ全体で1人の若者の支援を行う気持ちで取り組んでいます。

　個別相談とサークルが岐阜サポの基本的な支援ですが、そのほかにもジョブトレーニング（以下、「ジョブトレ」）の引率や保護者向けのセミナー、出張セミナー、相談会の実施など、一人でも多くの若者がいきいきと社会で活躍できるように、試行錯誤しながら支援を行っています。ちなみに、ジョブトレの引率に行くと、スタッフも一緒に体験したり、仕事の舞台裏を覗けたりと、楽しいことも多いです。私は以前、ローカル鉄道の運転席に座らせてもらったことがあります。

　スタッフは、相談やサークルに入っていないときでも、相談内容の整理や次回面談の準備、サークルの資料づくり、サークル参加者の振り返りへのコメント書き、問い合わせの電話対応、ジョブトレ先の開拓、関係機関との連携や会議、国や県への報告書作成など、若者とかかわる時間と同じかそれ以上の事務作業をこなしつつ、岐阜サポの一週間は過ぎていきます。人の人生にかかわる仕事ですから、その使命と責任を日々感じながらも、若者とかかわるのは楽しく、やりがいがあります。

●第4節の学びの確認

・地域若者サポートステーションで支援の対象となる若者が置かれている環境について考えてみよう。

5．ジョブカフェ

● 学びのねらい

職業に就くことに悩み・不安を抱えている若者の挑戦を支援し、ワンストップサービスを提供するジョブカフェの成り立ちの経緯や特徴を理解する。そして、地域の諸機関との連携の重要性を学ぶ。

(1) 制度発足の背景

バブル経済崩壊以降の不況のなか、1990年代後半から2000年代前半には、製造業や建設業で雇用機会が減少した。内閣府の『平成15年版国民生活白書』では、15歳から34歳の派遣などを含むパート・アルバイト、働く意志のある無職の人を417万人（2001［平成13］年）と発表するなど、いわゆる「フリーター」[*6]に注目が集まった。

そのようななかで、若者が挑戦し、活躍できる社会をつくることを目的に、産業界・教育界などとの連携の充実や広く国民の理解と協力を求める広報の実施などの取り組みを謳（うた）う「若者自立・挑戦プラン」が2003（平成15）年6月に策定された。これを受け、2004（同16）年度から経済産業省・厚生労働省の連携事業として、都道府県が設置し企画・運営を行うワンストップサービスセンター（通称ジョブカフェ）が全国に設置された。

(2) ジョブカフェで行われている支援サービス

ジョブカフェの特徴は、全国一律のサービスではなく、各地域のそれぞれのニーズをふまえて、現状に合致したサービスを独自に展開できるようにしていることである。発足当初全国に20か所のモデル地域を指定し、独創的なサービスを構築することを奨励した。NPO法人や企業が運営するなど民間のノウハウも導入され、「情報提供」「適職診断・適性判断」「カウンセリング」「研修」「職場体験」「職業紹介」などの一連のサービスそれぞれに地域の実情が組み合わさり、また企業・行政・学校など関連諸機関と連携することにより、ユニークな取り組みが行われている。

[*6] フリーター
第5章p.142参照。

●事例：ジョブカフェにおける実際の業務

　若者の就労は、雇用形態の多様化や需給の不均衡等により、就職から定着に至るまでの課題が個別化、複雑化してきています。そのため独力で問題を解決することが難しくなり、地域の特性をふまえて各自治体が運営する就職支援機関の役割が高まっています。ここではジョブカフェの実際として、「ジョブカフェぐんま」の具体的な業務を紹介します。

写真6－8　ジョブカフェぐんま内の様子

1．ジョブカフェぐんまのサービス概略

　2004（平成16）年にオープンしたジョブカフェぐんまは、15歳から40歳代前半までの若者を支援している機関で、民間企業がその運営を県から委託されています。開設以来、相談から定着支援まで、就業・就労にかかわる支援を一貫して提供し、ワンストップサービスの徹底によるサービスの質の向上を図っています。基本姿勢は、一人ひとりの状況に合わせたきめ細かな支援の徹底です。特に、職業紹介を行っているので、企業の情報も綿密に収集し、マッチングの精度を高めています。

2．キャリアカウンセリング

　サービスの根幹をなす支援は、キャリアカウンセリングです。利用者の9割以上に提供しています。就職をめぐる状況は個人ごとにさまざまで、それぞれが抱える問題は自ずと異なります。求職者がしっかりとこれまで歩んできた道を振り返り、現時点の状況を正確に見極め、将来の展望を見据えるなかに「就職」を位置づけるよう求めます。自己を見つめることやさまざまな経験を自分のなかに落とし込むことは、独りではなかなかなし得ません。キャリアカウンセラーがかかわり、客観的な視点からの自画像を明確にすることによって、自分の将来に覚悟をもつことができるのです。支援対象者の状況に応じて、複数の相談者を対象にするグループカウンセリングも随時実施しています。利用者が就職するまでには、平均8回ほどのキャリアカウンセリングを受けています。

写真6－9　キャリアカウンセリングの様子

3．就職支援セミナー

　マナー、面接対策、履歴書の書き方といった一般的なものから、職業観の

醸成、職業理解、リーダーシップ、組織における役割といった職業人としてもつべき意識を学ぶ機会を提供しています。講師は日頃からキャリアカウンセリング等で現場で支援をしているスタッフが担います。セミナーの効果として見逃せないのが、受講生同士の交流です。就職活動は孤独になりがちなため、同じ状況にいる若者とかかわり、切磋琢磨する関係が築かれることもねらいです。そのため、「いつでも参加できるよう」年間150回以上実施し、グループワークなどが行われています。

写真6－10　就職セミナーの様子

4．求人開拓

　職業紹介を行っているジョブカフェぐんまの業務のなかで、求人情報の収集は重要な柱です。企業には、必ず足を運び、求人にかかわる情報を緻密にヒアリングします。特に、若者の早期離職の最大の要因である「人間関係」についての情報収集を意識しています。具体的には、社長の人柄や社員が醸し出す雰囲気等の把握です。また、企業は求める人材像を「良い人」程度の認識でいる場合が多いものです。どんな人が企業にマッチするのかを明確にする役割も担っています。さらに、若者の特徴や傾向を知りたいとの要望にも応え、企業の若者理解にも役立っています。

5．インターンシップ・企業見学会・交流会

　自分が知らない企業や業種から就職先を選ぶことはできませんし、応募先として選択する企業のことを求人票1枚で理解するのは無理があります。ジョブカフェぐんまでは、企業に応募する前段として、まずは企業見学会の参加や実施を求職者に対しても企業に対しても強く勧めています。応募を前提とはせず、企業や業界のことを知るために、企業を訪問して社長や人事担当者、若手社員の話を聞く場を設けてもらいます。また、複数の企業が一堂に会して、求職者が全企業を回ってさまざまな質疑応答をし合う交流会も開催しています。さらに、仕事が自分に合っているかどうか、自社にその人が向いているかどうかを見極めるために、既卒者対象のインターンシップを実施しています。

6．定着支援（フォローアップ）

　ジョブカフェぐんまを利用して就職する先は、多くが中小・零細企業です。同期がいることはまずありません。すぐ上の先輩が、10年前に入った10歳年上の方ということもあります。このような状況では、新入社員が置かれた状況を共感してもらうことは難しいものです。そのため、ジョブカフェぐんま

第6章　低所得者等への就労支援に係る支援機関と専門職の役割

を利用した人同士を"同窓"として位置づけ、職業人としての悩みをテーマにしたセミナーの開催のほか、お互いの悩みを話し合う場として活用してもらっています。さらに、自分の経験を求職者に伝えるセミナー講師として支援者側に立ってもらい、就労意欲の向上に結びつけています。

7. 支援体制

特に、キャリアカウンセラーと求人開拓担当者との連携は不可欠です。就職や採用は、最終的には個人的な活動です。そこに焦点を当てるためには、個々の状況をふまえなければなりません。支援の精度を高めるために「チーム」としての機能の発揮が重要であり、1人の求職者に対して複数のスタッフがかかわる体制を構築しています。

●第5節の学びの確認

・居住する地域のジョブカフェについて調べ、地域のジョブカフェにはどのような特徴があるかまとめてみよう。

COLUMN

就労支援に必要なケースワークの視点

非正規雇用やワーキングプアの出現によって国民の間に所得格差が広がっています。厚生労働省が発表した「平成25年国民生活基礎調査の結果」によると、わが国の「貧困線」（2012［平成24］年は122万円）に満たない世帯の割合を示す「相対的貧困率」は16.1%、これらの世帯で暮らす子どもを対象にした「子どもの貧困率」は16.3%と過去最悪となりました。今や、日本人の約6人に1人が相対的な貧困層に分類されます。

このような厳しい生活状況を反映して、生活保護受給世帯が急激に増加し続けています。生活保護を必要とするにいたった人々は、経済的困窮といった単に「お金」の問題だけではなく、疾病、家庭内暴力、多重債務といったさまざまな問題を抱えていることも多くあります。加えて「身近に相談に乗ってくれる人がいない」といった「人とのつながり」や「社会とのつながり」が希薄であることも少なくありません。そのため、自立した生活を営む力や意欲を喪失していることがあります。生活保護受給者のなかには、すぐに一般企業への就職を目標にして自立支援を行うことができる方もいれば、まずは日々の生活のリズムを整えながら、ボランティアや就労体験を経たうえで、一般企業への就労を目標にした方が良い方もいます。あるいは、病気療養中であるとか、子どもの養育、家族の介護や

看護等を考慮して、すぐに一般就労につなげない方が良い場合や、フルタイムではなく、短時間勤務で働いた方が良い場合もあります。生活保護受給者が就労によって働く喜びや社会的なつながりを獲得するなかで、生きる喜びや生きる意欲、自己肯定感が増し、それが自立した生活を営む力や自立への意欲を向上させることにつながることが、就労支援の目的として重要なのです。

各福祉事務所においては、生活保護法第4条の補足性の要件にいう「稼働能力の活用」を根拠に、就労可能な生活保護受給者に対する就労指導、助言を積極的に行い、自立助長を図っていくことが、ケースワーカーの自立支援の重要な位置づけとなっています。しかしそのことが、生活保護受給者の能力、自立阻害要因を無視した、行き過ぎた就労指導、助言の誘因となっていることも少なくありません。ケースワークの視点を欠いた就労支援は支援対象者の就労の意欲をそぐどころか、生きる喜びや希望さえ奪いかねません。就労支援の目標は、対象者の能力や状況に即した就労であり、就労することで生活保護を受給しないですんだとか、就労によって生活保護を必要としなくなったといった狭い意味でとらえてはなりません。あくまでも、私たち国民に保障された最低限度の生活を保障しながら、ケースワークの視点をもって、その人の自立を支援する、そのための就労支援でなくてはならないのです。

【第6章引用・参考文献】

第1節
【参考文献】
・厚生労働省職業安定局「全国厚生労働機関関係部局長会議（厚生分科会）資料」2013年1月
・厚生労働省編『平成23年版　厚生労働白書』日経印刷　2011年
・朝日雅也・布川日佐史編『MINERVA社会福祉士養成テキストブック16就労支援　第2版』ミネルヴァ書房　2013年

第2節
【参考文献】
・生活保護制度の在り方に関する専門委員会「生活保護制度の在り方に関する専門委員会報告書」2004年
・厚生省社会局庶務課監修『新福祉事務所運営指針』全国社会福祉協議会　1971年
・宇山勝儀・船水浩之編『福祉事務所運営論　第2版』ミネルヴァ書房　2007年
・岩田正美・杉村宏編『公的扶助論－低所得者に対する支援と生活保護制度－　第2版』ミネルヴァ書房　2013年

第3節
【参考文献】
・厚生労働省職業能力開発局編『九訂　職業訓練における指導の理論と実際』財団法人職業訓練教材研究会　2007年
・厚生労働省『平成26年版　厚生労働白書』日経印刷
・独立行政法人高齢・障害・求職者雇用支援機構『就職支援担当者のための就職支援マップ』2012年

・新潟県産業労働観光部職業能力開発課『平成26年度新潟県の職業能力開発の概要』2014年

【参考ホームページ】
・厚生労働省　http://www.mhlw.go.jp/（平成27年2月1日閲覧）
・職業能力開発ステーション　サポートシステム（TETRAS）
　http://www.tetras.uitec.jeed.or.jp/（平成27年2月1日閲覧）
・職業能力開発総合大学校　http://www.uitec.jeed.or.jp/（平成27年2月1日閲覧）
・新潟県　http://www.pref.niigata.lg.jp/（平成27年2月1日閲覧）

第4節
【参考文献】
・財団法人社会経済生産性本部『地域若者サポートステーション事例集』2008年
・公益財団法人日本生産性本部『地域若者サポートステーション事例集』2009年

第5節
【参考文献】
・原正紀監修『ジョブカフェスタイル　若者就職支援白書－きっと見つかる自分、未来、仕事－』経済産業省　2006年

第7章 低所得者等への就労支援における連携と実際

1. 低所得者等への就労支援のプロセス

● 学びのねらい

　生活保護受給者や児童扶養手当受給者、あるいは生活困窮者に対する就労支援は、福祉事務所や行政機関が主体的に担うこととなっている。本節では、特に福祉事務所における就労支援のプロセスに焦点を当て、さまざまな生活上の課題がある利用者に対する組織的な支援のあり方について理解を深める。

(1) 自立支援プログラムと就労支援

　生活保護制度における自立とは、就労による経済的自立（就労自立）だけではない。身体や精神の健康を回復・維持し、自分で自分の健康・生活を管理するなど日常生活において自立した生活を送ること（日常生活自立）、および社会的なつながりを回復・維持し、地域社会の一員として充実した生活を送ること（社会生活自立）も含まれる。一方で、貧困状態となる理由はさまざまであり、多くの生活保護受給者が自立を困難とする多様な生活課題を抱えている現状をふまえると、福祉事務所の現業員（以下、「ケースワーカー」）が単独で自立支援を行うことには限界がある。

　そこで2005（平成17）年より、生活保護受給者の自立支援に取り組むために「自立支援プログラム」が導入され、個々の生活保護受給者（世帯）に対する「経済的（就労）自立」「日常生活自立」「社会生活自立」のための支援を実施機関である福祉事務所が組織的に実施することとなった。福祉事務所には、支援対象者の状況や自立阻害要因について類型化を図り（アセスメント）、それぞれの類型ごとに取り組むべき自立支援の具体的内容および実施手順「プログラム」を定めることが求められている。ここでは、経済的自立（就労）支援プログラム（以下、「プログラム」）ついて取り上げ、以下の通り福祉事務所に求められるプログラム運用のプロセスと方法について説明する。

(2) 就労支援におけるケースワーカーの基本的視点と役割

　福祉事務所が行うプログラム運用のプロセスと方法を述べる前に、まずケースワーカーが支援者として理解しなければならない就労支援の基本的視点がある。そもそも就労することの目的は、単に生活保護制度における補足性の原理[*1]を満たすための行為にとどまらず、生命を維持し、人々のつながりや達成感を生み出す「生きがい」につながることである。また、経済的な営みを行うためには、就労による一定の収入が求められるが、就労を継続的なものとするためには、そのなかにやりがいや自己有用感、自己肯定感を見出すことも必要である。

　対象者に対する就労支援は、単に義務としての就労を求めるのではなく、就労することの意義や大切さを丁寧に説明することから開始される。また、対象者の意思に沿わない仕事内容を押しつけるのではなく、対象者の個性や能力を認め、自主的に決定し取り組むことを尊重する姿勢が大切である。そこで、これらの視点を活かした就労支援を実施するにあたり、ケースワーカーには以下の役割が求められる。

　第一に、対象者の伴走者としての役割である。ケースワーカーと対象者は対等な関係が望ましいことが当然であるが、生活保護制度では対象者に実施機関の指導指示に従う義務が課せられており、上下的な関係となることが少なくない。また、就労活動そのものが対象者にとって緊張や過度のストレスを強いるものといえる。そこで、ケースワーカーには対象者の自己決定を尊重しながら見守り、励まし、努力をねぎらうことが求められる。指導者的ではなく、寄り添って活動を支援する伴走者的な役割である。このことにより、対象者は安心して就労活動を続けることが可能となる。

　第二に、就労支援活動全体のコーディネーターとしての役割である。先にも述べたように、就労支援はケースワーカーが単独で行うには限界がある。福祉事務所の就労支援員[*2]や就労支援コーディネーター[*3]、生活保護受給者等就労自立促進事業[*4]の活用によるハローワーク等の公的機関のほか、医療機関やNPO法人などの民間活動団体等の協力機関との密接な連携のもとで、プログラムは展開される。そこで、ケースワーカーは対象者と関係する連携・協力機関のコーディネーターとして、全体の取り組み状況を把握しながら情報を整理し、対象者本人や各機関に発信する役割が求められる。情報の共有を的確かつ迅速に行うことにより、効果的な就労支援が可能となるのである。

[*1] 補足性の原理
第5章p.131参照。

[*2] 就労支援員
第6章p.152参照。

[*3] 就労支援コーディネーター
第6章p.152参照。

[*4] 生活保護受給者等就労自立促進事業
第6章p.153参照。

(3) 就労支援のプロセス

　福祉事務所におけるケースワーカーや就労支援員は、就労支援を効果的、継続的に実施するために、以下の1）～4）のプロセスを行う必要がある。

1） 面接（信頼関係の構築）

　福祉事務所における面接は、対象者との信頼関係とパートナーシップを築くための基本である。信頼関係がないところに有効な支援は存在しない。このことは、課題解決のための対象者の主体性、自己決定力を引き出すことにつながる。また、対象者の抱えている課題について、主観的・客観的事実を把握するために、面接を通じて情報収集を行い、対象者の生活を理解し、課題を整理する。さらに、必要な情報、知識、手段などを対象者に伝え、課題解決のための支援につなげていく。

2） 情報収集（アセスメント）

　就労支援を効果的に行うためには、対象者の置かれているさまざまな状況を的確に把握し、対象者の就労に向けた課題を浮き彫りにすることが必要である（具体的には表7-1、2のような内容を把握する）。対象者の生活歴、学歴、職歴はさまざまであり、本人の年齢や雇用環境といった表面的な情報だけに着目したアセスメントでは、対象者が抱える課題の本質は明らかにならない。これでは、効果的な就労支援は困難である。また、就労に向けた本人の自らに対する認識と客観的な事実との間にあるギャップ、あるいは就労に向けた意欲の低下が課題となっていることも少なくない。これらのギャップを埋めるとともに、就労に向けて意欲を喚起する支援を行っていくことが求められる。そこで、就労支援のアセスメントを行ううえでは、以下のことに着目することが必要である。

　第一に健康状態である。対象者の健康状態に対する認識と医学的判断との相違点を明らかにする。第二に、就労意欲である。対象者の就労意欲の喪失や消極的な求職活動の要因を解明し理解する。第三に、希望と現実とのギャップである。希望する仕事と現実の能力、雇用環境について確認をする。また、希望と現実とのギャップについてケースワーカーと対象者本人が理解を共有する。

表7-1 就労支援のアセスメントシート①

就労支援のアセスメントシート ≪基礎シート No. ≫

平成○年○月○日~○年○月○日現在 記入者

大項目	中項目	小項目	内容
基本項目	最終学歴		中学・高校・高専・短大・大学・大学院・その他（　　） /卒業又は終了　中退・在学中
			最終学歴が中退の場合は、その中退した理由
		運転免許	無　・　有（　　）
		資格	
		特技	
	これまでの職歴	勤務期間 / 勤務先 / 仕事内容・業務 / 離職理由	①〜 ②〜 ③〜 ④〜 ⑤〜 ⑥〜 ⑦〜
健康状態	医学的判断（主治医意見等）	就労する上での制限事項	就労：制限なし・制限あり
			仕事内容：
			1箇月の勤務日数：制限なし・15日以内・10日以内・5日以内・その他（　　）／その理由
			1日の勤務時間：制限なし・5時間以内・3時間以内・その他（　　）／その理由
			その他：
就労意欲の判断	求職活動の状況	求職開始時期	1年以上前〜・6箇月〜1年以内・3箇月〜6箇月以内・1箇月〜3箇月以内・1箇月以内・なし
		求職日数	月（　）日程度・週（　）日程度
		主な求職方法	□ハローワーク　□求人誌、新聞広告　□インターネット　□親族、知人の紹介　□その他（　　）
		直近1箇月の面接回数	件（内訳：連絡待ち　　件・不採用　　件・その他　　件）／主な不採用理由
		求職活動を行っていない理由	1.育児・子育て　2.員の看護・介護　3.自身の体調不良　4.自身の精神的不調　5.その他（　　） ※具体的な状況・原因：
	支援者の意見・評価		
対象者が考える就労のイメージ・希望	希望の就労先	業種	建設業・製造業・情報通信業・運輸業・卸売・小売業・飲食店・宿泊業・医療、福祉・サービス業・その他（　　）
		仕事の内容	
		賃金	・5万円〜10万円　・10万円〜15万円　・15万円〜20万円　・20万円以上　・その他（　　）
		週の勤務日数	・1日〜2日　・2日〜3日　・3日〜4日　・4日〜5日　・その他（　　）
		勤務時間	〜　　まで／1日　時間、週　日、月　日勤務／日勤・夜勤・交替勤務
		雇用形態	・正社員　・嘱託　・パート　・アルバイト　・その他（　　）
		勤務先	・管内　・管外（勤務地　　　）／（具体的に：　　）
		その他の条件	
	希望する支援内容		□求人情報の提供　□職安等への同行　□職業訓練、技能習得の斡旋　□履歴書の書き方　□模擬面接　□特に支援は必要ない　□その他（　　）
	目標就職時期		
	就労に向けての課題・問題点等		
就労支援に向けたCWの見立て（課題改善や長所を伸ばすための支援、活用できる資源等について）			

出典：厚生労働省「社会・援護局関係主管課長会議資料 自立支援手引き」2008年 p.71

第7章　低所得者等への就労支援における連携と実際

表7-2　就労支援のアセスメントシート②

就労支援のアセスメントシート　≪基礎シート　No.　≫

平成○年○月○日～○年○月○日現在　記入者

現在の求職方法	履歴書の書き方（履歴書の提出）	記入に使う筆記用具	
		写真の貼り付け	・貼り付けしている　・貼り付けしていない
		志望動機や長所等の記述	・面接を受ける会社に合わせて記述　・全ての履歴書に同じ内容を記述　・ほとんど記述していない 理由
		本人の評価	・十分にアピールするものができている　・一般的なものができている ・あまり良いできとは言えない　・よく分からない　・その他（　　　　） 理由
	面接の受け方	事前に行うこと	□履歴書の作成　□自己アピールの練習　□受ける会社の情報を収集 □面接場所の所在地、所要時間のチェック　□着用する服を用意　□模擬面接　□特に何もしない □その他（　　　　）
		当日の身なり	
		面接で気を付けていること	□面接時間に遅れないようにする　□笑顔を心掛ける　□礼儀正しくする　□姿勢をよくする □言葉遣いに気をつける　□目を見て話す　□積極的にアピールする　□特に気をつけてない □その他
		本人の評価	・得意である　・どちらとも言えない　・苦手である 理由
	ハローワーク利用の仕方	利用状況	・よく利用する　・たまに利用する　・ほとんど利用しない　・全く利用しない 理由
		利用方法	□求人情報の確認と面接の申込み　□タッチパネルで求人情報を検索 □職業訓練、技能習得講座の募集確認　□あまり活用していない □その他（　　　　）
			面接の申込み方法　　　　　　　　　　　タッチパネルでの求人情報検索方法 ・知っている　・知らない　　　　　　　・知っている　・知らない
	話し方整容	CWの見立て	
現在の支援方法	（支援担当者所見）評価	現在の主な支援状況	
		福祉事務所としてできたこと、今後の課題	
		対象者ができたこと、努力した点、今後の課題	
自立支援計画策定のポイント（支援担当者所見）			

出典：厚生労働省「社会・援護局関係主管課長会議資料　自立支援手引き」2008年　p.72

3） 支援内容の明確化と実施（プランニング）

　アセスメントに基づいて明確化した課題に応じて、具体的な支援内容を検討する際には、対象者とケースワーカー、就労支援員および関係機関が十分な共通認識をもつことが重要である。また、以下に示す4つの課題ごとにいくつかのカテゴリーに分け、支援内容もそれに沿ったものとすることが有効である。

▼健康状態を把握するための支援

　病気がある場合でも、病状が一定程度安定している場合には、就労が可能な場合がある。その際には、主治医から対象者へ傷病、病状および治療方針等を再度説明するとともに、自覚症状について主治医と対象者が共通の理解を深める必要がある。また、就労と治療とのバランスを保ち、対象者が心身に過度の負担をかけないように留意していく。

▼希望する仕事と就労できる可能性が高い仕事にギャップがある方に対する支援

　これまでの求職活動を振り返り、就労に結びつかない理由や雇用環境と対象者の希望とのギャップを確認する。福祉事務所に設置されたハローワークの相談窓口等にて、就労の活動状況を確認するとともに、ハローワーク職員から就労に結びつきやすい職種・仕事内容の助言を得る。職業訓練、技能・資格取得のあっせんや就労に制限がある場合には、内職等の本人の健康状態に合った仕事や求職方法等の紹介を受ける。

▼就労意欲を喚起するための支援

　継続的、きめ細かな家庭訪問や所内面接を実施する。また、就労に不可欠な日常生活の規則正しいリズムを身につけるために、家事ヘルパーの導入を検討するとともに、対象者がボランティア活動や自治会活動等の地域とのつながりを回復する活動へ参加することなどにより、就労に向けた道筋をプランニングする。日常生活に一定の自立ができている場合には、就職セミナーへの参加を促す。並行して、生活保護制度における保護の要件、生活保護受給者の義務等、就労の必要性に関する説明を再度行う。

▼求職方法に課題がある方に対する支援

・ハローワークの利用の仕方

　①ハローワークの利用状況の確認、②利用していない方には、その有効性を説明、③ハローワークに同行し、利用方法の確認、支援、④ハローワーク職員との面談に同席し、就職を希望する企業へ面接の申し込みを行う、⑤生活保護受給者等就労自立促進事業により、福祉事務所にハローワークの相談窓口が設置されている場合には、積極的な活用を図る。

・履歴書の書き方

　①履歴書の形式等（記入に使う筆記用具・写真の貼り付け）の確認、②志望動機や長所等の記述内容を確認、③①、②の支援手順をふまえて、履歴書の作成支援、④作成した履歴書に対する評価を対象者と一緒に行う、⑤評価が悪ければ、理由を確認したうえで再度同様の支援を継続する。

・面接の受け方

　①面接を受ける前に準備しておくことの確認、②当日の身なりに関する確認（髪型、ひげ、爪等の整容、服装）、③面接の心構え、留意点の確認、④面接における話し方や姿勢、基本質問（自己アピール）の練習、⑤ケースワーカーや就労支援員等の福祉事務所職員を面接官にして模擬面接を実施。

4） 支援の評価（モニタリング）、終結

　対象者がケースワーカーや就労支援員、連携機関とともに取り組んできた就労支援により就労開始に至った場合には、これまでの努力や苦労を認め、積極的に評価をしなければならない。このことが、働くことによる有用感や満足感の一助となり、就労の継続に寄与する。

　なお、就労が実現できなかった場合には、その間の求職活動もふまえ、再アセスメントによる支援内容の見直しが求められる。当初のアセスメントでは共有できなかった課題のほか、新たな課題が発見される場合もある。また、就労支援の前にやるべき日常生活や社会生活の自立支援プログラムが必要な場合もある。いずれにせよ、大切なことは対象者の理解と丁寧かつきめ細やかな支援、さまざまな課題に柔軟に対応したプログラムの組織的な運用である。

●第1節の学びの確認

・本節の学びをふまえ、福祉事務所の職員が行う就労支援の基本的姿勢は何か整理してみよう。

2．事例で学ぶ低所得者等への就労支援の実際

(1) 低所得者への就労支援の実際

●学びのねらい

> 生活保護受給者の就労支援においては、その世帯全体の生活問題を把握し、関係機関や専門職が連携してはじめて成果がでることが多い。本事例を通して、就労支援に必要な生活問題の把握と支援のポイントを学ぶとともに、一人の専門職、一つの支援機関のみでは支援が完結しないことを学んでほしい。

1) 事例の概要

▼本人のプロフィール

○Aさん（52歳・男性）

母親（85歳、要介護状態で介護保険サービスを利用）とB県C市にて二人暮らし。3年前に要介護状態になった母親と同居するためにD市から転居した。父親はすでに他界している。

▼支援者のプロフィール

○E就労支援員（50歳）

社会福祉系大学を卒業後、C市内の障害者支援施設に勤務。退職後、2年前からC市福祉事務所生活保護課の就労支援員として勤務。

▼支援に至る経緯

AさんはD市で食品加工工場の工員（契約社員）として働いていた。3年前に要介護状態になった高齢の母親が一人暮らしに不安を訴えたため、それまでの工場近くでの一人暮らしから実家に戻った。同居後Aさんは、仕事と二人分の家事や慣れない夜間のトイレ介助等を両立していたが、疲労から腰痛を発症してしまった。そして、仕事を休みがちになり、職場にいづらくなり退職した。以後、母親の年金収入と蓄えで暮らしていたが、蓄えも尽き、知人の紹介で仕事をしたものの、再び腰痛が悪化して続けることができなかった。その後、母親のケアマネジャーのアドバイスでC市福祉事務所を訪れ、生活保護の申請に至った。

生活保護受給後、医療費の不安がなくなったことで定期的な通院治療を受け、腰痛の状態はかなり改善されたため、生活保護担当のFケースワーカーがAさんと就労に向けての話し合いをした。Aさんは就労の意欲はあるものの、介護との両立や腰痛が再発することへの不安等で積極的に就職活動がで

きない様子であった。そこで、C市の自立支援プログラムの一つで就労支援員による就労支援プログラムへの参加を勧めたところ、参加を希望したので、E就労支援員を紹介した。

2） 支援の過程
▼Aさんへのアセスメント

E就労支援員はAさんに就労支援プログラムと就労支援員の役割を説明し、就労支援プログラムへの参加の意思を再度確認した。Aさんは「この状態で就職できるのか不安はありますが、相談できるのはありがたい」と言い、同意書へサインをして支援が開始された。

E就労支援員は、支援計画を作成するために、Fケースワーカーからの情報提供に加えて、Aさんから過去の職歴や今後の就労に対する希望等のアセスメントをした。E就労支援員が把握した内容は次の通りである。

〔生活状況等〕
○生活歴と職歴

現在母親と暮らすB県C市の自宅で、両親と3歳下の妹の4人家族で育つ。妹は隣県で結婚し、相手側の両親とともに生活している。高校を卒業後、地元にあったスロットの組立工場で工員として働き始める。35歳時、この工場が隣県に移転したことを機に退職。以後、いくつかの工場の期間工や臨時パート等を転々とした後、48歳時から前職の食品加工工場で契約工として勤務していた。

○同居家族の状況

5年前に父親は他界。母親は3年前に脳卒中を患い、以後、要介護状態である。最低限の身の回りのことはできるが、買い物や掃除、入浴等には介護が必要である。介護保険サービスによるヘルパーを利用して一時は独居生活を再開したが、不安を訴えたため、Aさんが同居することとなった。

○別居家族の状況

隣県に暮らす妹は母親が入院時や退院直後は頻繁に手伝いに訪れていたが、現在は2〜3か月に一回の頻度で家の掃除等を手伝いに来る程度である。

○就労の状況

腰痛で食品加工工場の契約工を離職した2年前から、定職に就くことはできていない。一時期、友人の紹介で日雇建設作業員として働いたものの、腰痛が悪化して続けることができなかった。現在は無職である。

〔就職活動の状況〕
○過去の就職活動の方法

ハローワークでの就職活動はしたことがなく、求人検索機での検索の方法がわからない。また、過去の就職活動は新聞の求人広告や求人欄を見て行っていたため、今回もチェックをしているが、思うような求人がない。
○履歴書
いつでも応募できるように、写真を貼った履歴書は用意してある。
○就労への希望
母親の世話をしながら、無理のない範囲でしっかり働きたいが、腰痛の再発の不安がぬぐえず、以前のような長時間立ちっぱなしの工具の仕事は無理だと考えている。しかし、ほかにどのような仕事ができるのかわからない。
▼生活課題の分析
E就労支援員はアセスメントした内容から、Aさんの就労支援における生活課題を以下のように整理した。
・就労意欲は十分あり、腰への負担を配慮した仕事であれば問題なく就労できる能力もある。
・腰痛の再発への不安から、就労に対しても不安になっている。
・高齢で要介護状態の母親の世話を一人で担っていることを十分に配慮して職場を検討する必要がある。

ここまでの情報をFケースワーカーと共有し、ケース検討・診断会議に諮り、査察指導員をはじめ他の専門職からも意見を聴取した。その結果を受けて、以下のように支援計画を作成した。
▼支援計画
○短期的支援計画
・ハローワークを利用した就職活動ができるように、同行して支援する。
　①求職登録手続きを支援する
　②自ら求人検索ができるように、求人検索機で練習をする
・求職職種を明確にする。
○中期的支援計画
・「生活保護受給者等就労自立促進事業」への参加を勧める。
・腰痛の再発、母親の介護、就職活動への不安な思いを傾聴する。
・生活の安定を支援するために、Fケースワーカーとの連携を密にする。
○長期的支援計画
・就労を継続できるようにフォローアップを行う。
・安定した生活が継続できるように、Fケースワーカーとの連携を密にする。
▼支援の実施
E就労支援員から支援計画の内容をAさんに説明し、同意を得た。Aさん

は履歴書と自ら見つけた求人広告を持参していたため、Ｅ就労支援員は履歴書の内容を確認し、自己PRの書き方などを丁寧にアドバイスした。求人広告の内容は工員の求人で、Ａさんは「ほかにどんな仕事ができるのかわからない」と話した。そこで、ハローワークに通いながら、ほかにどのような仕事ができるのかを検討することとした。

　後日、Ｅ就労支援員とともにハローワークに出向き、求職登録の手続きをしたうえで、求人検索をしたところ、Ａさんは「軽作業（工場内での仕分け、梱包など）」の求人内容に目をつけ、「こういう仕事ならやれるかもしれない」と意欲を示した。そこでＥ就労支援員は、「生活保護受給者等就労自立促進事業」を活用し、ハローワークからの積極的な支援を受けることを勧めた。Ａさんが同意したため、後日、再びハローワークに出向き、ハローワークの担当者である「就職支援ナビゲーター（以下、「ナビゲーター」）」と面接を行った。ナビゲーターから７つの就労支援メニューの説明があり、Ａさん自らが関心をもった屋内の軽作業で、母親の介護の負担を考慮して短時間で通勤できる範囲に目標を定めて就職活動を行うことが提案された。Ａさんも納得したため、その方針で求職活動を行うことになった。早速求人検索機で検索を行ったものの適当な求人を見つけることができず、１週間後に再度ナビゲーターとの面接の約束をした。

　約束の１週間後、Ａさんは一人でナビゲーターの元を訪れ、検索を行ったところ、自宅から自転車で通える距離にあるレンタル事務機を扱う事業所の倉庫内作業員の求人（時給制、６か月後社員登用あり）を見つけ、応募を検討することにした。ナビゲーターが電話で問い合わせをし、Ａさんの概況を説明したところ、面接をすることが決まった。また、ナビゲーターは面接の際に作業場の見学をさせてもらうよう依頼した。

　その後、作業場の見学と面接を受けたＡさんはその場で採用が決定した。その結果はＡさんからだけでなく、ナビゲーターを通じてＥ就労支援員の元にも報告された。Ａさんは「腰のことは不安だけど、社長も徐々に慣れていけばいいと言ってくれたし、母親のことで休みが必要なら遠慮なく申し出てくれと言ってくれたから頑張るよ」とＥ就労支援員に報告した。

３）　事例の考察

　本事例は老親の介護をきっかけに、自らの生活が変化し、腰痛を発症したことで離職、その後失業期間が長引き自信を失って就職活動に積極的になれなかったＡさんが、生活保護の自立支援プログラムに参加することで就労に結びついた支援の過程である。

支援を受けてから短期間で就労に結びついた要因としては、まずは生活保護を受給し腰痛の治療を行えたこと、そして、Ａさんにとって「よいタイミング」で自立支援プログラムへの参加ができたことだろう。
　Ｃ市の自立支援プログラムの一つである就労支援プログラムを受けたことで、Ａさん自身も「とにかく働く」ということではなく、腰への負担を配慮した仕事を自ら選定したことがわかる。そして、「生活保護受給者等就労自立促進事業」に参加し、仕事と介護の両立のための働き方として通勤範囲が提示されたことで、より具体的に検討することができ、求人への応募につながった。また、ナビゲーターが面接の約束を取りつける際に作業場の見学も合わせて依頼するなど、Ａさん自身が新しい仕事に対する不安を少しでも解消できるような支援を受けることができた。さらに、ナビゲーターから失業している理由や家庭の状況を会社側に伝えてもらったことで、Ａさんが安心して面接に臨むことができた。このようなきめ細やかな支援を受けたことが短期間での就職につながったのだろう。

●事例（１）の学びの確認

> ・長期支援計画にあげられているように、Ａさんが就労を継続することができるための支援として必要なことを考えてみよう。

(2)　若年者への就労支援の実際

●学びのねらい

> 　自分の可能性を見出せずに一歩を踏み出せない若者が多い。職のない状況から脱したいとの気持ちはあるが、何から手をつけていいのかわからないのだ。無事、就労がかなったとしても職業人生ではさまざまな困難が待ち構えている。乗り越えるためには、「自立」が重要なポイントである。本事例から一人の若者が自立するまでの歩みと支援者のかかわりを学んでほしい。

１）　事例の概要

▼本人のプロフィール
○Ａ男（22歳）
　Ｂ市に父親と２人暮らし。スポーツ（野球）推薦で高校に入学したが、寮生活の部になじめず退学。心機一転、定時制高校に入り直すも続かず、15歳にしていわゆるヤンキーの世界にどっぷりつかる。「このままでいいのか」という思いをもちつつも、自力ではどうにもできずもがいていた。

▼支援者のプロフィール
○Cキャリアカウンセラー（39歳）
　ジョブカフェでキャリアカウンセラーとして勤務。求人開拓も併せて行っている。
▼支援に至る経緯
　遊びに遊び、好き放題やってきたＡ男。男前で背も高く女性にももてたが、好きな女性に告白をすると「働いてもいないで何言ってんの」とあっさりと振られた。Ａ男はひどく落ち込み自信をなくして考え込んだが、「普通に働いて、普通の生活をするのが一番かっこいい」との思い至り、支援を求めてジョブカフェを訪ね、Cキャリアカウンセラー（以下、「Cカウンセラー」）と出会った。

2）　支援の過程
▼Ａ男の思い
　Cカウンセラーの前に現れたＡ男は、髪の毛は逆立ち、サングラスをかけ、耳、首、手首には装飾品、だぼだぼのズボンにエナメルの靴という格好であった。典型的なヤンキーファッションで、おまけに手下のような２人も引き連れていた。
　聞けば、「本人なりにこのままではいけない」と思いつつも、何をどうしていいのか分からない状態で、履歴書を書いたこともないとのことだった。
　Cカウンセラーはまずはａ男の話を聞くことにした。就きたい仕事について尋ねると、Ａ男は「ネクタイを締めた昼間の仕事なんすけどありますかね？」と答えた。これはＡ男の本音であった。友人たちは、ほとんどが肉体労働か夜の仕事であり、現状打破からか仲間とは距離を置く仕事を指向していたのだ。「スーツで働く」実態についてさまざまな視点から考えてもらいつつも、支援側としては、本人の意思や能力、特性を考えると、十分に可能性はあるだろうと尊重した。
▼就職支援セミナー
　Cカウンセラーは次に、具体的な就職に向けての支援を行った。
　まずはマナーセミナーへの参加を促した。Ａ男が社会人として働くためには、一般社会でのマナーが大切であると考えたからだ。たとえば言葉についても、知識として、"正しい"言葉は知っていても、実際に使えるかどうかは別問題であるため、セミナーでは基礎知識の確認はもちろん、受講生同士での徹底したロールプレイをこなした。当初は照れやぎこちなさがあったＡ男だが、最後は慣れもでて、「やればできる」と自信と安心感につながっていった。

就職支援では、就職活動に必須の履歴書作成がある。Ａ男が特に悩んだのが自己PRだった。「いいかげんでだらしない」と自認しているＡ男であり、「書けない」と頑なだった。Ｃカウンセラーは、形にとらわれずに自分のポリシーや大事にしてきたことを文章化すれば、自ずとＡ男の将来が開けていくとの思いから、これまで歩んできた道を振り返り、現時点の状況を正確に見極めるよう求めた。そして、字を書く習慣がなかったＡ男に、辞書を手元に書き終わるまで集中して取り組むよう促した。時間にして3時間。書いた自己PRは以下の通りであった。

> 熱意とやる気だけは誰にも負けません。友達を大切にします。信じた人は裏切りません。チームプレーが大好きで、リーダーシップがあります。しかし、私が下っ端の人間関係のなかでは立場をわきまえられます。人とは腹を割って、正面から付き合います。これまでの人生の経験を通じて感じることは、他人に迷惑をかけない、決めたことは最後までやりぬく、です。今は、仕事をして普通に生活をしている人が一番かっこいいと思っています。

　通常の自己PR支援においては、「言いたいことを絞る」「具体例を織り込む」などのアドバイスが行われるが、Ａ男の自己PRはセオリーを無視していた。しかし、Ｃカウンセラーは、「内容も表現方法も嘘のないＡ男らしさが表現されている」と解釈し、仕事に就く覚悟はできていると判断した。そして次のステップに進んだ。

▼企業見学会

　Ｃカウンセラーが次にＡ男に勧めたのは会社見学会への参加であった。採用や就職は前提とせず、まずは実際に働く現場を見る経験の場を設定した。Ｃカウンセラーが紹介したのは、「人を採るなら、良い意味で遊べる人間。そして、友達が多いことが条件」と公言していた社長が率いるブライダル関係企業の営業職であった。Ａ男は社長から企業や業界の話を聞き、働きたいという思いを強くしたようで、その後採用試験を経て採用に至った。ジョブカフェを訪れて1か月後にＡ男はスーツを着た営業マンへ転身した。

▼就職後のＡ男

　就職したＡ男の生活は変わり、無我夢中で業務に取り組み順調に成長していった。特に、取引先に目を掛けられることに喜びを見出していたようだ。その後しばらくジョブカフェに音沙汰がなかったが8か月後、Ｃカウンセラーに面談の予約が入った。

　面談に訪れたＡ男の話を聞くと、仕事をしっかりやらなければならないと

思う半面、プライベートとの兼ね合いが整理できていない様子であった。そこで、Ｃカウンセラーは社長ときちんと話し合うようにと伝えた。そして２週間後、「社長からは認められて将来を嘱望されている」とＡ男が社長と話した内容を報告してくれたため、Ｃカウンセラーはそれがどれだけ恵まれていることかを客観的に理解してもらい奮起を促した。

また、Ｃカウンセラーは、ジョブカフェが定着支援の一環として行っている職業人としての悩みをテーマにしたセミナーへの参加をＡ男に勧めたり、Ａ男と同じような思いを抱えている元ジョブカフェ利用者を交えた話し合いの場を設けながら支援を行った。

しかし、Ａ男が就職して10か月目を迎えたころ。Ａ男はＣカウンセラーに思いつめた様子で「真剣に何を今、自分が一番したいのか考えました。『野球です』。そのためには、試合のある日曜を休みたいのです。やっぱりここが一番大事だとの結論に至りました」と話した。ついては、就きたい仕事として、居酒屋を希望したのだった。

Ａ男の性格上、ここまで言い切ったことを周りが覆すことは難しく、これまでのやりとりで、この時点で考えなくてはならないことをすべて伝えている納得感がＣカウンセラーにはあったため、Ａ男の考えに理解を示し、居酒屋への就職の支援を行うことになった。

▼再就職から現在に至るＡ男の歩み

その後Ａ男は、Ｃカウンセラーの支援もあり、居酒屋に就職した。Ａ男は掃除や皿洗いから始まって、さばく、焼く、煮る等の技量はもちろん、仕入れや出納なども順調にマスターしていった。その結果、就労から１年が過ぎた頃には、オーナーが休んでも店を回せるまでに成長した。途中、「調理師学校に行った方が」等の悩みももったが、実力さえあればとのことで納得し、精進を重ね、いつしか目標は「自分の店をもつこと」と明確化していった。その結果、Ａ男が勤め始めてちょうど３年が経ったとき、Ｃカウンセラーは、Ａ男が居酒屋を辞め、自分の店のオープンへ向けて一歩を踏み出したとの報告を受けた。

とは言ってもそう簡単にいくものではなく、まずは、飲食店長の職を見つけて責任者としての経験を積んだ。ちなみに、この仕事はＡ男が自力で見つけた仕事であった。１年半ほど働いた後、「多くの人の協力を得て」晴れて自ら居酒屋のオーナーとして独り立ちした。本人は「夢見るだけだった僕の背中をいろんな仲間や知り合いが押してくれたおかげ」と話す。昔からの友人・知人や仕事を通じてＡ男を認めてくれたお客等がさまざまな支援を行ったのだ。途中、弱音を吐くこともあったが、順調に業績を伸ばし５年経って現在

に至る。現在は、スタッフの募集をジョブカフェに依頼している。

3） 事例の考察

　Cカウンセラーが実質の支援を行ったのは、2か所目の職場である居酒屋を辞める前までである。独立後しばらく経ってA男はCカウンセラーに「仕事探しは基本、自分主体でやるもの。自分の力でできることをする。そして責任を自分以外に転嫁しない。ジョブカフェには途中から頼らなくなったが、自分の力で歩んでいけるようになってほしいとの思いは伝わってきていた。ジョブカフェの力を借りずに自分の世界を広げ、ここまでできてきたということ自体が恩返しだったと思っている」と語った。

　一方、A男の就労・起業をめぐる歩みに対して、多くの人の助けがあったのは事実である。Cカウンセラーのように「仕事」としてかかわった人もいるが、"善意"で手を差し伸べた応援者も少なくない。就労支援が注目されているのは、一人で就職活動をするのが困難だからである。誰かの助けがあってこそ納得できる就職が可能な時代であり、「支援される」ことは必須であると言ってもいい。そのようななかで、日々若者への支援を行っているのが、ジョブカフェや地域若者サポートステーションなのである。

　修学を終えた多くの人は40年以上働き続けなければならない。この間、仕事をめぐる環境は今まで以上に激しく変化するだろう。先行き不透明な人生行路の行く末を思うに、何を拠り所に人生を歩めばいいのか誰もが迷い悩むだろう。"正解"はないのはもちろんだが、自立していったA男の事例は一つの参考になるはずである。

●事例(2)の学びの確認

> ・学校に入学するのと同じように、就職は人生の一大転機であることは間違いありません。しかし、人生は切れ目なく続くため、就労後の日々の成長が重要です。学生生活でも同じです。入学して以降、今に至るまで自分自身がどのように成長したのか振り返ってみましょう。その成長があなたの就職から就労の成功を担保するのです。

【第7章引用・参考文献】
第1節――――――――――――――――――――
【参考文献】
・自治体福祉問題研究会編『地方自治問題解決事例集 福祉編』ぎょうせい　2013年
・生活保護自立支援の手引き編集委員会編『生活保護自立支援の手引き』中央法規出版　2008年

第 2 節⑴
【参考文献】
・渋谷哲編『低所得者への支援と生活保護制度 第 2 版』みらい　2012年
・川上昌子他「生活保護受給者の就労支援プログラムに関する考察－千葉県 A 市生活保護世帯自立支援事業に係る実態調査から－」淑徳大学社会福祉学会『淑徳社会福祉研究第13・第14号合併号』2007年

索　引

あ行

ILO　20、25
ICF　12
アセスメント　110、173
委託訓練　101
インテーク　109

か行

完全失業者　14
完全失業率　15
基本相談支援　50
休業者　14
救護法　130
求職者支援訓練　157
求職者支援資金融資　149
勤労控除　133
計画相談支援　51
経済的自立　171
継続サービス利用支援　51
ケースワーカー　151
減額特例　19
現業員　151
広域障害者職業センター　75
公共職業安定所　63、147
公共職業訓練　157
公共職業能力開発施設　155
工場法　25
高度職業能力開発促進センター　155
高年齢者雇用安定法　28
合理的配慮の提供義務　29
国際生活機能分類　12
国際労働機関　20、25
個別支援プログラム　135
個別的労働関係の法規　26
雇用契約　27
雇用指導官　65
雇用対策法　28
雇用保険法　28
コンプライアンス　98

さ行

サービス管理責任者　69
サービス利用支援　51
在宅就業障害者特例報奨金　59
最低賃金法　26
裁判外紛争解決制度　30
査察指導員　151
差別的取扱いの禁止　29
CSR　98
施設外就労　112
実雇用率　54
社会権　24
社会生活自立　171
社会的障壁　29
若年コミュニケーション能力要支援者就職プログラム　67
就業構造基礎調査　15
就業支援担当者　82
就業者　14
従業者　14
就業率　15
就職支援コーディネーター　65
就職支援ナビゲーター　65、136、148
集団的労使関係の法規　28
重度障害者多数雇用事業所施設設置等助成金　99
重度知的・精神障害者職場支援奨励金　58、66
就労移行支援事業　47、69
就労意欲喚起等支援事業　138
就労継続支援A型事業　47、70
就労継続支援B型事業　48、71
就労支援員　70、152
就労支援コーディネーター　136、152
就労自立　171
就労自立給付金　138
授産施設　47、133
障害者虐待防止法　35
障害者権利条約　34

障害者雇用促進法　29、32、51
障害者雇用調整金　56
障害者雇用納付金　55
障害者雇用納付金制度　55
障害者雇用率制度　53
障害者差別解消法　35
障害者就業・生活支援センター　33、79
障害者初回雇用奨励金　66
障害者職業カウンセラー　75
障害者職業生活相談員　102
障害者職業総合センター　76
障害者職業能力開発校　86、155
障害者短時間トライアル雇用　57
障害者トライアル雇用　57
障害者トライアル雇用奨励金　57、66
障害者優先調達推進法　36
小規模授産施設　47
除外率　55
職親　100
職業安定法　28
職業訓練指導員　87、158
職業訓練受講給付金　149
職業指導員　70
職業指導官　64
職業準備性　111
職業紹介　112
職業紹介事業　112
職業能力開発　85
職業能力開発校　84、85、155
職業能力開発促進センター　155
職業能力開発促進法　84
職業能力開発大学校　155
職業能力開発短期大学校　155
職業リハビリテーション　52
職場適応援助者　33、75、112
職場適応援助者（ジョブコーチ）支援事業　74
職場適応援助者助成金　59、94
職場適応援助者養成研修　94
ジョブカフェ　164

189

ジョブコーチ　33、75、93、112
自立支援プログラム　135、153、171
人口置換水準　14
生活困窮者自立支援法　139、147
生活支援員　70
生活支援担当者　82
生活保護受給者等就労支援事業　136、138
生活保護受給者等就労自立促進事業　138、148、153
生業扶助　132
精神障害者雇用安定奨励金　58、66
精神障害者雇用トータルサポーター　65
精神障害者社会適応訓練事業　100
精神障害者総合雇用支援　74
精神障害者等雇用安定奨励金　58

た行

第1号職場適応援助者助成金　59
第1号ジョブコーチ　94、112
第2号職場適応援助者助成金　59、101
第2号ジョブコーチ　94、101、112
第二のセーフティネット　147
ダブルカウント制度　32、54
団結権　28
男女雇用機会均等法　26
団体交渉権　28
団体行動権　28
地域移行支援　51
地域障害者職業センター　74
地域相談支援　51
地域定着支援　51
地域別最低賃金　19
地域若者サポートステーション　161
知的障害者職親委託制度　100
超高齢社会　14

ディーセントワーク　20
定着支援　112
特定求職者雇用開発助成金　66
特定最低賃金　19
特別支援学校　89
特別支援教育　89
特別法　27
特例子会社　33、99
トライアル雇用　149

な行

ナチュラルサポート　95
ニート　142、161
日常生活自立　171
能力活用義務　131

は行

配置型ジョブコーチ　94、112
発達障害　143
発達障害者・難治性疾患患者雇用開発助成金　58、66
ハローワーク　63、147
比較優位　21
ひきこもり　143
被保護者就労支援事業　132
非労働力人口　142
フォローアップ　112
「福祉から就労」支援事業　138、153
福祉工場　47
福祉事務所　151
福祉的就労　29
福祉六法　151
プランニング　111、176
フリーター　142、164
ベヴァリッジ報告　138
報奨金　56
法定雇用率　53
保護の補足性　131

ま行

マザーズコーナー　148
マザーズハローワーク　148
マッチング　112
みなし雇用　53
無業者　15
無差別平等の原理　131
モニタリング　177

や行

有業者　15

ら行

ライフサイクル　23
労働安全衛生法　26
労働関係調整法　28
労働基準法　26
労働組合法　28
労働契約　27
労働三権　28
労働三法　28
労働市場の法規　28
労働者　27
労働者災害補償保険法　26
労働者保護法　24
労働審判制度　30
労働法　24
労働力人口　14
労働力人口比率　15
労働力調査　14

わ行

ワーキング・プア　19
ワーク・ライフ・バランス　17
ワークサンプル　110
若者自立・挑戦プラン　164
割当雇用　20、31

新・社会福祉士養成課程対応
就労支援サービス

2015年4月16日	初版第1刷発行
2016年3月1日	初版第2刷発行
2021年5月1日	初版第4刷発行

編　　集　小川　浩
発 行 者　竹鼻　均之
発 行 所　株式会社 みらい
　　　　　〒500-8137　岐阜市東興町40　第5澤田ビル
　　　　　TEL　058-247-1227㈹　FAX　058-247-1218
　　　　　http://www.mirai-inc.jp/
印刷・製本　サンメッセ株式会社

ISBN978-4-86015-349-6　C3036
Printed Japan　　　　　　　　乱丁本・落丁本はお取り替え致します。

みらいの福祉関係書籍のご案内

【新・社会福祉士養成課程対応】
ソーシャルワーカー教育シリーズ
社会福祉士養成カリキュラムに対応しつつ、その枠にとどまらない「ソーシャルワーカー」としての専門教育・養成をコンセプトに、視点、枠組み、歴史、資質、倫理、理論、方法、技術を体系的に学べるよう3巻シリーズで構成。

新版 ソーシャルワークの基盤と専門職
〔基礎編・専門編〕
相澤讓治監修　植戸貴子編
B5判・196頁・定価／2,640円（税10％）

新版 ソーシャルワークの理論と方法Ⅰ
〔基礎編〕
相澤讓治監修　津田耕一・橋本有理子編
B5判・208頁・定価／2,640円（税10％）

新版 ソーシャルワークの理論と方法Ⅱ
〔専門編〕
相澤讓治監修　大和三重編
B5判・216頁・定価／2,640円（税10％）

【新・社会福祉士養成課程対応】
障害者福祉論
相澤讓治・橋本好市・津田耕一編　障害者福祉の根幹である理念・思想・施策・制度の仕組み等の基礎的理解とともに、障害者福祉実践における今日的視点や障害者ケアマネジメント等、ソーシャルワーク実践の視点を学ぶことができる。
B5判・288頁・定価／2,860円（税10％）

【新・社会福祉士養成課程対応】
貧困に対する支援
澁谷哲編　生活保護制度の仕組みや運用について、支援の実際が学べるように具体的な事例を用いながら解説するとともに、その他低所得者へのさまざまな福祉サービスや現代の貧困問題としてのホームレスの問題等も取り上げている。
B5判・248頁・定価／2,640円（税10％）

【新・社会福祉士養成課程対応】
権利擁護を支える法制度
山口光治編　社会福祉士に必要となる知識としての法の理解と法を駆使する実践力を身につけることに加え、ソーシャルワークとしての権利擁護活動を実践する視点や関わり方についても盛り込み、包括的に権利擁護について学べるよう構成。
B5判・256頁・定価／2,750円（税10％）

【新・社会福祉士養成課程対応】
地域福祉と包括的支援体制
木下聖・佐藤陽編　地域福祉の基本的な考え方や視点、地域共生社会の実現に向けた多機関の協働による包括的な支援体制の仕組み等をわかりやすく解説する。また、地域福祉の推進に欠かせない「地域福祉計画」の策定プロセスや実際についても網羅。
B5判・約270頁・予価／2,860円（税10％）

ソーシャルワーク演習ワークブック
〔第2版〕
ソーシャルワーク演習教材開発研究会編　社会福祉士養成等における相談援助演習の科目のために開発。学生用のワークブックと指導者用マニュアルを分けて制作し、「学生が考えながら具体的なワークを通して演習を進める」テキストとした。学生用には必要最低限の記述や解説を掲載し、指導者用にはワークの目的、進め方、解説を詳細したワークシートを収載。
B5判・228頁・定価／2,420円（税10％）

ソーシャルワーク演習ケースブック
ソーシャルワーク演習教材開発研究会編　相談援助演習の事例演習教材として開発。ソーシャルワークの価値や倫理などを事例の中から読み取れるよう工夫するとともに、支援プロセスの事例では、ソーシャルワークのモデルやアプローチを援助過程の中から具体的にイメージできるようにした。指導者や教員が演習をねらいどおりに効率よく行うための指導者用マニュアルを別途作成。
B5判・252頁・定価／2,420円（税10％）

ソーシャルワーク実習
－より深い学びをめざして－
深谷美枝編　「相談援助実習」を「ソーシャルワーク実習」として捉え、実習生が能動的に利用者に関わり、関係を形成し、支援を自ら考えられるように編集。実習とは何かを概念化し、それに向けて現実的に可能な実習の形を模索しつつ実習を組み立てていくことを目指した内容。指導者用ガイド付き。
B5判・192頁・定価／2,200円（税10％）

実習生必携　ソーシャルワーク実習ノート
〔第2版〕
杉本浩章・田中和彦著　相談援助実習・精神保健福祉援助実習に臨む実習生が、計画書・日誌・報告書作成にあたっての思考を促すワークシートを中心に構成。連続した18のワークに取り組み、オリジナルノートを作ることで、実習の達成課題を導き出し、ソーシャルワーカーとしての視点を養う。
B5判・96頁・定価／1,650円（税10％）

ご注文
お問い合わせ　みらい

〒500-8137　岐阜市東興町40　第5澤田ビル
TEL：058-247-1227　FAX：058-247-1218
http://www.mirai-inc.jp
info@mirai-inc.jp